부산대학교 교양 시리즈 9

문명·종교·인간의 이해

안호영 · 김윤령 · 최우원 지음

부산대학교출판부

서 문

글로벌 리더의 역사관과 세계관

대한민국 대학생들의 미래 활동무대는 세계 전역이며 목표는 각 분야를 이끌어가는 글로벌 리더가 되는 것이다. 부단한 자기개발을 통한 개인 발전이 국가와 세계에 합치하고 기여하는 보람 있는 결실을 맺을 수 있도록 대학은 학생들의 지적 성장과 인격 도야를 북돋아주어야 하는 의무를 가지고 있다. 이러한 의미에서 대학의 교양과정은 대학생들에게 삶과 세계에 대한 깊고 넓은 인식의 차원을 열어주고 지도자다운 책임 있는 태도를 스스로 갖출 수 있도록 만들어 주어야 한다.

교양 강좌 "문명, 종교, 역사 창조와 인간"은 이러한 의도에서 개설되었으며 글로벌 리더의 역사관과 세계관을 열어주고자 한다. 위대한 문명과 역사를 창조한 종교와 철학, 예술들은 다양한 외적 차이에도 불구하고 그 내면의 본질과 궁극적 메시지들은 항상 감사하는 마음, 책임있는 마음으로 살며 타자에게 사랑과 자비를 베풀라는 정신에서 하나가 되어 있다는 사실을 깨달게 함으로써 대학생들로 하여금 글로벌 리더가 갖춰야 할 상생과 조화적 삶의 자세에 다가가게 하려는 것이다. 이러한 심성과 안목을 가진 대학생은 세계의 어느 문명권, 종교권에 가더라도 진정한 친구를 가질 수 있고 신뢰의 네트워크를 형성할 수 있을 것이다.

글로벌 리더는 세계라는 넓은 현장에서 당면한 현실을 보다 나은 방향으로 이끌어가는 책임을 지는 사람이므로 넓고 열린 포용심과 현실 근저의 보이지 않는 깊숙한 역사성을 읽어낼 수 있는 안목을 가져야 한다. 세계적인 네트워크 속에서 인정과 신뢰를 받을 수 있는 창의성이 발휘될 수 있는 것은 이러한 준비된 능력의 바탕 위에서인 것이다. 세계무대에서 환영받을 수 있는 원대한 비젼과 이를 실현시킬 수 있는 현실적 설득력을 겸비하여야 한다.

세계역사는 아시아공동체와 세계공동체의 방향으로 나아가고 있다는 것을 인식하고 대학생들은 눈먼 쇼비니스트의 함정과 피상적 코스모폴리탄의 두 함정을 동시에 넘어설 수 있는 지혜를 가져야 한다. 이것이 진정한 의미의 현실성이다. 이상이 없는 현실은 죽은 것이고 현실이 없는 이상은 공상일 뿐이다. 글로벌 리더를 지향하는 젊은 대학생들은 개인과 국가, 국가와 세계를 합치시킬 수 있는 세계관의 철학을 가져야 하는 것이다. 대학생들은 이 철학을 역사 속에서 읽어낼 수 있어야 한다.

오늘날 우리 대한민국의 많은 대학생들이 전교조의 사기술에 오염된 결과, 극악한 살인범죄를 저지른 김일성, 김정일 민족반역 폭압집단을 추종하는 무리를 진보라고 부르는 어처구니없는 현상이 일어난 것은 잘못된 역사교육에 책임이 있다. 이러한 착각에 빠진 젊은이에게 글러벌 리더의 앞날이 열리겠는가! 공동체(Community)의 이름을 도용한 공산주의(Communism)가 예외 없이 모두 폭압독재의 길을 걸어간 결과 결국 모든 인류로부터 버림받은 역사적 사실이 무엇을 의미하는가를 생각할 수 있어야 하는 것이다. 현대철학에서 밝히는 바와 같이 공산주의는 피상적 수준의 근대이성이 산출한 전체주의의 한 형태임을 알아야 한다.

미래가 촉망되는 젊은 대학생들은 세계역사와 그 근저에서 움직이는 철학의 흐름을 읽을 수 있어야 한다. 우리가 당면한 현실과 우리가 지향할 미래의 구상은 우리로 하여금 문명과 종교, 역사를 다시 읽고 지혜의 열쇠를 찾게 만드는 것이다. 우리들 존재에 의미를 부여해주는 미래 세계에 대한 지향은 우리로 하여금 문제 해결에 필요한 지혜를 찾아 구체적 현실에 뿌리내릴 수 있도록 과거를 되돌아보게 하고 있으며 또한 과거에 대한 성찰은 열린 미래를 찾아 가능성과 창조성의 실현에로 나아가도록 권고하고 있다. 우리의 실존은 미래와 과거 사이의 대화이며 역동적 상호작용 그 자체인 것이다.

한국이 근대화, 산업화의 단계에서 보여준 발군의 저력을 계속 살려 나아가 이제는 전 분야에서 세계를 선도하는 선진강대국의 위치에로 올라서야만 하는 숙제를 안고 있는 현 시점에 있어서 미래와 과거의 새로운 대화가 절실하게 요구되고 있다. 즉 세계를 이해하는 파라다임의 근본적인 대전환이 필요한 것이다. 한국은 급속하게 진행된 근대화의 과정에서 외국의 학문들을 수입하고 전달하며 따라가기에 바빴기 때문에 그것들 저변에 놓여 있는 보이지 않는 이익체계를 간파하고 넘어설 수 있는 자생적인 시야를 길러오지 못했던 것이 사실이다. 과거의 한계를 넘어서서 앞으로 우리는 전 세계를 향해 열린 넓은 시야 속에 들어오는 지식들을 자생적인 뿌리에로 이끌고 내려가 창의적으로 새롭게 융합해 내야하며 이렇게 함으로써 설득력 있는 진정한 현실성의 차원으로 나아가야 한다.

이러한 맥락에서 볼 때 새로운 세기가 열린 21세기 초에 한국의 뜻있는 지식인들이 아시아공동체 창설을 주창하고 아시아 30여 국가들의 호응을 얻어 아시아철학회를 창립한 것은 깊은 역사적 의미를 갖는다. 대한민국이 세계에 대하여 아시아공동체 패러다임을 제시하고 단선적인 Globalism을 극복하는 다원적 Glocalism의 이념을 이끌어 가기 시작한 것은 인류의 미래를 위하여 참으로 바람직한 일이다. 앞으로는 국가의 교육문화정책과 외교통상정책의 주요한 기본 전략들 중에 한국이 주도하는 아시아공동체의 창설이라는 항목이 반드시 포함되어야 한다.

미래의 세계질서는 역사적 발전 과정에서 얽힌 민족, 언어, 종교, 문화 등의 다양한 요인들에 의하여 문명권적인 단위로 재편될 것이라는 사실을 우리는 어렵지 않게 내다볼 수 있다. 이미 EU, NAFTA 등에서 이런 흐름이 뚜렷하게 나타나고 있는데 이것들은 세계적 기득권 체계의 유지를 위한 서구 국가들의 새로운 연합전략이라고 할 수 있다. 아시아에도 역사의 자연스러운 흐름으로서 우리는 한국, 일본으로부터 인도네시아, 말레이시아, 필리핀, 인도차이나, 중국, 인도, 중앙아시아를 거쳐 아랍, 터키에 이르는 아시아의 국가들이 하나의 공동체를 형성할 가능성을 충분히 내다 볼 수 있다.

그런데 아시아가 나아가는 이러한 위대한 역사적 진로를 가로막고 있는 장애물이 있으니 그것은 지구상에 마지막 남아있는 쌍둥이 악의 소굴 북한과 중공인 것이다. 요덕 수용소로 상징되며 전 세계로부터 600억 달러를 넘는 지원을 받았으면서도 500만 명 이상의 주민들을 고의로 굶겨 죽인 북한,

공산당 치하에서 6,000만 명을 학살하고 지난 15년간 수십만 명의 파룬궁 수련생들을 국, 공립, 군 병원에서 생체 장기적출하여 죽이고 그 장기들을 공산당 간부들이 팔아 돈을 챙긴 중공이 반인류 범죄(Crime Against Humanity) 단체로서 세계공동체의 미래를 가로막고 있는 것을 정의로운 정신을 가진 대학생들은 문제 삼아야 한다.

천지인 합일의 지고한 존재차원에 뿌리 하여 상생과 조화의 세계관을 발전시켜온 아시아의 전통문화, 종교가 거짓되고 천박한 유물론 공산주의 독재에 의해 말살된 결과 저러한 상상할 수도 없는 대규모 반인류 흉악범죄들이 저질러진 것을 볼 때 우리는 아시아 전통문화, 종교의 근저에 놓여있는 생명존재 사상이 점점 더 물질화, 기계화 되며 황폐하여 가는 과학기술문명을 구원하는 빛이 될 것임을 알 수 있다. 천지인 합일로 상징되는 아시아 정신의 본질인 생명존재 사상이 서구의 인권, 자유 민주주의의 더욱 심화된 철학적 기초가 될 때 차원 높은 문명연합의 상생관계 속에서 진정한 세계공동체로 나아가는 길이 열릴 것이며 아시아공동체는 이러한 역사적 발전을 이끌어가는 원동력이 될 것이다.

가장 큰 대륙과 가장 큰 대양이 만나는 한반도의 금수강산 환경 속에서 이루어진 역사와 문화는 한국이 아시아공동체 시대를 주도할 수 있는 이유를 보여준다. 북방 대륙의 문명과 남방 해양의 문명이 만나 얽히며 장기간에 걸쳐서 형성된 한국인의 신체 형질, 언어, 종교, 문화는 남북동서 아시아 전 지역과의 친근한 연결고리들을 가지고 있으며 무엇보다 중요한 것은 세계공동체 시대가 요구하는 상생과 조화의 세계질서를 설득력 있게 주창할 수 있는 역사를 가지고 있다는 점이다. 과거 중국, 일본의 패권주의와 팽창주의로 인해 엄청난 피해를 당한 기억들이 아시아 각국에 생생한 상태에서 중국, 일본이 아시아공동체를 주도하기는 불가능한 것이다.

한국의 민족개념이 과거 엉터리 중화주의, 일제 식민사관, 북한 주체사관 등에 의해 저질러진 왜곡, 은폐, 단절을 극복하고 본래대로의 원상을 회복해야 하는 것은 그 자체의 당위성이 아시아공동체의 필연적 형성을 함축하고 있다는 사실을 생각할 때 더욱 절대적인 것으로 다가온다. 원상으로 복원된 민족개념과 영토개념에서 볼 때 최악의 민족반역자는 김일성, 김정일이다. 만주가 본래 한민족의 영토임을 인정한 모택동이 1964년에 중국 동북지방을 북한에게 넘겨줄 것을 제안했으나 김일성이 사양한 사실이 최근에 밝혀졌고, 김정일은 권력 유지를 위해 중공에 굴종한 결과 북한 자체가 사실상 중공에게 장악됐을 뿐만 아니라 동북공정에 의해 고구려 역사까지 중국사에 편입되는 지경에 이른 것이다.

우리의 아시아공동체 패러다임이 최근 많이 논의되고 있는 동아시아 공동체 개념과 본질적으로 다른 점은 철학, 역사학, 언어학, 고고학, 인류학, 정치학, 비교문명론 등의 새로운 연구들에 기초하여 동아시아의 울타리를 넘어서서 인도네시아, 인도, 몽고, 중앙아시아, 아랍세계, 터키에까지 이르는 범아시아적인 공동체의 필연성을 제시하는 데에 있다.

이 국가들 가운데 한국의 역사형성에 가장 큰 비중을 차지한 북방 기마민족들과의 연결 관계에 우선 주목해 보자. 이제까지 국사교육의 시야가 한반도와 만주 지역에 국한됨으로 인해 한국과 터키의 민족 뿌리가 같다는 사실이 망각되다보니 터키가 유럽에 속한다고 잘못 생각하는 한국인들이 상당히 많다. 참으로 개탄하지 않을 수 없는 일이다. 중국의 신장 위구르 지역에서부터 러시아의 야쿠티아 공화국, 알타이 공화국, 고미 공화국, 중앙아시아의 우즈베키스탄, 키르키즈스탄, 투르크메니스탄, 카자흐스탄, 그리고 아제르바이잔을 거쳐 터키에 이르는 광대한 지역에서 터키어를 사용하는 인구가 3억 명에 이른다는 사실을 생각해 볼 때 한국의 외교, 통상정책은 지금부터라도 새로운 역사관에 뿌리를 두고 시야를 넓혀가야만 한다.

머리뼈의 구조가 한국에 가장 가까운 민족은 카자흐스탄의 투르크족이라는 사실을 앞에 놓고 볼 때 우리는 역사학, 고고학, 언어학, 민속학, 정치학의 새로운 연구들이 우리를 기다리고 있는 것을 알 수 있다. 역사적으로 돌궐과 고구려는 바로 이웃 국가였으며 혈연적으로, 언어적으로 투르크민족과 한민족은 아주 가까운 것으로 나타나고 있다. 오늘날 한국인이라면 누구나 다 알고 있는 친근한 관계인 몽고와 한국의 사이보다도 카자흐와 한국의 사이가 더 가깝다는 놀라운 사실을 두개골의 구조에 대한 과학적 연구가 밝혀내고 있는 것이다. 이와 관련하여 신라의 김씨 왕족들이 사용하였던 언어가 고대 투르크어라는 사실은 매우 의미심장하다. 천손황금민족의 신화를 공유하는 한민족과 훈-투르크 민족은 몽고의 유목기마민족으로부터 발원하여 동쪽으로는 만주, 한반도, 일본에까지, 서쪽으로는 중앙아시아, 아제르바이잔, 터키, 불가리아, 헝가리에까지 뻗어나갔던 것이다. 한민족과 훈-투르크민족이 같은 뿌리에서 나왔다는 사실은 언어학적으로, 고고학적으로, 민속학적으로 곧바로 알 수 있는 것이다. 아시아공동체 패러다임은 근간에 바이칼에서 한민족과, 투르크 민족, 몽고족의 뿌리를 찾기 위해 진행되고 있는 고고학, 언어학, 체질인류학, 유전자 DNA분석, 민족지학, 지리학 등의 연구에 대해 지향목적과 역사적 의미를 밝혀주는 인문사회적 기초 지평의 역할을 할 것이다. 오늘날의 한국은 이러한 모든 학문적 노력들을 아시아 공동체 창설이라는 초점에로 결집시킬 수 있는 최적의 위치와 시점에 있다. 중국은 그 과거와 현재의 패권주의로 인해 아시아 공동체 창설의 중심 역할을 하기에는 넘어설 수 없는 장애 요인을 안고 있고 일본의 시야에는 아직 아시아 공동체의 구상이 보이지 않고 있는 것이다.

역사관의 전환과 아시아공동체 형성이 시급하다고 판단하는 이유는 근간에 EU가 터키를 회원국으로 가입시킴으로써 터키를 유럽으로 동화시키려고 하는, 그들로서는 참으로 뛰어난 문화정치적인 전략을 구사하고 있는 것을 보고 있기 때문이다. 유럽의 인문학과 사회과학은 유럽의 이해를 위하여 미래를 정확하게 내다보고 있는 것이다. 자기들이 누리고 있는 기득권 유지와 확대를 위해 경제적 혜택을 줌으로써 전혀 이질적인 어제의 적까지도 자기편으로 만들어 동화시켜 버리려는 전략인 것이다. 터키가 유럽이 되어 버리는 경우 터키어를 사용하는 3억 명의 투르크 민족은 어떻게 되겠는가? 아시아 공동체의 영역은 대폭 축소되어 버리지 않겠는가! 도대체 아직까지도 한국의 인문학과 사회과학들 대부분은 무엇을 하고 있는 것인가? 어리석기 짝이 없는 과거의 틀과 시야에 갇혀 있기 때문에 같은 뿌리의 민족을 남에게 빼앗겨 버리면서도 무엇을 빼앗기고 있는지 인식 자체가 없는 어리석음의 극치를 보여주고 있지 않는가! 세계와 역사, 문명과 종교에 대한 깊고 넓은 이해를 열어주어야 하는 인문사회의 기초교육이 잘못됨으로써 한국의 외교, 통상정책이 미래의 국가적 이해를 넓혀 나아가는 데에 걸림돌이 되고 있는 상황을 우리가 생생하게 보고 있지 않는가! 우리가 기존의 상투화된 세계 인식 파라다임에 의해 타성화된 채 아무런 문제의식 없이 현행의 Globalism을 뒤따라간다는 것은 우리 자신을 스스로 서구 문명권의 이익체계 속에 함몰시켜버린다는 것을 의미한다. 오늘날 유럽의 역사학, 고고학, 인류학은 투르크 민족을 백인종의 한 갈래로 둔갑시키기까지 하고 있는데 이러한 세련된 변조와 날조의 배후에 어떠한 교활한 이익의 체계가 숨어있는가를 우리는 간파해야 할 것이다. 요즈음 우리 한국에서조차 습관적으로 유럽의 학설을 따라서 투르크의 종족적 뿌리가 단두 백인종 계통에 속한다고 말하는 학자들이 적지 않게 있는데, 이것은 참으로 한심하고 또한 우려되는 일이 아닐 수 없다. 유럽적 편향과 왜곡이 일어나기 이전인 1939년에 아시아 스텝 제국사의 세계적 대가이며 권위인 프랑스의 르네 그루쎄는 투르크 종족이 몽골족이나 퉁그스족과 같이 몽골로이드에 속한다는 사실을 분명하게 밝힌 바 있다는 것을 우리는 알아야 한다. 우리는 쇼비니즘의 위험한 함정을 피해가야 하지만 또한 동시에 서구에 대한 어리석은 맹목적 추종과 국적 없는 피상적인 코스모폴리탄적 착각으로부터도 결단코 벗어나야 하는 것이다.

한민족과 북방민족들 간의 혈연관계는 예부터 잘 알려져 왔으나 남방 민족들과의 연결 관계는 가려져왔던 것이 사실이다. 그러나 오늘날의 유전자 DNA 분석 기술과 언어학, 민속학, 역사학 등에 의해 중요한 사실들이 드러나고 있다. 한국인 신체의 유전자 30 퍼센트 정도가 인도네시아, 말레이시아 부근의 남태평양 민족들로부터 유래한다는 의학적 보고서가 나오고 있는가 하면, 가야 김수로왕의 허황후 일가가 어떤 역사적인 사건들에 의해 어떤 경로들를 거쳐 인도 갠지스강 중류의 아요디아 왕국으로부터 티베트, 중국 사천성, 장안을 거쳐 한반도 김해로 망명하게 되었는지 추적이 되고 있는 것이다. 언어학적으로 한국어가 북방 알타이어 계통으로 알려져 있는데 대해 남방 드라비다어와의 친근성을 제시하는 학자들도 있는 것이다. 특히 벼농사 계통의 언어는 대부분 드라비다어에서 온 것을 알 수 있다.

최근에는 7세기 중엽 아랍의 침공을 받아 멸망한 사산조 페르시아의 왕족 일부가 중국을 거쳐 신라로 망명하여 신라공주와 결혼한 이야기를 담은 고대 페르시아의 서사시 쿠쉬나메가 발굴되어 신라와 페르시아, 아랍의 관계에 대한 방대한 자료를 제공하고 있다.

이처럼 문명들의 역사는 일반적인 인식을 넘어서 훨씬 더 밀접하게 연관되어 있고 한국의 역사 또한 대륙과 대양이 만나는 반도의 지정학적 위치 덕분에 아시아 전 지역과의 연결 속에서 역사를 형성해 온 것이다. 반도는 자체의 힘이 미약할 때는 대륙과 대양의 외세들에 의해 바람 부는 대로 흔들리며 19세기 말의 조선 왕조와 같은 불쌍하기 짝이 없는 신세로 전락하지만 힘 있는 국가가 성립할 경우에는 대륙과 대양을 움직이는 대제국으로 발전할 수 있는 곳이다. 로마 제국과 오스만 터키 제국이 그러한 것이다. 오늘날 전 세계를 석권하고 있는 대한민국의 주력 산업들과 젊은 스포츠맨들이 올림픽에서 성취한 많은 금메달들이 웅비하는 국력을 상징하는 가운데 열리기 시작한 세계 제1 선진 강대국의 가능성을 어떻게 실현할 것인가를 젊은 세대는 역사적 사명으로 받들고 고심해야 한다. 그 길은 시대착오의 헤게머니 쟁탈 방식이 아니라 상생과 조화의 새로운 역사시대를 주도하며 만드는 데 있다는 사실을 대학생들은 인식해야 한다.

이런 맥락에서 오늘날 젊은 대학생들의 세계관과 역사관은 참으로 중요한 것이다. 세계사 서술에 있어 근본적으로 수정되어야할 두 가지의 잘못된 역사관을 지적하고자 한다. 이 오류들은 세계 공동체로의 발전을 가로막고 있는 장애물들인 것이다. 첫째는 오늘날의 세계사 서술이 서양 중심에 맞추어져 있으며 마치 인류의 문명이 서양문명을 목적점으로 하여 달려 온 듯한 설명 체계로 이루어져 있다는 점이다. 이것은 보편성에 대한 부당한 독점이고 이러한 잘못된 이해를 바탕으로 주창된 Globalisation의 개념은 이제 Glocalisation의 개념에 의해 대체되어야 한다. 세계사를 되돌아 볼 때 서양이 세계사를 주도한 것은 19세기 후반부터 시작하여 약 150년간이라고 할 수 있으며 이미 21세기의 시작을 전후하여 이러한 시대는 저물고 있는 것이다. 길게 잡아 보았자 150년 동안 하나의 문명이 세계의 헤게머니를 행사하였다고 해서 마치 전체 세계사가 그 문명을 중심으로 이루어져 왔고 전 세계의 모든 문명들이 그 문명의 형태를 목적으로 하여 변형되어 나아가야 하는 것처럼 설명한다면 그 역사가는 역사를 공부했기 때문에 역사를 더욱 모르게 된 어리석음에 빠질 것이다. 이러한 역사 설명은 존재 망각과 가치 전도의 함정에 빠져버린 과학기술문명의 한계 속에서 계속 타성적으로 맴돌도록 방치하는 결과만을 가져올 것이다. 위기에 놓인 과학기술문명에게 주어질 수 있는 구원의 출구를 가려버리는 것이다. 우리가 여기서 강조하려는 것은 구원의 차원은 존재 성찰의 심오한 지혜를 보이지 않는 저변에 깊이 침투시켜온 아시아의 삶의 문화에 의하여 열려질 수 있다는 사실이다. 우리는 하늘, 땅, 인간의 합일을 지향하는 아시아의 전통이 존재성찰과 전체와의 조화적 연관으로부터 유리된 기술 만으로서의 기술을 얼마나 경계하여 왔는가를 알고 있다. 또한 동아시아와 이슬람 세계, 인도에서 발전된 얼마나 많은 기술들이 서양 과학 기술 발전의 기초가 되었는가를 잊어서는 안 될 것이다.

두 번째 오류는 과거 아시아의 역사에 대한 서술이 중화주의의 영향권 속에서 벗어나지 못하고 있다는 점이다. 첫 번째의 오류와 마찬가지로 중심과 주변이라는 전형적인 이분법적 사고를 특징으로 하고 있으며 특정한 지역의 정치적 이익과 헤게머니를 바탕에 숨기고 있는 것이다. 서구 중심주의, 중화 중심주의는 모두 배타성의 논리에 기초하고 있으며 공존, 화합, 상생, 조화를 향해가야 하는 인류의 미래를 위해서는 모두 버려야할 잘못된 역사관이다. 이 두 가지 잘못된 역사관의 가장 근본적 오류는 이기적 이익체계를 유지, 확장하기 위해 역사적 사실들을 왜곡하거나 거꾸로 이야기하거나 은폐하고 있다는 사실이다. 타자에 대한 진정한 인정, 배려를 결여하고 있는 것이다. 북방 스텝의 국가들과, 만주, 한국, 일본, 그리고 동남아시아 국가들의 입장에서 볼 때 중화주의는 정직하지 못함, 사실을 거꾸로 이야기하기, 무례, 빗나간 국가주의에 불과하다는 사실을 곧 바로 지적할 수 있다. 역사 서술에 있어 중화주의의 시작점이 되고 있는 사마천의 사기에서 두드러져 보이는 가장 큰 특징은 북방 스텝 제국들과 중국 사이의 오랜 역사적 관계들에 대한 변조와 왜곡이다. 이러한 왜곡의 결과 한 때나마 북방 기마유목민족들 사이의 본연의 민족적 연결이 시야에서 사라지기도 하였던 사실을 우리는 한국 역사 교육의 경우에서 찾을 수 있다. 만일 중화주의가 주장하는 대로 동아시아의 역사가 항상 중국의 한족이 중심이 되어 변방의 야만족들을 정벌하고 지배하여온 역사라면 왜 중국은 스스로 자신을 전통적으로 支那 (Branch Land, China)라고 불러왔던 것일까? 이 가지에 대한 중심줄기는 어디에 있었을까? 사실을 말하자면 중국의 역사는 알타이 민족들에 의해 정복당하여 온 역사인 것이다. 삼황오제로부터 시작해서 도대체 중국의 왕조들 가운데 북방의 기마민족에 의해서 세워지지 않은 왕조를 과연 몇 개나 꼽을 수 있는가? 이러한 문제를 심각하게 제기하지 않을 수 없는 상황을 중국이 스스로 만들고 있는 것이다. 왜 중국은 이웃 국가들과 평화적 공존과 협력을 추구해야할 시기에 시대착오적인 헛된 팽창주의의 길을 택하고 있는가? 왜 동북공정을 만들어 한국으로부터 고구려의 역사를 훔쳐가려는 헛된 억지를 부리고 있으며 이와 동일한 선상에서 서북공정, 서남공정을 만들어 신장, 티베트를 중국화하려는 억지를 계속하는가? 중국은 왜 신장을 신장으로, 티베트를 티베트로, 내몽고를 몽고로 인정하고 그들의 귀중한 역사와 문화를 이어가도록 하지 못하는가? 왜 김정일 민족반역 족벌은 이러한 중국의 횡포 앞에 묵종하고 있으며 세계 평화를 위협하는 반인류적 범죄행위를 계속하고 있는가?

우리는 역사관 자체를 읽어낼 수 있는 철학의 심안을 가져야 한다. 세계의 역사가 헤게머니 쟁탈전과 지배, 종속의 역사로부터 공존 상생 조화의 시대로 이행해가야 하는 오늘날에 있어 세계 역사에 대한 설명과 인식의 장은 종래와 같은 정치 도구화의 함정을 벗어나야 하는 것이다. 이를 위해 세계사 과정에 가치와 의미를 부여하고 지향 방향을 열어주는 철학의 작업은 존재 인식의 깊이를 더욱 파고 내려가야 한다. 존재 세계의 근원적 실재성이 상호침투와 상호의존, 그리고 미래에로 열려진 창조성에 있으며 존재의 궁극적 본질은 사랑과 자비에 있다는 깨달음이 인류 역사의 발전 방향을 밝혀주는 목적성의 영역으로 설정될 때 철학과 역사는 하나가 될 것이다. 진정한 세계 공동체로 향한 길을 밝혀줄 아시아공동체라는 이름의 태양이 이제 떠오르고 있는 것이다.

부산대학교 철학과 교수 **최우원**

목 차

제1장 문명과 공간

Ⅰ. 문명이란 무엇인가?

일반적으로 문명(civilization)에 대한 사전적인 정의는 인류가 정신을 통해서 이룩한 물질적·사회적 발전의 총체를 말한다. 그러나 실제에 있어서는 문명이라는 용어는 매우 다양한 뜻으로 쓰이고 있다. 일반적으로 문화(culture)와 맺는 관계를 고려해서, 두 가지로 구분해 볼 수 있다. 다시 말해서, 문화와 바꾸어 쓰도 무방한 것으로 파악하는 입장과 문화의 특수한 한 형태가 문명이라고 파악하는 입장으로 크게 나누어 볼 수 있다.

전자의 견해를 따른다면 전통적으로 독일철학이나 사회학에서 볼 수 있는 입장으로 인류의 정신적이고 가치적인 소산을 문화라고 한다. 반면에, 물질적·기술적 산출물들은 문명이라고 한다. 이러한 견해는 일반인들의 통속적인 견해이기도 하며 널리 통용되고 있다. 왜냐하면 물질과 정신을 뚜렷하게 구분할 수 있다는 관점을 취한다면, 문화와 문명의 경계는 뚜렷해 보이는 것도 사실이기 때문이다. 그러나 인간의 정신이 개입되지 않은 물질 또는 물질의 사용이 어떤 의미를 지니고 있을까를 자문해본다면, 문명이 문화를 또는 역으로도 병치가 가능하다는 것이 일반적으로 통용되는 견해라는 이야기이다.

후자의 견해는 제2차 세계대전 후 문화인류학(cultural anthropology)[1)]의 보급에 따라 일반화되었다. 문화인류학은 자연인류학(physical anthropolog y)[2]과 대비되는 용어이다. 문화인류학은 인류가 걸어온 역사와 현존하는 인류가 만들어낸 각종의 산출물을 대상으로 문화를 관찰하고 해석하며, 그것을 종합하여 문화의 법칙성 또는 규칙성과 변이를 탐구하는 실증적인 과학의 일종이다. 그러므로 이러한 정의를 참조할 때, 문화 중에서 도시적인 요소, 고도의 기술, 작업의 분화, 사회의 계층분화를 갖는 복합문화(문화의 복합체)를 큰 단위로서 파악한 총체를 문명이라고 할 수 있다. 베버(A. Weber)는 문명과 문화를 분명한 시선으로 구분하고 있다. 그의 생각에 따르면, 문명은 주체를 떠나 직선적으로 발전, 누적되어 무한하게 진보하는 기술적 수단의 총체이다. 하지만 문화는 주체와의 개입이 있어야 할 뿐만 아니라, 일회성에 그치는 역사적 개체이며 누적되는 것이 아니므로 진보라는 척도로써는 측정할 수 없다고 한다.

물론 문명과 문화를 이렇게 나누는 것은 편의적인 면이 있으며, 사실 이러한 두 견해는 문화와 문명이 서로 어떤 위치를 차지하고 있는지에 초점을 맞추고 있다. 이 밖에 18세기 몽테스키외(Charles-Louis de Secondat, Baron de La Brède et de Montesquieu)나 루소(Jean Jacques Rousseau) 등의 백과전서파는 문명을 야만과 대치시키지 않고 봉건제·군주제와 대치시켜 문명이란 말 속에 봉건사회에서 시민사회로의 진보라는 뜻과 계몽의 의미를 포함시켜서 정의하는 경우도 있다. 이러한 생각은 사회진화론의 바

---

1) 넓은 뜻으로는 선사적 고고학(先史的考古學), 인류학적 언어학, 민족학(民族學)·민속학·민족지(民族誌) 등 여러 분야가 포함되지만, 좁은 뜻으로는 사회인류학과 민족학의 두 분야를 가리킨다.

2) 넓은 의미의 인류학 가운데 문화인류학에 대하여 생물로서의 인류를 다루는 분야로서 인종의 분류와 그 발생의 원인을 추구하는 학문으로 발전하여 18세기 말 J. F. 블루멘바흐가 그 기초를 다졌다. 19세기 중반까지는 인종의 신체적 특징과 그 주거지의 환경이나 풍속습관이 어떤 관련을 가지고 있는가의 해명에 주안점을 두었으나 유전학의 발달로 생물학적인 견지에서도 연구하게 되었다.

탕에서도 볼 수 있는데, 예를 들면 모건 등이 주장한 몽매 · 야만 · 문명이라고 하는 발전적인 단계로 구분하는 것이다.

이처럼 문명이 무엇인지, 또 어떻게 정의할 것인지는 문명을 이해하는 시선과 밀접한 관련을 맺고 있는 것처럼 보인다. 그렇다면 문명의 발생은 어떠한 조건과 여건 속에서 이루어졌을까? 다시 말해서 문명의 성장에는 어떠한 요인이 작용했을까? 일반적으로는 경제적 자원, 풍부한 식량 그리고 인접 문명과의 접촉을 들어 설명하고 있다.

① 기후풍토설(Climatic Hyphothesis)

아리스토텔레스(Aristotle), 몽테스키외 등은 문명이 발달하는데 기후풍토(climate) 조건이 주요하다고 설명한다. 미국의 지리학자 헌팅턴(E. Huntington)은 적합한 기후풍토 조건이 없이는 고도의 문화를 이룩하지 못했다고 주장하고 있다. 문명이 발달하는 데 적합한 여건은 온화한 기후인 3.3℃(38°F)와 17.8℃(64°F)사이에서 약 75%의 습도를 함유하고 있어야 한다. 또한 주기적인 폭풍과 일상적인 폭풍이 발생하면서, 기후가 변화하게 된다. 기후풍토설에 의하면, 이런 여건들이 인간을 자극하고 활력을 불러일으키는데 필수적인 조건이라는 것이다.

② 지형설 (Topographical Theory)

리히터(K. Ritter)는 문화나 문명이 발전하는 데에 대륙의 형태와 모양이 매우 중요한 역할을 한다고 주장한다. 예를 들면 불규칙한 해안선, 다양한 지리적 조건 등은 지역의 발전에 매우 중요하고, 조밀하고 단조로운 대륙 등으로 문명이 뒤떨어질 수 있다고 봤으며, 좋은 항구를 갖추지 못한다면 외부와 접촉하는 데 한계가 있다는 것이다. 이는 유럽이 다양한 지리적 형태로 인해 복잡하고 날카롭게 갈라진 해안선, 많은 수의 만(灣), 항구, 섬 그리고 수로를 통해 내륙 깊숙이 접근할 수 있어서 발달된 문명을 소유할 수 있다고 보는 것이다.

벅클(H. Buckle)은 인간의 환경을 크게 두 부류로 구분하였는데, 상상력을 자극하는 것과 이해를 예리하게 하는 것이 그것이다. 그 대표적인 예로 인도와 그리스를 각각 들고 있다. 그는 인도의 자연환경을 위압적이고 위협적인 존재로 그리고 있으며, 이는 인간의 삶을 비관적이고 염세적으로 만들고, 나아가 삶의 가치를 부정하게 된다는 것이다. 결국 세상을 이해하고 지배할 수 있다는 인간의 능력을 부인함으로써 미신적이고, 잔인하고 두려운 신을 창안한 후, 종교와 신앙에 의존하게 된다는 것이다.

반면에 그리스의 자연은 평범하기 때문에, 인간에게는 두려움의 대상이 아니었으며, 오히려 인간의 가치를 증진시킬 수 있는 환경을 제공했다는 것이다. 이는 사람들에게 낙관적인 자세를 촉진시켰고, 또 창의력을 최대한 발휘하고 역사상 가장 위대한 문명을 건설하게 만들었다고 본다.

이 밖에도 ③ 유목민설[3], ④ 역경설[4] 그리고 ⑤ 타 문명과의 인접지역설 등이 있지만, 이러한 설명들은 이미 발흥한 문명을 중심으로 진행되고 있음에 주의할 필요가 있다. 그러므로 문명을 이러한 구분을 통해 이해하기 위해서는 문명이 실제로 발흥한 지역을 살펴봐야 할 것이다.

---

3) 대표적인 학자로는 오펜하이머(F. Oppenheimer)가 있다.
4) 대표적인 학자로는 토인비(A. Toynbee)가 있다.

Ⅱ. 문명의 발흥지

토인비는 고대에서 현대에 이르는 모든 세계문명을 포괄적으로 다룬 드문 역사가로서, 문명의 단위를 국가보다는 크고 세계보다는 작은 중간적인 범위에서 구하였다. 그는 서구문명 · 인도문명 · 극동문명 · 정교(正教) 그리스도교 문명과 같은 현존하는 문명에서 고대문명까지 거슬러 올라가 21개의 문명을 상정하였고, 그 발생 · 성장 · 쇠퇴 · 해체과정을 논하였다. 이들 문명 중에서, 모체가 된 고대문명은 모문명(母文明)이라 부르며, 이들은 서로 독립해서 발생하였다고 하였다. 모문명은 구세계의 이집트문명, 수메르문명, 미노스문명, 중앙아메리카의 마야문명, 남아메리카의 안데스문명, 아시아의 중국문명 등 6개이며, 여기에 더하여 고대 인도의 하라파문명이 독립적으로 발생하였다고 보면 7개가 된다. 이 중에서 중국문명은 중간에 이민족의 지배를 받으면서도 현재까지 4000년 동안 계속 살아 있다. 그러나 모문명이 독립적으로 발생하였다고 하는 주장은 충분히 논증된 것은 아니다.

세계에서 가장 오래 된 문명의 발생지와 발생기에 대해서는, 정설이라고 단언할 수는 없지만 BC 4000년대 오리엔트로 보는 것이 통설이다. 각 문명의 기원을 보면, 이집트문명은 BC 2800년경, 미노스문명은 BC 2600년경, 하라파문명은 BC 3000년기(紀)의 중간, 중국문명은 BC 2000년 초, 신대륙의 문명은 BC 1000년대 전기로 보고 있다. 한때 세계의 고대문명이 단일문화로부터 전파되었다고 하는 설(예:이집트 기원설)도 있었으나 현재 이를 인정하는 사람은 없다. 문명의 기원을 큰 하천의 유역에 한정시키거나, 관개시설 또는 유목민에 의한 농경민 정복에서 구하는 등의 여러 설이 있으나 모두 부분적으로 해당할 뿐, 모든 고대문명에 해당하는 일반론으로서는 인정되지 않고 있다.

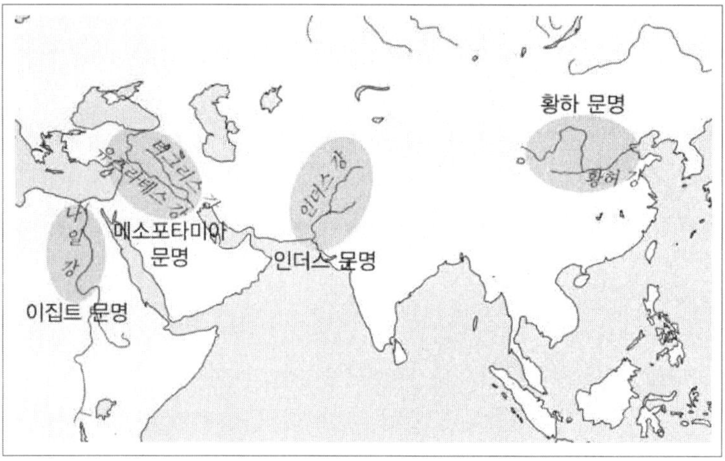

한편 문명발생의 근본적인 요인을 생산력의 일정한 수준에서 구하는 이론은 일반론으로서는 인정할 수 있지만, 개개의 문명 사례에 대해 개별적·구체적 논증은 충분히 얻지 못하고 있다.

현재 역사 기록상엔 황하문명, 메소포타미아문명, 인더스문명, 이집트문명 등이 4대 문명으로 회자하고 있다. 이 책에서는 4대 문명을 포함해서 오늘날 새롭게 조명되고 있는 요하문명을 살펴봄으로써 문명을 정치적으로 이해하는 시각을 가질 수도 있을 것이다. 이를 통해서 우리 삶의 터전 속에서 형성된 한반도의 문명을 숙고해 볼 수 있을 것이다.

1. 황하문명

황하(황허, 黃河)문명은 황허 유역에서 나타난 중국의 고대문명을 통틀어 나타내는 표현이다. 양자강(양쯔강, 揚子江)문명, 요하(랴오허, 遼河)문명 등과 함께 중국의 고대 문명을 대표한다. 신석기시대에 나타난 앙소(양사오, 仰韶)문명과 용산(룽산, 竜山)문명 등을 거쳐 상(商)과 주(周)의 청동기문화로 발전하였고, 양자강과 요하 유역에서 나타난 여러 문명과 서로 영향을 주고받으며 융합하여 중국 문화의 기틀을 형성하였다.

1921년 중국의 하남성(허난성, 河南省)에서 신석기 시대의 대규모 취락지가 발굴된 뒤, 황하 유역에서는 신석기와 청동기시대와 관련된 고고학적 발견이 잇달아 이루어졌다. 그 뒤 학계에서는 황하문명을 세계 4대 문명의 발상지 가운데 하나로 꼽으며, 중국문명이 황하 유역에서 시작되어 주변 지역으로 확산되었다는 견해가 지배적으로 자리 잡았다.

하지만 그 뒤 중국의 각 지역에서 다양한 유형의 신석기 문화가 발견되면서 이러한 학설은 비판을 받았다. 특히 1973년 절강성(저장성, 浙江省) 영소(닝사오, 寧紹) 평원의 하모도(허무두, 河姆渡)에서는 벼농사와 고상식(高床式) 건축물 등의 유적이 발굴되어, 양자강 유역에서 앙소문화와 비슷한 시기에 황하문명과는 다른 계통의 수준 높은 신석기 문화가 발달했음을 보여주었다. 그리고 동북(둥베이, 東北) 지방의 요하 유역에서도 황하문명과 다른 계통의 신석기 유적들이 발굴되었다. 따라서 오늘날에는 황하문명에서 중국의 문명이 시작되었다는 학설은 인정되지 않으며, 중국에서 나타난 고대문명은 '중국문명(中國文明)' 혹은 '황하 · 양자강문명(황하 · 양쯔강문명)' 등으로 표현되고 있다.

고대 중국에는 여러 문명이 있다. 그러나 문명의 성립이란 국가, 청동기,

문자의 성립 등이 요소가 된다는데, 이런 의미에서 황하문명의 성립기는 오리엔트나 인도보다 늦은 BC 2000년경이라고 추정하고 있다. 아직 고고학적으로 증명되지 않은 중국의 하나라의 건국 추정일이 BC 2000년경이라고 한다.

오랜시간 동안 우리는 은나라가 중국 최초의 국가로 알고 있었다. 그러나 지금은 하나라, 상나라(은나라), 주나라 순으로 중국 건국 초기에 대한 이해가 달리하고 있다. 예전에는 세계 4대 문명으로 분류되었지만, 현재는 장강문명, 홍산문명 등 다양한 문명이 중국 각 지역에서 발견되었기 때문에 4대 문명에 황하문명만을 채택하지는 않으며, '황하 및 장강문명'이라고 부르고 있다.

그런데 홍산문명은 황하문명보다 1000년 보다 빠르며 요서에 있는 요하강에서 나왔다. 그것도 고조선의 옛 나라에서 나온 것이다. 이러한 이유로 이 부분에 대한 논쟁이 양산되고 있지만 분명하게 정리되지는 않고 있다. 그러나 확실한 것은 중국이 동북공정을 통해 홍산문명 뿐만 아니라 주변의 다른 여러 문화를 갈취한다고 하고 있다. 역사적으로 중국이 취해온 입장을 본다면, 중국은 만리장성에 벗어난 지역에는 문명이나 문화를 자신의 것으로 인정하지 않는다고 했으니, 홍산문명에 대해서 거론하지 않는 것이 상식적인 태도일 것이다. 그리고 만약에 증거의 문제를 거론하면서 홍산문명의 진위를 외면한다면, 하나라에 대한 고고학적 증거가 나오지 않았다는 사실을 명심해야 할 것이다.

2. 인더스문명

기원전 2500년경, 인더스 강 유역의 하라파, 모헨조다로 등에 도시 문명 발생했다는 설이 있다. 이 도시들은 도시계획을 갖추고 있었다. 공중목욕탕 시설과 벽돌주택, 곡물 창고와 하수도 시설이 갖추어져 있었다. 그리고 인더스문명의 도시들에서 발견된 유적에는 철기의 흔적을 찾아 볼 수 없다. 이것으로부터 인더스문명이 청동기시대의 문명임을 반증하는 것으로 보인다. 그럼에도 불구하고 이 문명의 정확한 연대는 말하기 힘든 면이 있기 때문에, 학자들마다 다르게 보고 있다. 하지만 인도 고고학의 아버지라 불리는 마샬(Marshall)을 비롯한 많은 학자들은 BC 3000년경을 문명의 시작으로 보고 있다. 또한 이 문명은 대략 1000년정도 지속된 것으로 보고 있다. 이런 연대 측정은 인더스문명이 이집트나 메소포타미아 보다 조금 늦었다는 것을 말해준다.

힌두교의 시바(Shiva)신앙으로 자리 잡은 초기 신들의 모습이 테라코타로 남겨져 있다는 가설도를 보면, 인더스문명에도 이후 인도의 성격을 규정하는데 중요한 신앙의 초기단계가 담겨 있었던 것을 알 수 있다. 고대 인도인들이 숭배했던 여신상이나 요가 자세를 취한 수행자의 모습이 인장과 조각상으로 수없이 발견되고 있는 것이다. 그러나 문자 기록을 남기지 않아서 문명의 실체에 접근하기가 쉽지 않다.

인더스문명은 높은 수준의 발전을 보였지만 BC 1700 ~ 1500년경에 멸망하고 말았다. 그 이유에 대해서는 여러 가지 설이 나오고 있지만 아직 정확히 밝혀지지는 않았다. 그 중 유력한 설을 보면, ①천재지변에 의한 멸망: 큰 강에 인접하고 있는 도시기 때문에 강의 범람으로 문명이 파괴되었을 거라는 추측이다. ②환경의 변화: 이것은 기후가 변화하여, 곡물 경작에 이상이 생겨 멸망했다는 설이다. ③외적의 침입: 가장 유력한 설이다. 외적의 침입으로 멸망하였다는 것이다. 실제로 아리아족이 인도에 들어온 시기와 인더스문명이 멸망한 시기가 비슷해서 신빙성을 인정받은 설이다. 하지만 외적의 침입으로 그 큰 문명이 한 번에 망했다는 것은 좀 무리가 있는 이야기이고, 학자에 따라서는 인더스 문명의 멸망시기와 아리아족이 인도에 들어온 시기에는 차이가 있다고 보기도 한다.

도시의 특징을 확연히 드러내는 질서정연한 도시계획을 보면 인더스사회가 동일한 삶의 형태와 일정한 도구를 사용한 고도로 정비되고 통합된 국가였음을 보여준다. 하지만, 지배자를 위한 시설이나 신관들이 사용하는 소목욕장과 일반시민들이 사용하는 대목욕장이 나눠져 있고, 통치권과 관련된 정교일치 사회의 수장으로 보이는 석상을 통해 모헨조다로 사회에서 중앙집권적인 소수의 엘리트 사제 지배층이 존재했을 것으로 보인다. 그리고 모헨조다로에 있는 아파트식 건물이 일반시민의 것이 아닌 노동자의 아파트라고 추정되는 것을 보면, 그리 심각한 것은 아니더라도 약간의 신분제가 있었다는 사실을 알 수 있다.

그리고 인더스문명은, 신전이 발달하고 국왕과 소수의 지배 엘리트 및 대중 사이에 계급의식과 경제 분화가 뚜렷했던 메소포타미아문명에 비해 민가가 발달하고, 전체도시민이 평준화된 풍요로운 생활과 합리적이고 민주적인 문화를 소유했음을 알 수 있다.

또한 인더스문명은 교역에 있어서 채도, 금은 세공품, 구리, 청동제식기 등의 분포로 미루어 폭넓은 교역을 했으리라는 추측이 가능하다. 그들은 해상과 육상으로 서아시아 지역, 특히 이란과 메소포타미아 지역까지 교역의 폭을 넓혔으며, 멀리 나일강 유역과도 활발한 문물교류가 이루어졌음을 알 수 있다.

인더스의 흔적은 지역적으로는 파키스탄에서, 종교적으로는 힌두교와 인도신앙에서 찾아볼 수 있다. 파키스탄의 역사는 흔히 인더스 강물 속에 기록되어 있다고 한다. 인더스 강은 인간의 숨결이 닿지 않는 히말라야의 만년설이 녹아 흐르는 3,000km의 젖줄이다. 이런 인더스 강은 하라파와 모헨조다로라는 인류 최고의 문명을 발아시켰다.

흔히들 힌두교는 외래 민족 아리아인의 종교인 브라만교를 기초로 하여 발전했다고 한다. 그러나 힌두교의 신앙과 습속 가운데는 인더스 문명의 영향이 아주 짙다. '명상'과 '목욕'만 보더라고 아리아인들과는 관계가 없는 인더스문명이 만들어낸 것으로 보인다. 소에 대한 숭배와 성기(링가) 숭배, 종교문자로 쓰이는 만(卍)자도 인더스문명에서 생겨났다.

인더스 인들은 나무와 짐승을 숭배하였다. 그중에 가장 중요한 짐승은 혹 달린 소였다. 소는 지금도 인도에서 숭배되고 있다. 이는 아리아인에 의해 인더스문명이 완전히 단절되는 것이 아니고 전통으로 이어져 내려왔다는 것을 의미한다.

3. 이집트문명

나일강 하류의 비옥한 토지에서 이집트문명이 발생했다는 것은 잘 알려져 있다. 이집트는 지리적으로 폐쇄적인 위치에 자리 잡고 있으며, 메소포타미아문명이 비해 정치・문화적 색채가 단조롭다. 이집트는 사막과 바다로 둘러 싸여 있어서 외부의 침입이 거의 없어 2000년 동안 고유문화를 간직할 수 있었다. 이집트는 '헤로도투스'의 말처럼 '나일강의 선물'이라 할 만큼 나일강의 영향을 많이 받았다. 이집트는 나일강과 주변의 기름진 토양을 바탕으로 일찍 농경이 발달하였다.

해마다 겪는 나일강의 범람은 상류의 비옥한 퇴적물을 운반하는 작용을 하였기에 나일강변은 풍요로운 땅이었다. 나일강의 홍수는 주변의 모든 것들을 진흙 속에 묻어 버렸다. 그러나 이런 홍수는 규칙적으로 일어나서 미리 예측을 할 수 있었다. 따라서 이집트인들은 농사의 시기를 조절할 수가 있었다. 이런 나일강의 범람 때문에 태양력・기하학・건축술・천문학이 발달하였다는 설이 있다. 나일강의 범람 시기를 알기 위해 천문학과 태양력이 만들어졌고 범람 후의 경지 측정의 필요성에서 기하학이 발달하였다. 또한 신전의 축조 과정에서 건축술, 지렛대, 도르래의 원리가 이용되었다. 수학에서는 10진법이 사용되고, 미이라 제작 과정에서 외과 의학이 발달하였다.

이집트의 국왕은 파라오(Pharaoh: 큰 집)라 불렸는데, 태양의 신으로서 절대적인 권력을 장악하고 토목 사업에 농민과 노예를 동원하였다. 귀족들은 소수의 관료와 신관으로서 왕에게서 넓은 토지를 받아 그 세력이 강대하였다. 평민의 대부분은 부자유 농민이며 공납과 부역의 의무를 지고 있었다.

이집트는 오리엔트의 다른 나라처럼 다신교를 믿었으며 신들의 수는 매우 많았다. 그 중에서도 태양신인 라(Ra)와 나일강, 저승의 신인 오시리스가 가장 숭배되었다. 태양신 라 밑에는 공기의 신 '슈', 습기의 신 '테프누트'가 있었다. 이들 신은 서로 결합하여 대지의 신 '게브'와 하늘의 여신 '누트'를 낳았다. 이들 신이 다시 결합하여 '세트', '네프티스', '오시리스', 그리고 '이시스'를 낳았다. 이어 오시리스는 이시스와, 세트는 네프티스와 각각 결혼하였다. 그리하여 오시리스 호루스를 낳고, 세트는 아누비스를 낳았다. 이 오시리스의 아들 호루스와 세트 사이에 격렬한 싸움이 벌어지는데, 이 신화를 통하여 이집트인의 강한 내세의 신앙과 부활에 대한 생각을 엿볼 수가 있다.

나일강 유역에서 풍요롭고 계획된 삶을 누릴 수 있었던 이집트인은, 신에 대한 감사와 함께 현재 생활의 풍요를 죽은 뒤에 오는 내세에까지 연장하려는 열망이 강하였다. 이집트인들은 메소포타미아와 달리 영혼불멸을 믿어 피라미드, 스핑크스 등을 만들고 미이라를 만들어 시체를 보존했고, '사자의 서'를 기록하여 내세의 심판에 대비하였다.

이집트의 문자는 신성 문자(Hieroglyph)인 상형 문자가 사용되어 부분적으로는 표음문자의 단계까지 도달하였다. 파피루스로 만든 종이에 갈대로 만든 펜과 검댕이 잉크를 사용하였다.

4. 메소포타미아문명

메소포타미아는 '두 강 사이의 땅'이란 뜻으로 해석되는데, 이 문명은 비옥한 반달 모양의 티그리스 강과 유프라테스 강 유역을 중심으로 번영하였다. 구체적으로는 바빌로니아·아시리아문명을 가리키나 넓게는 서남아시아 전체에 걸쳐있는 고대문명을 지칭하는 경우도 있다.

메소포타미아 문명은 개방적인 지리적 요건 때문에 외부와의 교섭이 빈번하여 정치·문화적 색채가 복잡하였다. 폐쇄적인 이집트문명과는 달리 두 강 유역은 이민족의 침입이 잦았고, 국가의 흥망과 민족의 교체가 극심했기 때문에 이 지역에 전개된 문화는 개방적, 능동적이었다. 메소포타미아 문명은 주위의 문화적 파급과 후세의 영향을 고려해 볼 때 세계사적으로 의의가 크다.

티그리스강과 유프라테스강 사이의 메소포타미아 지방은, 강의 범람이 불규칙적이고 잦았기 때문에 치수와 관개 등 대규모 사업이 필요하였다. 그리하여 사람들이 모여들어 여러 도시 국가가 생겼고, 교역과 상업 활동이 활발해졌다.

메소포타미아문명은 18세기 후반에 탐험가와 여행가들의 이야기가 알려지면서 관심을 끌게 되었는데, 그 중에는 조각품의 일부 또는 명문(銘文)이 들어 있는 벽돌을 가지고 돌아온 사람도 있었다. 또, 구약성서에 실린 유명한 '바벨탑'이나 헤로도토스의 『역사(歷史)』 등 고전시대의 작품을 통하여 메소포타미아에 대한 관심이 점차 높아졌다.

메소포타미아문명의 시작은 BC 7000~BC 6000년경으로 알려져 있다. 이라크의 북쪽지역인 자그로스(Zagros) 산록지대에 정주한 가장 오래 된 농경민은 농사를 짓는 동시에 목축도 하였다. 메소포타미아문명의 기원은 자르모(Jarmo), 하수나(Hassuna), 사마라(Samarra)에 걸쳐있는 후기 신석기 문화로부터 찾을 수도 있다.

금석 병용기를 지나 청동기로 접어들며 가장 처음 발생한 문화는 젬데트 나스르(BC 3100~BC 2900) 문화이다. 이후 다양한 도시국가들이 병립하는 초기 왕조 시대가 약 500년간 (BC 2900~BC 2350) 지속되었다. 당시 도시의 중심은 신전(神殿)이었으며, 이 관리를 담당한 신관(神官)의 지위는 높아 정치・경제・군사・제례 등의 실권을 장악하였다. 당시 중심 도시는 아수르(Assur)였으며, 그 외에도 우르・라가슈・우루크・키슈・니푸르 등의 도시국가들이 유력하였으며, 우르의 왕묘(王墓)나 각 도시의 발굴 결과에서 그 문화수준이 매우 높았음을 알 수 있다. 또한 건축 ・미술・공예 등의 분야 외에도 설형문자의 발명이 이루어졌으며, 60진법・태양력의 채용 등 생활 전반에 걸쳐 문화적으로 큰 발전을 이루었다.

5. 홍산문명과 한반도문명

현재의 명칭은 내몽고 자치구의 츠펑 시에 있는 홍산후(홍산호우, 红山後) 유적에서 유래하였다. 홍산문명은 1908년 일본의 고고학자 도리이 류조(鳥居龍藏)에 의해 발견되어, 1935년 하마다 코사쿠(濱田耕作)나 미즈노 세이치(水野清一) 등에 의해 대규모의 조사가 이루어졌다. 전후 각지에서 발굴이 잇달았으며, 채도와 세석기의 특징을 가진 이 문화는 1954년 홍산후를 기념하여 홍산문명이라고 명명되었다.

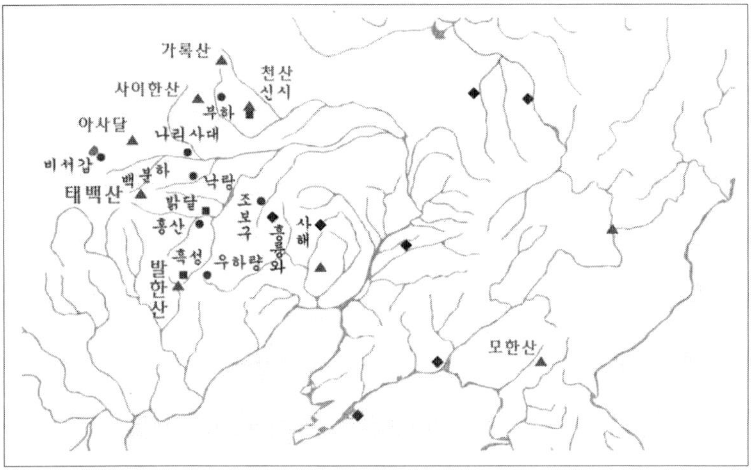

홍산문명은 농업이 주를 이루며, 가축을 사육하는 축산기술이 발달하였는데, 주로 돼지나 양을 길렀다. 다른 한편으로는 수렵이나 채집 등으로 야생 동물을 사냥하거나 야생초를 채집하기도 했다. 농경문화를 바탕으로 용(龍) 등을 본떠 만든 비취 등과 같은 구슬을 만들었다.

홍산문명의 주된 유적은 서 요하(랴오허, 遼河) 상류의 지류인 황수(潢

水) 및 토하(투허, 土河) 유역에 퍼져 있다. 그 연대는 BC 5000년 이상 거슬러 올라가며, 이것은 남쪽 황하 유역의 양사오문화의 중기 및 후기에 해당한다. 발견된 석기는 타제석기, 마제석기, 세석기 등으로 그 대부분은 농기구이며, 돌보습, 돌쟁기, 돌호미 등의 종류가 많다.

홍산문명의 도기는 진흙 홍도 및 협사회도(夾沙灰陶) 두 종류로 나눌 수 있다. 진흙으로 만들어 붓으로 그림 그린 채도(채문 토기)는 취사나 식사 등에 사용되고, 문양이 새겨진 협사회도는 음식을 담는 곳에 사용되었다. 다른 도기에서는 임산부를 본뜬 흉상이 각지에서 출토되고 있다. 홍산 문화에서는 양사오 문화와 같은 채도 문화는 발달하지 않았지만, 룽산 문화의 흑도와 같은 세련된 조형미를 가진다. 또 후기 유적에서는 청동으로 만든 환도도 발견되고 있다.

홍산문명의 분묘에서는 비취 등의 석재로 동물 등의 형태로 조각한 장식품이 많이 출토되었다. 돼지, 호랑이, 새 이외에도 용을 새긴 것도 발견되고 있다. 높은 공예의 수준이 홍산문명의 큰 특징이 되고 있다. '저룡(猪龍)' 또는 '옥저룡(玉猪龍)'으로 불리는 홍산문명의 옥용(용을 조각한 구슬)의 조형은 단순하며, 용이 원형으로 된 것이 많지만, 후기로 가면서 반용(盤龍), 문용(紋龍) 등의 구별이 분명해진다. 고고학자 중에는 홍산문명이 이후 중원에서 시작된 용 숭배의 근원이라는 견해도 있다.

1983년에 요녕성(랴오닝성, 遼寧省) 능원(링위안, 凌源)시에서 건평(젠핑, 建平)현에 걸친 넓은 범위에서 발견된 '우하량(뉘우허량, 牛河梁, Niuheliang) 유적'에서는 홍산문명와 큰 차이를 보이는 제사 시설이 발견되었다. 5㎢의 넓은 범위에 돌을 쌓아 만들어진 분묘나 제단이 정연하게 분포한다. 또 돌마루와 채색한 벽이 있던 신전이 발견되는데, 눈을 비취로 만든 여성두상 도기가 발견되어 '여신묘'라고 불리게 되었다. 발굴 과정에 지하

1m에서 제사를 지냈던 장소나 제단, 벽화, 돌무덤(석총) 등이 발견되었다. 여신묘안에는 사람 세 배 크기의 도제의 상이 줄지어 있었는데, 이 상은 신상으로 추측되며, 현재 중국문화에서는 유례없는 것이다. 우하량(뉘우허량)에서 발견된 기념비적인 건축물의 존재나 또 여러 가지 토지와 교역의 증거로 인해 이 시기에 선사시대의 수장국인 왕국이 있었다고 추측된다.

여신묘에서는 채도도 발견되었다. 부근에서 60개 이상의 고분도 발굴되었고, 이것들은 돌을 짜서 석실을 만들고 그 위에 조약돌을 씌워 무덤을 만들었다. 그 내부에서 구슬 등의 유물도 발견되었다. 근처 두 곳의 언덕 위에서는 돌무덤이 발견되었고, 그 가까운 곳에는 석회암을 쌓아 올려 만든 둥근 무덤이나 사각형의 무덤도 있었다. 이러한 고분 중에서는 용이나 거북이의 조각이 발견되었는데, 이를 통해 홍산문명에서는 제물도 바쳤다는 지적도 있다.

앙소(양사오)문화 초기 유적에서 발견된 유물에서 알 수 있듯이 홍산문명의 유적에서도 초기 풍수의 증거로 여겨지는 것이 발견되고 있다. 우하량(뉘우허량) 유적 등, 홍산문명의 제사 유적에서 볼 수 있는 원형이나 방형(사각형)은 천단의 우주관이 벌써 존재하고 있었던 것을 시사하고 있다.

장강 유역에서 신석기 시대의 독자적인 문화(장강문명)가 발견되어 황하문명 중심의 중국사에 혼란을 주었고, 황하에서 북쪽 멀리 동북(만주)의 요하(랴오허) 유역 땅에서도 중국의 정신문화와 연결된 문명이 발견된 것은 큰 반향을 불렀다.

Ⅲ. 문명과 공간

인간을 비롯한 모든 생명체는 최소한 어떤 곳에 머물러야만 삶을 영위할 수가 있다. 우리는 집을 짓고 도시를 건설하는 등의 문명을 이루는 과정을 통해서 자연스럽게 머무는 법을 배우는데, 이러한 머무름은 우리가 살고 있는 땅 또는 대지 등과 관련된 것으로 삶의 터전 속에서만 가능할 것이다. 그렇다면 우리가 경험하는 삶의 터전이 비어있는[空] 곳도 많으며, 서로 분리되어있기[間] 때문에 공간(空間)이라고 부르는 것일까? 삶의 터전과 관련해서 공간을 어떻게 인식하는가를 묻는다면 아마도 다양한 대답이 제출될 수 있으며, 또한 이러한 대답을 정당화하는 나름의 논리적 이유도 제시될 것이다.

상식의 공간은 공간 전체로부터 분리되어있고 인간적 경험 세계를 이루는 물체들의 집합인 물질을 아우르는 장소이다. 이처럼 인간이 공간을 어떻게 이해하고 있는가는 인간이 물질을 어떻게 경험하고 있는지와 밀접한 관련을 맺고 있다. 그렇다면 생명을 품고 있는 공간은 어떻게 이해할 수 있으며 경험할 수 있는 것일까? 그러나 이 질문 자체가 공간이 생명과 별개의 것일 뿐만 아니라, 단지 생명이 공간과 영향을 주고받고 있는 것이 물질과 환경의 경우와 유사하다는 것을 기정사실로 하는 듯이 보인다. 더욱이 영향을 주고받는 다는 측면에서만 보면, 이것은 물질을 담고 있는 공간의 의미를 그대로 생명을 담고 있는 공간의 의미로 병치하는 것이다. 그러므로 이러한 의문이 생겨나기 시작하면, 결국에는 물질을 담고 있는 공간이 무엇을 의미하는지에 대해서조차 의문이 생길 수밖에 없다. 결국 생명을 품고 있는 공간을 이해하려는 노력은 공간 자체가 무엇을 의미하는지를 탐구하는 사유로 나아가게 될 것이다.

1. 뉴턴의 절대공간

공간이 이미 주어져 있거나 혹은 물체와 더불어 존재하는 객관적 실재물로 보는 사유는 근대의 뉴턴에 이르기까지 공통된 견해로 볼 수 있다. 뉴턴은 이 생각에서 한 걸음 더 나아가 공간을 양적으로 분리할 수 없는 공간적인 점들로 이루어진 무한하고 절대적인 용기와 같은 것으로 생각한다. 그는 절대 공간이 그 고유의 본성상 자기 자신 이외의 어떠한 것과도 관계없이 항상 동일하게 부동의 상태로 존재한다고 생각했다.

물체의 운동과 천체의 운동을 설명하는 것과 결부시키기 위해 뉴턴이 받아들인 기하학적인 유클리드 3차원 공간은, 공허하며 움직이지 않고 그 내부에서 일어나는 사건들과 무관하게 그 자체로 존재한다. 그러므로 공간은 자연스럽게 절대좌표계를 통해서 형성되고 드러나며, 이 절대좌표계에 의해서 운동을 절대적으로 기술할 수 있다. 궁극적으로 이것은 절대정지와 절대운동을 가능하게 하는 것이다. 또한 운동을 기술하기 위해서는 공간 이외에도 시간이 필요하다. 하지만 이렇게 고려된 시간은 공간과는 별개로 그 자체의 본성에 의해 수학적으로 일정하게 흘러간다고 정의된다.

그러나 이런 절대좌표계에서의 운동은 문제가 있다. 운동은 반드시 다른 무엇에 대한 운동이어야 한다. 그런데 뉴턴의 절대공간은 공허, 무 그 자체이다. 아무것도 없는 것으로서의 그 자체는 좌표계로 설정될 수 없다. 그럼에도 불구하고 그러한 설정을 한다면 무를 실체로 보는 오류에 빠지게 되어서 절대정지뿐 만 아니라, 절대운동도 이론적인 근거가 없게 되는 것이다.

이런 반론에 대해서 뉴턴은 자신의 이론의 정당성을 증명하기 위해서 '물동이 실험(pail experiment)'을 예로 들고 있다. 물동이를 회전시키면 원심력이 생기고, 물동이의 수면은 아래로 볼록한 포물선을 그릴 것이다. 이때 회전을 갑자기 멈추더라고 수면은 짧은 시간 동안 포물면을 유지할 것이다. 이 실험에서는 운동을 완전히 상대적으로 기술할 수 있을 뿐 아니라 그 유효성에도 차이가 없다고 가정한다. 먼저 최초로 물동이가 회전하기 시작할 때는 물은 정지해 있었다. 운동이 완전히 상대적이라 가정하였으므로 물동이의 회전이 갑자기 정지하더라도 물은 여전히 물동이에 대해 정지하고 있고, 오히려 물동이가 물에 대해서 움직이고 있다고 말할 수 있다. 그러나 운동이 이러할지라도 물동이의 수면모양은 판이하게 다르다. 회전하지 않는 물동이에는 원심력이 없으나, 회전하는 물동이에는 원심력이 존재한다. 앞에서 가정한 것처럼 운동이 완전히 상대적이라면 두 경우 모두 수면의 모양은 같아야 한다.

결국 운동이 상대적이라고 가정한 것이 잘못이었다고 결론을 내릴 수 있다. 따라서 운동은 절대적이어야만 한다. 물체가 공간에 대해서 절대원운동을 한다면 이 물체의 관성이 원심력을 만들어 낸다고 정의해야만 한다. 이처럼 뉴턴의 예와 그 증명은 매우 합리적이어서 그의 절대 공간 개념은 무를 실체화한다는 형이상학적인 난점에도 불구하고 의심의 여지없이 받아들여졌다. 이에 대한 반론은 뒤에 살펴보겠다. 다만 유사한 상황이 상대성 이론을 전개할 때도 등장한다는 점을 강조해 둔다.

2. 칸트의 선험적 공간

칸트 역시 공간이 이미 주어져 있는 것으로 생각하는 뉴턴의 절대주의를 따른다. 그러나 칸트는 근본적으로 공간이 특이한 종류의 실재물이라는 주장에는 동조하면서도 절대공간을 뉴턴식으로 정초하지는 않는다. 칸트는 공간에 대한 선험적 관념성을 정초함으로써, 공간을 일종의 그릇과 같은 절대적 실재물이라는 생각을 극복하려고 한다. 공간은 절대적이고 무한한 것으로 즉자적으로 주어져 있는 것도 아니며, 이것은 플라톤에서부터 비롯된 객관주의적 허구로서 맹목적 객관주의의 선입견이라고 비판한다.

공간 인식의 근거를 인식 주관 속에 구비한 선천성으로 돌리는 칸트의 선험적 공간관은 주관적 관념에 그 근거를 두고 있다. 따라서 공간이란 실체가 아니라 실체를 인식할 수 있는 직관의 순수형식이다. 이러한 입장은 인식론적 측면에서 많은 장점이 있다. 공간에 관한 선험적 인식이 확보된다면 공간적 지식체계로서의 기하학은 왜 유클리드 기하학이어야 하는지, 역학은 왜 그러한 유일한 기하학에 의거해야 하는지를 설명할 수 있다. 그것은 곧 선험적 공간관이 유일한 실제 공간에 관한, 또 그로부터 확실한 지식을 주장할 수 있는 근거가 되기 때문이다. 여기서 선험적 공간이 단순히 추상적 공간만을 의미하지는 않는다. 인식 주관 속에 미리 구비된 선험적 공간과 실제의 경험적 공간을 별개의 것으로 구분하지 않고 서로 부합됨을 염두에 두고 있는 것이다. 특히 칸트의 선험주의적 입장은 뉴턴의 시간・공간이 가능할 수 있는 근거를 문제로 삼아 그것의 주관주의적 기초를 형성하려고 시도했다. 공간 자체는 심성의 주관적 제약이지만, 동시에 경험되는 공간적 표상은 객관적 타당성을 갖는 것으로 보았다.

그러므로 칸트에게 있어서 공간은 모든 공간적 현상들을 가능하게 하는 틀 혹은 조건이라고 간결하게 말할 수 있을 것이다. 이것은 공간을 우리의 마음과 독립해 있는 객관적 실재물로 생각하는 절대주의적 공간이론의 독단성과 공간을 물체 상호간의 관계규정으로 생각하는 관계주의적 공간이론의 상대성에 양면적으로 맞서기 위한 전략이다. 말하자면 칸트의 공간이론의 전략은 뉴턴-데카르트의 연장적-실재적 공간개념과 라이프니츠의 모나드론에 힘입고 있는 비연장적-관념적 공간이론의 대립을 해소시키기 위한 전략이다. 참고로 공간의 상대성과 관계성을 강조한 라이프니츠의 견해는 칸트에게 영향을 미친다. 절대공간에 대한 라이프니츠의 논증은 공간을 물체(모나드)간의 내재적 관계로 본다. 즉 모든 공간적 관계는 위치, 거리 등에 따라 변한다. 라이프니츠의 관계적 공간개념은 결국 상대주의라는 결론에 이르게 된다. 결국 공간의 실재성과 관념성 사이의 대립을 극복하기 위한 것이다. 이와 같은 칸트의 전략은 공간은 직관형식에만 귀속되며, 따라서 우리의 마음의 주관적 구성에만 귀속하고, 그 어떤 것에도 귀속될 수 없다고 규정하는 방향으로 나아간다.

3. 아인슈타인의 상대론적 공간

뉴턴이 만유인력을 기술하기 위해 도입한 절대공간과 칸트의 감성의 선험적 형식으로서의 공간은 오랜 기간 동안 존속했다. 고전 전자기학이 이러한 공간과는 전혀 다른 장이론으로 정리되는 과도기를 거치면서 베르그송과 아인슈타인은 그들의 사유 속에 시간의 중요성을 인식하였고, 지금까지 논의된 공간론에 비판을 가한다. 한 사람은 형이상학자이고 또한 사람은 물리학자인 만큼 그들의 공간인식은 비슷한 면도 있겠지만 매우 다를 수밖에 없을 것이라 짐작된다. 베르그송의 작업은 양자역학을 예비한 작업으로 물리학자나 철학자 뿐 만 아니라 일반인들에게 많은 영감을 준다.

아인슈타인은 일련의 사고 실험을 통해서, 고전물리학적 공간을 송두리째 뒤흔들어 버린다. 특히 1905년에 발표한 특수상대성이론은 많은 논란속에서 실재로 관측할 수 없는 수학적 결과물일 뿐이라는 평가를 받았다. 그러나 1916년에 일반상대성이론을 전개하면서 관측 가능한 실험적 예측을 내놓는다. 1919년 에딩턴이 개기일식 때 달에 의한 별빛의 휘어짐을 관측하면서, 그의 이론은 이목을 끌게 된다. 이것은 선행된 이론이 예측한 것을 정교한 관측실험을 통해 확인하는 보기 드문 과학의 현장이다. 본 논의에서는 공간을 실재적으로 검토한다는 관점에서 일반상대성이론에 대해 살펴본다.

일반상대성이론은 공허한 공간이라는 개념을 부정한다. 왜냐하면 공허한 공간이라는 개념은 원자와 공간을 구분하는 데에 그 기원을 둔 것이기 때문이다. 그런데 공간 속에 분리되고 한정된 원자의 개념은, 물질이 그 중력장과 분리될 수 없으며 중력장은 휘어진 공간과 분리될 수 없음이 밝혀졌을 때, 무의 개념과 더불어 사라져야만 했다. 입자는 공허한 무, 즉 아무것도 없음 속에 고립되어 있는 독립적인 실체가 아니라 전체 공간에 펴져 있는 장의 확률론적 응집으로 이해되어야 한다.

로렌쯔 변환을 통해 전개된 상대성이론에는 시간과 공간에 대한 기존의 관념을 일거에 뒤집는 시간지연과 길이수축이라는 현상을 포함하고 있다. 실제로 우주선(cosmic ray)의 관측으로 시간지연은 확인되었다. 상대성이론에서 이루어지는 시간지연이 갖는 의미를 살펴보자. 일반상대성이론은 가속도 운동을 하는 좌표계들이 각각 시간지연을 경험한다고 제안한다. 유명한 쌍둥이 역설을 고찰해봄으로써 논쟁의 핵심을 파악할 수 있다. 똑같이 생긴 쌍둥이 A씨와 B씨가 있다고 하자. 쌍둥이 A씨는 지구에 남고, 다른 쌍둥이 B씨는 빛의 속도에 가까운 빠르기로 움직이는 우주비행선에 타고 있다고 하자. 우주비행선이 다시 지구에 되돌아 와서 쌍둥이 A씨와 B씨가 만났을 때, 지구에 머물러 있던 쌍둥이 A씨는 우주비행선을 타고 움직인 다른 쌍둥이 B씨보다 훨씬 더 늙었다는 것이다.

이것이 역설적인 이유는 다음과 같다. 운동은 완전히 상대적이므로 가속도 운동의 경우도 예외일 수 없다. 따라서 상대적인 운동에서는 우주비행선이 지구로부터 멀어진 후 다시 되돌아 왔다고 생각하는 것이나, 지구가 우주비행선으로부터 멀어진 후 다시 되돌아 왔다고 생각하는 것은 완전히 동등하다. 그렇다면 지구가 우주비행선에 대해 가속도 운동을 했다고 볼 경우 지구의 시계(쌍둥이 A씨가 경험한 시간)가 우주비행선의 시계(쌍둥이 B씨가 경험한 시간)보다 지연되어 있을 것이라고 보아야만 한다는 것이다. 따라서 이것은 역설적인 상황이므로 시간지연은 특수상대성이론에 있어서의 경우와 마찬가지로 실재적인 것이 아니며, 따라서 절대적 시간이 성립해야만 한다고 주장한다.

이러한 역설적인 상황에서 뉴턴이 제시한 물동이 실험을 다시 살펴보는 것은 논의를 새롭게 할 것이다. 쌍둥이 역설에 대한 이와 같은 주장은 뉴턴의 물동이 실험에 있어서와 마찬가지로 우주의 항성들의 질량을 고려하지 못한 오류를 남기고 있다. 물론 가속도 운동의 경우에도 운동의 상대성이 성립함은 물론이다. 그러나 우주 전체의 항성들의 질량 때문에 상대적 가속도 운동에서 두 시계(쌍둥이 A씨와 B씨가 경험한 시간)가 받는 중력 효과는 달라질 수밖에 없으며, 이로 인해 시계(쌍둥이 B씨의 시계)의 지연이 실제로 일어나게 된다. 운동의 상대성은 우주비행선과 우주의 나머지 모든 질량과의 관점에서 파악되어야만 하는 것이다.

상대론적인 관점에서 이제는 움직이는 모든 것들 하나하나가 그 자체로 고유하다. 즉 상대론적 시간 경험은 공간과 무관하게 일어나는 것이 아니라, 시간과 공간이 분리될 수 없는 것으로 설명되어야만 가능하다. 이제 고려하는 계의 밖에 있던 관측자자 대상계 속으로 자리바꿈하여 대상과 분리될 수 없는 하나의 흐름을 이룬다. 아인슈타인은 공간 밖의 사유를 공간 속의 사유로 바꾸어 놓았다. 이러한 시간과 공간에 의해서 모든 운동물체들은 독특하게 된다. 이상으로부터 우리는 시간이 각각의 운동하는 물체들에 있어서 이질적인 흐름임을 알 수 있다. 시간과 공간 각각이 독자적이고 절대적인 것이 아니라 구체적 사건들 즉 경험들과 분리할 수 없는 연속적 계기로 봐야 한다.

4. 지속 속의 공간

역사적으로 베르그송은 아인슈타인보다 훨씬 앞서서 시간과 공간의 본성에 대해 논했으며, 그로 인해 현대 물리학을 예비하고 있다는 평을 듣는다. 근대의 과학적인 성과에 깊이 경도되어 있던 베르그송은 어느 날 실재적 시간을 체험하면서, 시간에 대한 탐구를 시작한다. 그는 시간에 대한 진정한 이해가 선행되어야 비로소 공간의 의미가 드러난다고 생각했다. 베르그송에 있어 실제적 시간이란 살아 있는 지속(durée)으로서의 시간이다. 순수 지속으로서의 살아 있는 시간은 과거가 끊임없이 현재에 침투하여 불어나가는 질적 변화의 흐름으로서, 무한한 창조의 가능성을 열어주는 것이다.

베르그송은 자신의 철학을 한 마디로 요약해 달라는 어느 청중에게 "시간은 존재하고, 그것은 공간에 속하는 것이 아니다"라는 말로 짤막하게 대답했다. 베르그송은 시간이 존재할 뿐 아니라 그것이 공간과 구별된다고 덧붙인다. 사실 시간과 공간을 다루는 그의 철학은 '시간의 공간화'를 경계하는 것으로부터 시작한다. '시간의 공간화'라는 말이 일견 생소한 것처럼 들리는 것은 그만큼 우리의 삶이 공간화된 시간 즉, 객관적 시간에 의해 지배되고 있다는 것을 반증해 주는 것이다.

객관적 시간은 지성의 공간 표상에 의해 실재적 시간-지속-을 왜곡시킨 형태이다. 공간 표상은 지성으로 하여금 사물을 분석해서 파악하게 하고 그것들을 셀 수 있게 하며, 극단적인 경우에는 무한 분할의 가능성을 열어 주는 인식의 틀을 제공한다. 과학 속에는 그 외면적인 순수성에도 불구하고 그것이 토대로 하는 양적 인식의 배후에 실재를 왜곡시키면서까지 단순함과 유용성을 추구하는 본능적 욕구가 놓여 있다. 분석적 지성은 외적 대상들 뿐 만 아니라 의식 상태들을 인식할 때도 그것들을 분해하여 마치 시계

바늘과 시계추의 운동으로 상징되는 객관적 시간에 상응하는 것처럼 취급한다. 이렇게 하여 객관적 시간의 관념은 점차로 의식 내적 상태들에까지 침투하여 그것들의 본질을 왜곡시킨다.

칸트가 보여 주었듯이 시간과 공간은 감성의 형식이다. 그러나 베르그송이 보기에는 이 시간은 실재적 시간이 아니라 공간 표상에 의해 동질적으로 변형된 시간이다. 베르그송에 의하면 우리 지각은 엄밀히 말해 공간적 기초 위에서 형성된다고 본다. 게다가 베르그송은 칸트의 형식으로서의 공간 개념을 뛰어 넘어 그것의 발생을 추적한다. 주관의 형식으로서의 공간은 이질적이고 비연장적인 감각들을 그 자체로서 받아들이는 것이 아니라 그것들을 균일한 상태로 병치시키고 단번에 파악한다. 이러한 '정신의 작용' 혹은 '지성의 노력'은 이질성에 대한 반발이며, 결국 모든 질을 양화시키는 공간화 작용이다. 이제 공간의 기원을 추적하는 것은 인식론에서 발생학으로의 전환이며, 이 전환은 공간 표상의 본성에 대해 더욱 더 명확히 알 수 있게 해준다.

그러나 공간 표상은 자연을 정복하는 도구로서의 인간 지성의 산물이지 실재에 대한 순수 인식의 도구가 아니다. 그것은 실제적 삶과 행동의 필요성에서 유래한다. 행동의 요구는 실재적 지속과는 상반되는 것으로서 지성이 자아의 본래적 모습을 소외시키고 외화시키는 과정에서 실현된다. 우리의 내적 의식상태 즉 심층자아는 상호침투하는 흐름이며 자유의 본래적 모습인데 반해, 사회적 삶과 관계하는 표층자아는 소통의 필요성에 의해 내적 상태를 양화하고 이것을 언어로 표현한다. 이때 언어는 이질적이고 유동적 실재를 고착화시키는 공간 표상의 산물이다. 질적 변화는 고정되는 순간 그 본질이 왜곡될 수밖에 없으므로 언어는 실재를 충만하게 표현할 수 없다. 이처럼 표층자아로 갈수록 실제적 삶의 필요성은 절박해지고 이에 따라 공간 표상은 거의 절대적인 힘을 행사한다. 그러므로 공간 표상은 내적 지속을 외면하고 삶을 균일한 단위들로 조작하는 지성적 작용의 극한적 도식일 뿐이다. 지성적 인식은 행동에서 유래하며 따라서 실재의 본모습을 파악할 수 없다. 공간 표상의 기원에 관한 내용들은 지성의 발생학과 더불어 『창조적 진화』에서 다루어진다. 공간이 행동적 지성에서 유래하면서도 지성의 인식틀로서 작용한다는 일견 순환적인 내용은 진화론적 고찰에 의해 정당화된다.

결국 지성은 직접적 행동이 불가능한 곳에서 미리 행동의 계획을 세우기 위해 발달한다. 그것은 구체적 사물을 대상으로 삼기보다는 사물들 간의 관계와 형식을 그리면서 분석하고 추론한다. 형식적 지식은 구체적 성공을 보장해 주지는 않으나 대신 인식의 대상을 무한히 확장하기에 이른다. 이와 같은 지성의 순수한 기능이 가장 잘 드러나는 곳이 기하학의 영역이다. 기하학은 추상화된 대상들과 그것들의 형식적 성격을 다루는 극한적 영역이다. 실로 기하학이란 인간 지성의 탁월한 작품이다. 기하학은 공간을 재단하는 학문이다. 그러나 삶의 터전인 자연적 공간은 질적, 지각적 소여(所與)이며 기하학에서 다루는 양적 공간과 일치하지 않는다. 기하학적 공간은 절대적 의미에서 비어 있으며 질이 없이 완벽하게 순수하고 거기서 다루어지는 형태들은 순수양이다. 이러한 순수한 특성들은 기하학적 공간이 인간 지성에 의해 구상된 인위적 공간이라는 데 기인하는 것이다.

5. 복잡계로서의 공간

새로운 공간이 열리게 된 이유는 비선형성과 창발성 그리고 자기조직화와 같은 개념의 등장했기 때문이다. 특히 생명의 약동과 같은 생명력을 전제하지 않고도 생성뿐 만 아니라 생명까지도 설명하려는 노력은 물질이 자기 조직화하는 복잡계적 공간속에서 더욱더 구체화될 수 있기 때문이다. 참고로 생명의 약동은 '생명의 도약'으로도 사용한다. '생명의 약동' 이론은 물질과 생명의 차이를 인정하는 상식적인 물질개념으로부터 형이상학적인 물질개념으로 밀고 나갈 때 도달할 수 있는 고도로 정제된 이론들 중 하나이다.

복잡계의 특징으로 가장 먼저 이야기 되는 것은 비선형성이다. 선형성이란 f(a+b) = f(a) + f(b)로 표현되는데, 개별적인 입력 값에 대한 출력 값들의 합이 입력 값들의 합에 대한 출력 값이 같은 경우를 말한다. 그러나 입력 값들의 관계도 중요해지는 비선형성이 고려되면 이러한 표현은 더 이상 성립하지 않는다. 가장 잘 알려진 예로는 고전역학이나 양자역학의 삼체문제(three-body problem)로 이체문제(two-body problem)에 한 물체가 더 추가되는 경우를 말한다. 이체문제에서, 두 물체는 뉴턴의 작용・반작용 법칙으로 균형을 이루고 있다. 하지만 삼체문제가 되면 이러한 균형이 깨어지게 되고, 추가된 물체 때문에 요동이 발생하기 때문에, 계의 운동을 정확하게 풀어낼 수 있는 해석함수의 해가 존재하지 않고 근사적인 해만이 존재한다고 알려져 있다. 역사적으로 두 개의 전자와 두 개의 양성자로 이루어진 가장 간단한 구조의 수소 분자까지도 복잡계의 하나로 간주했던 사실에 비추어 본다면 이는 그리 놀라운 일도 아니다. 예를 들어 전자 하나와 양성자 하나만으로 수소원자의 스펙트럼을 설명하는 '보어 모델'은 극적인 성공의 일례이다.

창발성은 이러한 비선형성이 공간 속에서 발현하는 경우에 관찰된다. 오늘날 생명과학의 발달과 더불어 많은 관심을 불러일으키는 물질로서 생명과 밀접하게 관련된 단백질은 창발성이 발현하는 좋은 예이다. 그 특성이 차츰 밝혀지고 있기는 하지만, 생명체 내에서 단백질의 활성을 이해하기란 쉽지 않다. 왜냐하면 단백질 분자는 많은 수의 원자와 그들의 결합으로 구성된 거대 분자로서, 입자 수의 규모가 엄청나게 큰 다체문제와 관련되기 때문이다. 어떻게 탄소나 수소등과 같은 단순한 분자들의 모인다고 해서 새로운 기능이 출현하게 되는 것일까? 단백질의 구성입자들이 복잡하게 상호작용하면서 비선형적 특성을 나타낼 뿐만 아니라, 단백질 분자는 특정 조건하에서만 생명과 관련된 고유한 기능을 수행할 수 있는 구조가 창발한다. 물론 아직까지는 단백질 분자가 생물학적 활성을 갖는 구조를 형성하는 과정에 대한 이해가 크게 부족한 형편이다. 실험의 영역에서도 단백질 분자의 기능-생물학적 활성-이 단순하다고 할 수는 없다. 수많은 실험을 통해 단백질의 특성을 밝혀나가고 있기는 하지만 아직도 많은 단백질 분자의 기능을 완전히 파악하지 못하고 있을 뿐만 아니라, 한 개의 단백질 분자가 한 가지 기능만을 수행하는 것조차도 여전히 규명해야 할 부분들이 남아 있다.

이와 같이 생명체의 측면에서 볼 때, 생물학적인 활성은 단백질 분자들의 합성을 통해서 드러나는 중요한 기능으로 자기조직화(self-organizing)하는 것과 관련이 있다. 이미 만들어져 있는 청사진을 따른 맞춤 기능이 생기는 것이 아니라, 관계 속에서 기능이 출현하는 것이다. 세포는 많은 단백질 분자들을 포함하고 있으며 매우 다양한 기능을 수행한다. 생명체의 관점에서 보면 한 개 세포의 기능을 단순한 것으로 볼 수 있지만, 여러 가지 거대 생물학적 물질들로 이루어진 세포가 맺는 관계는 실제로 매우 복잡하다. 세포의 구성요소들은 단백질과 같은 분자들에서는 잘 드러나지 않는 네트워크에 의해 연결되어 있다. 네트워크는 자기조직화의 중요한 예이며, 다양한 인자들 간의 관계를 드러내기 때문에 많은 복잡계, 예를 들면 생태계, 경제, 그리고 사회현상 등에서 매우 중요한 요소로 논의되고 있다.

그렇다면 이러한 비선형성과 창발성 그리고 자기조직화의 특징이 왜 나타나는가? 이것은 열역학 제2법칙인 엔트로피 개념에서 볼 수 있듯이, 시간의 비가역적인 성질 때문이다. 평형에서 멀리 떨어져 있는 탓에 시간은 비가역적으로 되고, 현재는 순간으로만 남을 뿐이며, 과거의 축적이 결코 미래를 설명하지 못하게 된다. 그러나 비선형성과 창발성 그리고 자기조직화 등을 특징으로 하는 복잡계는 현대 진화론 및 분자생물학의 성과를 흡수하는 한편, 슈퍼컴퓨터의 발달로 새로운 국면을 맞이하게 되었다. 또한 새로운 프로그램 기법과 난수(random number) 등을 도입함으로써, 과거의 축적을 통해 미래를 예측할 수 있게 만들고 있다. 그러므로 복잡계속의 생명은 현재를 살아가며, 다른 생명과 더불어 현재를 체험함으로써 미래를 새롭게 조직하는 존재로 설정될 수밖에 없다. 이제 복잡계 속에서 물질의 진화로부터 생명의 진화로 나아갈 수 있고, 물질과 생명이 소통할 수 있으며, 현재를 체험하는 생명을 담을 수 있는 새로운 공간을 기획하는 단계로 나아가게 된다.

공간을 인식하는 것이 곧 우리 삶의 터전에 대한 인식이다. 나아가 삶의 터전을 설명하는 것은 기하학에 그 근거를 두고 있으며, 우리는 삶의 유용성을 획득하는 과정 속에서 구체적인 공간을 인식하게 된다. 결국 기하학적인 공간이란 본질적으로 다른 것을 추상과 환원으로 동일한 무엇으로 재단하고 양화하는 공간이다. 그러나 기하학적인 공간에 의존할수록 공간 인식 그 자체에 대한 의문이 생기고, 결국 질적 공간에 대한 의문으로 옮아갈 수밖에 없음을 과학과 철학의 역사는 말한다. 앞에서 논의한 과학과 철학이 소통하는 장으로서의 공간에 대한 성찰이 요청되는 이유가 바로 여기에 있다.

제2장 종교와 인간

Ⅰ. 세계의 시작

우리는 물질적으로 풍요로워질수록, 물질적인 것에 더욱 심취하거나 혹은 오히려 정신적인 것을 더욱더 추구하게 된다. 너무나 뻔한 이야기일 수도 있지만, 왜 그럴까를 물어보는 순간 이것이 그렇게 단순한 문제가 아님을 알 수 있을 것이다. 최소한 물질적인 것에서 정신적인 것으로의 전환이 왜 일어나는 것인지는 종교와 밀접한 관련을 맺는 것으로 보인다. 이는 비단 고대에 제기된 문제가 아니라, 현대에도 여전히 진행형 물음이라는 사실을 다음과 예로 생각해 볼 수 있다.

> 1997년 3월 26일, 세계는 갑작스럽게 벌어진 어느 종교집단의 집단자살 사건에 관한 뉴스를 접하게 된다. 뉴스는 당시 사망한 사람들의 숫자는 무려 39명이었으며, 그들은 1995년부터 인터넷을 통해 "1997년 3월 말경 지구에 가까이 오는 해일밥(Hale-Bopp) 혜성 안에 외계인이 타고 있다"는 주장을 하였다고 전한다.
>
> 1975년 천문학자 보니-루 루스데일 네틀스와 마샬 애플화이트에 의해 설립된 종교단체 Higher Source는 지난 20년간 수십 명의 신도를 모으는데 성공을 하였다. Higher Source는 세계에 살고 있는 인간의 육신이 "전능하신 이에 의해 과학적으로 만들어진, 영혼이 조종하는 영혼운반체"라는 주장을 하였고, 그들은 죽는 그날까지 해일밥 혜성 안에 실제로 전능하신 이가 타고

있다는 설을 믿었다고 한다.

모두 고학력자와 인텔리로 구성된 Higher Source의 신도들은 왜 생업을 포기하고 애플화이트와 같은 사이비교주를 따라 나섰던 것일까? 사실 물질적인 풍요로부터 얻을 수 있는 행복은 물질 자체의 속성상 아주 순간적인 것일 수밖에 없다. 이로부터 우리는 자연스럽게 순간순간 변하는 것을 경험하면서, 변하지 않는 그 무엇, 혹은 변하게 하는 그 무엇을 추구하게 된다. 우리는 이러한 변화를 대하는 태도에 대해서 기독교의 창조설, 중국의 반고신화 그리고 불교의 연기설에서 찾을 수 있다.

1. 종교와 신화

우리가 어떤 선천적인 지식도 가지고 있지 않으며, 오로지 경험을 통해서 지식을 축적해야 하는 상황을 상상해보자. 물론 최초의 경험이 어떻게 가능한가라는 의문이 남지만, 이 의문은 뒤로 미루고 대신에 이러한 최초의 경험을 인류는 어떻게 활용했는지를 생각해보자. 활용은 인류가 점유하고 있는 공간, 즉 삶의 터전에 대한 이해와 밀접하게 관련되어 있다. 그리고 이러한 경험은 우리가 수동적으로 받아들이는 감각을 사용하는 기준이 되고, 어떻게 행동해야 하는지에 대한 지침을 준다. 그렇다면 우리가 수동적으로 받아들일 수는 있되, 적극적으로 행동할 수 없는 것에 대해서는 어떤 태도를 취할 수 있겠는가?

예를 들어, 계절의 변화를 생각해보자. 처음에는 더위가 오고 추위가 가는 것이 주기적인 변화라는 것을 알아채기까지 꽤 오랜 시간이 걸렸을 것이다. 아마도 크게 보면 주기적인 변화이지만, 실제로는 변동이 아주 심하여 규칙을 발견하기 어려웠을 수도 있다. 그러므로 초기의 인류가 취할 수 있는 것이라고는 더위를 피하고, 추위를 피할 수 있는 동굴을 찾거나 움집과 같은 것을 짓는 행동 정도가 가장 적극적인 것이었을 것이다. 이들에게 여름이 더운 이유를 묻는다면, 아마도 다음과 같이 대답할 수도 있다. "태양이 커지기 때문에"라고. 사실 이 대답은 오늘날 어린 아이들에게 물었을 때도 들을 수 있을 만큼 즉물적이고 경험적인 것이다.

물론 이런 대답은 '왜'라는 것에 대한 설명이기는 하지만, 확인할 수 있는 길은 감각에 의존하는 정도일 것이다. 또한 이러한 설명에 만족하지 못하는 사람들이 있을 수 있다. 예를 들어, "태양이 왜 커지는 것일까?"라고 묻는다면, 이 질문에 대답하기 위해서는 감각에 의존할 수는 없고, 오로지 자신에게 의존할 수밖에 없을 것이다. 자연스럽게 다음과 같은 질문이 떠오른다. 자신에게 무엇을 물을 수 있으며, 어떻게 의존할 수 있다는 것일까?

아마도 이 스스로에게 묻고 의지하는 순간이 인간적인 것과 자연적인 것을 구분하는 기준이지 않을까? 여기서 자연(自然, nature)이란 말은 어원적으로는 라티어의 '태어나다'(nascor)라는 동사의 과거 분사형(natus)으로, 이미 그렇게 되어 있기 때문에 그렇다고 하는 의미가 있다. 이러한 의미에서 감각을 통한 직접적인 경험은 자연스럽게 자연적인 것이 될 것이다. 그리고 더 이상 감각을 통해서 확인할 수 없다고 판단되는 것들은 자연을 닮았으되, 자연이 아닌 것들로 재조직될 수밖에 없을 것이다. '자연을 닮았다'는 것은, 모든 재료를 자연에서 가져올 수밖에 없다는 것이고, '자연이 아닌 것들'이라는 것은 인류가 알고 있는 자연을 너머서는 것들에 대해서 이야기하기 때문이다.

이제 인류는 내적인 대화 상대자를 설정할 수 있고 이어서 끊임없이 묻고 대답하는 과정을 통해서 자연을 너머서는 것들에 대해서 이야기할 수 있다. 이렇게 묻고 답하는 과정 자체는 매우 역동적인 과정이며, 인류의 의식 속에서 끊어지지 않는 리듬을 형성한다. 왜냐하면 끊어진다는 것은 창조 또는 소멸을 의미하는데, 문자나 상징이 제대로 형성되어 있지 않기 때문에, 무엇인가를 스스로 창조하고 없앨 수 있는 단계에는 이르지 못했다. 다만 자신의 내면에서 끊임없이 운동하고 있는 이러한 리듬을 풀어내는 것은 '어떻게'라는 질문에 대답하는 것이 될 것이다.

이러한 대답은 영혼의 울림이 되고 그러한 울림에 귀를 기울이는 것은 영혼의 인도를 따르는 것이다. 이러한 울림은 개인의 내밀한 경험이겠지만, 곧 집단의 내밀한 경험이 된다. 개인의 경험이 집단으로 전달되는 것인데, 이때 전달의 방식은 노래나 주술 그리고 집단적인 춤 등으로 나타난다. 이제 그 집단은 개인적 영혼이 아니라 집단적인 영혼의 울림과 인도에 의존하게 된다.

이러한 영혼의 울림은 신화적인 울림 속으로 우리 선조들의 삶에서 강력한 힘을 발휘하게 되었고, 오늘날에 와서도 신화는 여전히 우리의 영혼을 울리고 있다. 신비가 한꺼풀 벗겨질 때, 우리의 이성은 깨어난다. 그러나 인간의 이성은 스스로 한계상황에 직면할 수밖에 없는 것을 그 운명으로 하고 있다. 어떻게 인간이 스스로 이러한 한계상황에 이를 수 있는가? 이 질문이 한편으로는 철학적인 물음이며, 또 한편으로는 종교적인 물음이다. 나아가 이 질문에 대답하는 과정이 인간의 역사이자 문명의 자기 조직화이다. 인간의 정신문화가 어떻게 형성되었고 진행될 것인지에 대한 최초의 모습인 신화를 살펴보자.

시작은 언제나 호기심을 불러일으킨다. 그 중에서도 우리가 몸담고 있는 이 세계의 시작에 의문을 품으면, 머리가 아득해진다. 이 세계(世界)의 시작은 우리가 접하는 이 모든 물질을 만든 빅뱅(Big bang)일까? 아니면, 나 또는 너라는 한 개체가 탄생하는 순간일까? 이도 저도 아니면, 세계의 시작은 우리가 알 수 없는 것이기 때문에 더 이상 물어서는 안되는 것인가?

과학이 발달한 지금, 객관화된 대상들은 우리 주관의 확신마저 뒤흔들어 놓는다. 지금 바로 이 순간에 확보된 객관성은 시간을 아주 조금씩, 조금씩 뒤로 돌려놓는다. 처음에는 구체적이고 직접적인 경험이었다가, 시간을 뒤로 돌리게 되면 기억으로 자연스럽게 넘어 간다. 그러나 이렇게 기억에 의존하는 것도, 곧 한계를 만난다. 왜냐하면 인간의 일생은 길어야 100년 정도로 예상하고 있지만, 대부분의 사람이 채우지 못하고 있기 때문이다. 그렇다고 해서, 여기서 기억이 끝나는 것은 아니다. 유기체에 새겨진 기억은 그 유기체가 스러지면 사라지지만, 유기체가 남긴 것들은 그렇게 쉽게 사라지지 않기 때문이다. 이렇게 남겨진 것들 중에는 구체적인 물건위에 새겨진 것들, 즉 역사적인 유물이나 삶의 흔적들이 있는 반면에, 입에서 입으로 전해져 오는 이야기가 있다. 이 이야기들은 문자가 만들어지기 전부터 시작되는 것이 많이 있으며, 이렇게 몇 사람의 일생을 죽 늘어놓으면, 이 사람들이 공유한 이야기가 있기 마련이다.

그 나마 한나라의 수명을 1000년으로 잡는 경우는 거의 없다. 신라와 로마 정도가 이 수명을 채우고 있다. 그렇다면 인류의 문명은 얼마나 될까? 이런 시간은 지질학적 시간을 잣대로 생각한다면, 너무나 짧을 것은 것 같다. 흔히들 태초에 말이 있었다고 한다. 이때의 말은 logos로 번역된다. 태초에 말이 있었지만, 그 말은 그 말을 들은 사람들은 신화를 창조했다. 신화(神話, myth)란 어떤 신격(神格)을 중심으로 한 하나의 전승적 설화이다. 신화를 뜻하는 myth는 그리스어의 mythos에서 유래하는데, 논리적인 사고 내지 그 결과의 언어적 표현인 로고스(logos)의 상대어로서, 사실 그 자체에 관계하면서 그 뒤에 숨은 깊은 뜻을 포함하는 '신성한 서술'이라 할 수 있다.

신화에는 여러 종류와 갈래가 있고 그 구조와 성격도 복잡하여 간단히 정의를 내리기는 어렵지만, 각종 신화에 공통되는 일반적 · 기본적 성격을 든다면 대략 다음과 같다.

1) 영웅신화

인류의 역사가 시작되면서부터 영웅에 대한 이야기가 끊긴 적은 단 한 번도 없었다. 영웅이란 무엇인가? 캠벨의 정의를 가져오자면 영웅은 과거 개인적, 지방의 역사적 제약과 싸워 이것을 보편적으로 타당하고 정상의 인간적인 형태로 환원할 수 있었던 남자나 여자를 말한다. 신화 속에는 무수히 많은 각각의 영웅(건국 영웅, 시조비 영웅, 종교 영웅, 문화 영웅, 전쟁 영웅)들이 존재하는데, 단 신화에서만 존재하는 가상의 인물은 아닌 듯하다. 캠벨의 영웅 분리에 의하면 전사로서의 영웅, 애인으로서의 영웅, 황제나 폭군으로서의 영웅, 구세주로서의 영웅, 성자로서의 영웅이 있다.

신화가 되기 위해서는 반드시 거쳐야 되는 통과의례적인 단계가 있기 마련인데, 그것은 화려한 현재의 모습 뒤에 있는 가난하고 고생스러운 과거가 있다는 점이다. 그러한 과정을 거쳐서 그들의 신화적 과업은 빛을 발하는 것이다. 여기에는 보통사람들의 대리충족의 기제가 깔려져 있음을 알 수 있다. 신화 속의 인물들은 저마다 출생이 남다르거나 성장 과정에서 시련이 남달라야 한다. 그렇다면 신화 속에서 유명한 영웅들은 어떤 공통점이 있는가?

한편, 영웅은 탄생에서부터 매우 기이한데 처녀잉태가 바로 그것이다. 우리나라의 당금애기의 처녀잉태와 유화의 처녀잉태가 있다. 서양에서는 마리아의 처녀잉태와 아테나의 처녀잉태를 들 수 있다. 처녀잉태란 아버지가 분명치 않거나 아버지가 없는 경우인데 이때 아버지는 천지의 기운인 태양으로 상징되며 처녀어미는 위대한 지모신이 상징이라고 말할 수 있다. 영웅의 이야기에 나오는 비현실적인 탄생과 행위는 영웅이야기를 모순되게 하기보다는 오히려 인간세계의 아름다움을 부과하며 영웅의 규범적 면모는 인간 종족의 풍요로움과 정의를 실현시킨다. 영웅신화는 영웅이 지니는 평범한 삶 속의 비범한 면모를 극대화해서 확대 기술하는 것이 특징인데 이는 집단의 이상이 배어 있는 것이라고 할 수 있다. 집단의 이상이라는 측면에서 신화가 그 의미를 갖는다는 것은 뒤르켐이 집단이상이나 집단표상으로 종교의 본질을 보는 것과 맥을 같이하는 견해라고 할 수 있다.

2) 창조신화

이 세상에 존재하는 것의 기원에 관한 신성한 전승설화인데, 그것은 단순히 태고에 있었던 사실에 관한 서술에 그치지 않고, 현재의 자연 · 문물 · 인간의 행동에 대해서까지도 규제력을 갖는 경우가 적지 않다. 즉 신화는 여러 현실적 존재인 우주 · 인간 · 동식물, 특정의 인간 행위, 자연 현상 · 제도 등이 어떻게 하여 출현하였는가를 이야기하는 것으로서, '창조'에 관한 설화라고 할 수 있다.

인간과 세계는 어떻게 창조되었는가? 세상을 창조한 신화소(神話素, mythme)는 우주창조, 신창조, 인간창조 등의 세 가지 분류가 있을 수 있는데 주로 없음에서 있음을 창조하는 행위라고 볼 수 있다. 우주창조는 우주 어떻게 형성되었는지에 대해서 설명해주는 신화의 형태이며, 그 대표적인 예가 중국의 반고신화이다. 신창조는 인간과 변별되는 신들이 어떻게 세상을 지배했는지 보여 주는 것으로 그리스신화의 신들이 그 대표적인 예이다. 인간창조는 모든 신화에서 우주와 신들의 세계가 형성이 되고 난 후에 이루어지는 단계이다. 흙으로 인간을 만들었다거나 알에서 인간이 탄생했다거나 동물이 인간으로 변신했다는 것이 그러한 예라고 할 수 있다.

창조역사의 주역은 여러 초자연적 존재들이고, 그들은 태초에 맡은 역할로 알려져 현재의 모든 존재에 의미를 부여하는 것이다. 요컨대, 신화는 초자연적 존재의 창조활동을 설명하고 그 활동의 성스러운 성격(초자연성)을 나타내며, 또한 성스러운 것의 현실에 대한 참여를 의미한다. 인간이 죽어야 할 존재이고 양성으로 나뉘었으며, 서로 싸우는 등의 현상은 초자연적 존재의 간섭의 결과라고 할 수 있다. 신화의 진실성은 실제로 존재하고 또 발생하는 여러 가지 사물과 현상으로 증명된다. 이를테면, 우주창조 신화가 진실인 것은 세계가 현존함으로써 증명되며, 죽음의 기원신화(起源神話)의 진실성은 죽음이라는 사실로써 입증된다.

또한 신화는 인간의 일상행동을 규제하는데, 그것은 신화가 말하는 초자연적 존재의 행위와 그 성스러운 힘의 표현이 인간의 모든 중요 행동의 본보기가 되기 때문이다. 뉴기니의 카이족은 그들의 생활양식을 바꾸기를 거절하는데, 그 이유로서 신화상의 조상인 토템이 행동한 대로 그들도 행동해야 하기 때문이라고 한다. 그리고 나바호족 제식(祭式)에서의 영창자(詠唱者)는 사소한 동작 하나하나까지도 태초에 성스러운 조상들이 그렇게 행동했기 때문이라고 한다. 이처럼 현실의 사물이나 행동을 신화로써 정당화하는 예는 어디서나 찾아볼 수 있는 현상이다.

창조신화는 그 성격상 종교와 연결된다. 이 세상의 시작뿐만 아니라 나의 시작을 궁금하게 여기는 것은 매우 당연한 이야기이지만, 결코 알 수 없을 것이라는 것도 너무나 잘 알고 있기 때문이다. 종교 속에서, 즉 기독교와 불교 그리고 동양의 창조신화에서 창조는 어떤 모습으로 드러나는지에 대해서는 뒷장에서 자세히 살필 것이다.

3) 사랑신화

신화에 나타는 신화소 중에서 사랑만큼 우리의 관심을 끄는 것도 없을 것이다. 신화 속의 사랑 이야기는 형태만 조금 바뀌었을 뿐 현실의 사랑 이야기와 동일하다. 신화속의 무수히 많은 사랑 이야기를 몇 가지 형태로 나누어 살펴보도록 하자. 그런데 이 사랑이라는 신화소에 있어서는 영웅신화와 창조신화에서 보이는 것처럼 동서양신화에 두루 나타나는 것이 아니라, 주로 서양신화에 두드러지게 보이고 있다. 이는 동양이 유교적 사회질서에 의해서 유지되어 왔던 역사 때문인 것으로 보인다. 한국신화에 내려오는 사랑 이야기는 유교적 사회질서 구축 때문에 동양의 사유와 유사한 면이 있지만, 내용 면에서 매우 다양하고 독특한 상상력에 기반을 두고 있다.

사랑을 몇 가지 유형으로 나누어보면서 논의를 전개시킬 수 있다. 첫째, 사랑에 가장 중요한 덕목은 믿음이라고 할 수 있는데, 그러한 믿음에 의한 유명한 사랑 이야기는 에로스와 프쉬케의 사랑일 것이다. 에로스의 말을 믿지 못한 프쉬케의 의심은 결국 그들의 사랑이 험난해지도록 자초했다고 할 수 있다. 이와는 반대로 믿음과 소망에 의한 사랑을 쟁취한 이야기인 피그말리온의 사랑이 있다. 피그말리온은 대리석 상을 깎아서 여자를 만들고 여인이 정말 살아있는 사람이 되기를 아프로디테에게 간절히 소망한다. 아프로디테는 대리석 상에 생명을 불어넣어주는데, 이는 믿음과 소망이 사랑을 성취한 예라고 할 수 있다.

둘째, 일반적인 사랑의 형태인 짝사랑을 들 수 있겠다. 예를 들어 아폴론은 대표적인 짝사랑의 주인공인데, 그는 다프네에게 사랑을 고백한다. 그가 계속해서 사랑을 구걸함에도 불구하고 그녀는 계속 도망을 치다가 결국은 월계수 나무로 변해버린다. 이외에도 헤파이스토스 또는 에코의 짝사랑이 있다.

셋째, 잔인하거나 혹은 슬픈 사랑, 즉 비극적인 사랑이 있다. 잔인한 사랑의 경우는 무섭고 위험하다. 예를 들어 황금양털을 찾으러온 이아손을 사랑했던 메데이아는 가장 잔인한 사랑을 한 여인에 속한다. 메데이아는 적장 이아손을 사랑해서 친족을 살해하는 끔찍한 짓을 저지르고 만다. 그럼에도 불구하고 그녀의 사랑은 이루어질 수 없었고 비극적이며 불행했다. 테세우스와 아리아드네의 사랑 또는 낙랑공주와 호동왕자의 사랑도 있다. 무엇보다도 한국인의 정서에 가장 슬픈 사랑으로 기억되는 것은 견우와 직녀의 사랑일 것이다.

이외에도 수많은 사랑이야기가 신화의 형태로 전승되고 있다. 이렇게 헤아릴 수 없을 정도로 많은 사랑 이야기가 존재한다는 것은 그만큼 인간이 사랑의 존재 자체라는 뜻도 있을 것이다. 오늘날의 문화 속에서도 사랑의 이야기는 가장 중요한 주제일 것이다.

4) 죽음신화

인간은 죽음의 공포에 끝없이 시달린다. 죽음이 다가오는 것을 느끼는 순간 끝이라는 생각도 함께 오는 것 같다. 그러나 신화 속에서의 죽음은 끝을 의미하지 않는다. 다만 죽음으로 장소가 바뀌거나 새로운 삶을 영위하게 되는 것이다.

신화 속에서 죽음에 대한 사유는 사랑과 긴밀하게 연결되어 있다. 특히 주목해볼 만한 죽음은 항상 부활과 연결되어 있다는 것이다. 죽음으로 끝나버리는 삶은 더 이상 관심의 대상이 될 수 없으며 신화적 사유도 아닌 것이다. 신화 속 죽음의 세계는 삶과 아주 가깝게 존재하고 있다. 신화에 나오는 저승세계와 관련된 체험은 대체적으로 세 가지로 나눌 수 있다.

첫째, 저승을 체험하고 지상에 다시 나왔다가 결국 다시 저승을 관장하는 왕이 되는 저승회귀형 신화가 있다. 대표적인 예로는 이집트의 오시리스의 이야기이다. 둘째, 저승을 체험하면서 신비한 힘을 얻어서 지상에서 사는 여자들의 이야기이다. 예를 들어 우리나라의 바리공주, 수메르의 이난다 등이 그것이다. 셋째, 저승세계에 갔지만 본인의 노력이 아니라 다른 사람의 노력으로 돌아오려다가 실패한 사람들이며 결국 죽은 자들이 사는 지하세계에 있어야 하는 유형이다. 예를 들면, 오르페우스의 아내 에우리뒤케 이야기가 이러한 예다.

이외에도 여성신화와 수호신신화가 있다. 여성신화는 대지모신화와 밀접한 관련이 있는데, 여성들이 문명의 약자로 밀려나면서 신화도 그와 비슷한 처지에 놓인다. 그리고 수호신신화는 신들의 상징물과 관련이 있다. 예를 들어 제우스는 올림포스 신들의 우두머리이며 독수리로 상징되고 천둥과 벼락을 관리한다.

다양한 신화를 접하다보면, 각 신화마다 인간의 욕망이나 공포 또는 희생과 같은 요소들을 확인할 수 있다. 이러한 신화 중에 독특한 위치를 점하고 있는 것은 창조신화이다. 이 신화를 통해서 인간은 자신의 유래나 나아가서 세계의 유래를 묻기 때문이다. 어디서 왔는지를 안다면 어디로 갈지도 알게 되기 때문에, 부활이나 구원의 문제를 생각하게 되는 것이다. 종교는 창조를 어떻게 설명하고 있는가?

2. 기독교의 창조설

성경은 "태초에 God이 천지를 창조하시니라"는 말씀으로 시작된다. 참고로 God를 번역하는 것은 사실 여러 가지 문제가 있다. 혹은 번역될 수 없는 문제는 아닐까? 이런저런 논란을 피하고자, 원어 그대로 God라고 표기했다. God은 말씀으로 무(無)로부터 만물을 창조하셨다. 이어서 "빛이 있으라" 하시니 빛이 있었고, God이 그 빛을 '낮'이라 부르시고, 어둠을 '밤'이라 부르셨다. God의 말씀에 따라, 하늘이 열리고 땅과 바다가 그 모습을 드러냈다. 하늘에서는 해와 달과 별이 빛을 비추기 시작하였고, 공중에서는 갖가지 새들이 아름다운 목소리로 노래를 부르기 시작하였다. 물속에서는 온갖 종류의 크고 작은 물고기들이 노닐고, 땅은 온갖 식물과 짐승을 내었다. 풀과 채소와 열매 맺는 나무를 각기 종류대로 내었고, 짐승과 가축을 그 종류대로 내었다. God이 지으신 것들을 보시니 보시기에 참으로 좋았다.

나아가, 말씀으로 만물을 창조하신 God은 또한 '자신의 형상'(Imago Dei)대로 남자와 여자를 창조했다. 이것은 인간이 단순히 God의 피조물이 아니라, 그의 존재 전체에 있어서 God의 모습을 닮은 'God의 자녀'로 창조하셨음을 천명하는 것이다.

이처럼 성경에서는 인간과 세계의 기원에 대해 하나님께서 창조하신 것이라고 가르친다. 우주 만물이 모두 다 God으로부터 비롯되었고, 다른 어떤 근원에서 비롯된 것이 아니다. 세상에 존재하는 모든 것이 다 God의 피조물이다.

우리는 창조설의 옳고, 그름이나 또는 그 주장이 정당한가, 정당하지 않은가 등에 관해서는 논의하지 않을 것이다. 사실 무엇을 가지고 이런 시시비비를 가릴 것인가? 마찬가지로 God이 무엇인지, 혹은 누구인지를 물을 수조차 없지만, God이 만든 것을 통해서 God을 상상하게 된다. 다만 기독교에서는 세계의 시작을 이렇게 보고 있다는 '사실' 혹은 '믿음'을 확인하는 것이 중요할 따름이다.

그렇지만, 성경을 읽는다는 것이 형상(形相)을 취하는 것은 아닐 것이기에 분명하게 지적할 것이 있다. 우리는 도대체 無를 상상할 수는 없다는 것을 God의 창조로부터 명명백백해졌다. 다만 말씀을 통해서 '창조된 그 무엇'을 통해서만 우리는 無를 상상할 수 있게 된다. 그럼에도 불구하고 '자신의 형상'이라는 말이 무엇을 의미하는가? 다양한 대답이 있을 것이다.

3. 반고신화

세계의 시작과 인간의 탄생에 관한 이야기는 반고(盤古)신화와 여와(女媧)신화에서 확인할 수 있다. 천지창조와 관련된 반고 신화는 회남자(淮南子)에 등장한다. 회남자는 중국 전한시대 회남왕 유안(劉安)이 저술한 책으로, 인간 창조와 관련된 여와신화도 등장한다. 여와는 중국 신화 최고의 여신으로, 몸은 뱀의 모습이고, 만물을 창조하는 능력을 지니고 있다고 기록되어 있다.

반고는 천지와 사물을 창조한다. 너무나 오래 되어, 새삼 그때가 언제인지를 묻는 것이 이상하리만큼 오랜 옛날, 천지가 아직 창조되지 않았던 그 옛날, 우주는 혼돈과 어둠으로 가득한 알 모양의 덩어리였다. 그 알 속에서 거인신 반고가 오랜 세월 잠을 자고 있었다. 잠을 자는 동안에도 반고의 몸은 계속 자라났다. 이렇게 1만 8천년을 보낸 뒤, 반고는 드디어 잠에서 깨어났다. 몸이 너무 커지자, 우주의 알을 좁고 답답하게 느껴지자 반고는 더 잘 수가 없었다.

잠에서 깨어난 반고는 주위를 살펴보았지만, 오로지 어둠만 있을 뿐 보이는 것은 아무것도 없었다. 어둠과 답답함을 참지 못한 반고가 울부짖자, 우주의 알은 산산조각이 났으며, 수만 년 동안 알 속에 갇혀 있던 혼돈과 암흑이 활동을 시작했다. 이어서 가볍고 밝은 기운은 위로 위로 올라가 푸른 하늘이 되었고, 탁하고 무거운 것은 아래로 아래로 가라앉아 땅이 되어 우주는 드디어 하늘과 땅으로 갈라지게 되었다.

반고는 두 팔로 하늘을 받치고, 두 다리로 땅을 굳게 디딤으로써 하늘과 땅이 서로 붙지 못하게 버티었다. 그 사이에도 반고의 몸은 계속 자라 하루에 한 장씩 커졌고, 매일 하늘과 땅 사이도 한 장씩 높아졌고, 땅도 한 장씩 굳어져 갔다. 이 과정이 반복되기를 1만 8천년. 하늘과 땅은 더 이상 붙을 수 없을 만큼 멀어져 갔다.

천지가 갈라지자, 반고는 완전히 지쳐 버려서 힘이 모두 바닥이 나버렸다. 이윽고 그의 사명이 끝나자, 반고는 맥없이 푹 쓰러져 죽고 말았다. 하늘과 땅 뿐이던 세상에 그의 죽음으로 인해서 큰 변화가 일기 시작했다. 반고가 내뿜은 마지막 숨결은 바람, 구름, 안개가 되었고, 그의 숨소리는 천둥이 되었다. 하늘로 올라간 왼쪽 눈은 태양이, 오른쪽 눈은 달이 되었으며, 머리털과 눈썹은 그 수만큼 별이 되었다. 반고의 몸통과 손발은 산으로, 그의 피는 강물이 되어 흘렀다. 살은 논과 밭으로 변했고, 뼈와 이빨은 각종 귀한 광석과 금속이 되어 땅 속에 묻혔으며, 피부에 나 있던 솜털은 나무, 풀, 꽃이 되어 자랐다. 그리고 그가 흘린 땀은 비와 이슬이 되었다. 이렇게 천지를 갈라놓은 거인신 반고는 이 세계의 모든 사물을 창조하였다.

천지가 창조되었으나 여와는 너무 심심하고 외로웠다. 여와는 흙을 반죽하여 자신과 닮은 형태를 만들어 내고는 생명을 부여하고 '인간'이라 불렀다. 여와가 아무리 만들고 또 만들어도 드넓은 땅덩이에 비해 인간의 수는 너무 적었다. 그래서 여와는 긴 새끼줄을 흙탕물에 넣고 휘젓다가 위로 뿌렸다. 그러자 그 방울방울이 모두 인간으로 변했다. 이렇게 하자, 대지 위에는 곧 인간으로 가득 차게 되었다. 흙탕물로 '대량생산'한 인간은 천박한 신분이 되었고, 여와가 손수 빚어 만든 인간은 고귀한 신분이 되었다고 한다.

여와가 만든 인간으로 세상은 가득 찼다. 그러나 인간은 계속 죽기 때문에 계속 만들지 않으면 세상은 언젠가 또다시 텅 비게 될 것이었다. 고민 끝에 여와는 인간을 남녀로 성별이 갈라지게 만들었고, 남자와 여자가 결합하여 애를 낳아 인간의 자손은 끊임없이 번성하였다. 훗날 여와는 아기를 갖게 해 주는 신으로 모셔지게 된다.

그 뒤 얼마 동안 평온이 계속되었다. 그러던 어느 날, 우주에 큰 변화가 시작되었으니, 하늘을 받치고 있던 우주 기둥이 무너지고 땅이 갈라지면 불길이 치솟아 모든 생명이 사라질 위기가 닥쳐왔다. 여와는 오색의 돌을 골라 하늘에 뚫린 구멍을 메우고, 큰 거북의 다리를 잘라 천지 사방의 네 귀퉁이를 버티게 했다. 그러나 그의 보수 작업은 완벽하지 못하여 하늘이 북서쪽으로 약간 기울어서 태양, 달, 별이 모두 서쪽 하늘로 떨어졌고, 대지는 북서쪽이 높아지고, 남동쪽이 낮아졌다. 자연히 모든 강물은 남동쪽으로 흐르게 되었는데, 이것은 중국의 지형을 잘 설명해 주기도 한다.

반고와 여와의 신화는 중국 신화의 기틀이 됨과 동시에 중국인들의 세계관을 알려 주기도 한다.

4. 불교와 12연기

고타마 싯다르타는 당시 인도 사상계에 대두되고 있던 일체 존재가 절대적 존재에 의해 창조되었다는 존우화작인설(尊祐化作因說)에 대해 다음과 같이 비판하였다. “어떤 사람이 일체가 다 존우의 지음에 원인한다고 말한다면 그 사람은 생명체를 죽이는 사람이다. 왜냐하면 일체는 다 존우의 지음에 원인하기 때문이다… 만일 일체는 다 존우의 지음에 원인한다고 진실로 본다면 해야 할 일과 하지 않아야 할 일에 대해서 도무지 욕망도 없고 방편도 없을 것이다.”

고타마 싯다르타는 이처럼 인간과 세계의 피조성(被造性)을 부인하고, 인연화합(因緣和合)에 의한 연기(緣起)를 주장하였다. 모든 것이 인연에 따라 생겨나기도 하고, 없어지기도 한다는 것이다. 근본불교의 경전인 아함경(阿含經)에서 고타마 싯다르타는 일체 존재의 기원에 대해 사대설(四大說)과 오온설(五蘊說)로 설명하고 있다. 사대설이란 흙(地), 물(水), 불(火), 바람(風)의 네 가지 요소(四大)가 화합(和合)하여 물질을 이룬다고 보는 것이다. 그리고 오온설은 네 가지 요소가 화합하여 이루어진 ‘물질적 요소’(色)에 다시 느낌(受), 생각(想), 작용(行), 식별(識)의 네 가지 정신적 요소가 더하여져서 일체 존재를 구성한다고 보는 것이다.

인과 연이 갖추어져서 어떤 결과를 만들어내는 과정은 연기론적으로 전개된다. 연기(pratītyasamutpāda)란 ‘연하여(pratītya) 결합해서(sam) 일어난다(utpāda)’는 뜻이다. 아함경에서는 인연화합에 의해 어떤 결과가 발생하게 되면 그 결과는 다시 새로운 因이 되고 緣이 되어 다른 존재에 영향을 미치게 된다고 보는데, 이와 같은 일체존재의 상의상관성(相依相關性)을 ‘연기설’(緣起說)이라고 부른다. 다음의 구절은 아함경에 나타난 연기설의

상의상관성을 보여주는 전형적인 형태이다.

"이것이 있기 때문에 저것이 있고, 이것이 일어나기 때문에 저것이 일어난다"(此有故彼有 此起故彼起).

"이것이 없기 때문에 저것이 없고, 이것이 없어지기 때문에 저것이 없어진다"(此無故彼無 此滅故彼滅).

이것을 불교학자들은 연기, 또는 상의상관성의 기본 공식이라고 설명한다. 상의상관성의 관점에서 볼 때 모든 존재는 결과이면서 동시에 원인이 된다. 즉 거대한 천체로부터 아주 작은 미생물에 이르기까지 모든 존재는 서로 원인이 되고 결과가 되면서 우주적인 현상을 전개시키고 있다는 것이다. 이처럼 불교의 인간과 세계의 기원에 대한 입장은 연기론적으로 전개된다.

아함경에 수록된 연기설 가운데 '십이연기설'(十二緣起說)이 가장 대표적이라고 할 수 있는데, 그 전형적인 내용은 다음과 같다.

"이것이 있기 때문에 이것과 관계된 일이 있는 것이며, 이 일이 있기 때문에 이 일이 일어나는 것이다. 무명(無明, 어리석음)으로 말미암아 행(行)이 있게 되고, 行으로 말미암아 식(識, 알음알이, 분별작용)이 있게 되며, 識으로 말미암아 명색(名色)이 있게 된다. 名色으로 말미암아 육입처(六入處)가 있게 되고, 六入處로 말미암아 촉(觸, 부딪침)이 있게 되며, 觸으로 말미암아 수(受, 받아들임)가 있게 된다. 受로 말미암아 애(愛, 애착)가 있게 되고, 愛로 말미암아 유(有)가 있게 되며, 有로 말미암아 생(生)이 있게 된다. 生으로 말미암아 노사우비뇌고(老死憂悲惱苦)가 있게 된다. 이와 같이 하여 커다란 괴로움이 쌓이게 되는 것이다. 나아가 이러한 이치로 커다란 괴로움을 없어지게 하는 것이다"

이와 같이 십이연기설에서는 무명(無明, 어리석음)으로부터 늙음(老), 병듦(病), 죽음(死), 걱정(憂), 슬픔(悲), 괴로움(苦), 번뇌(惱) 등의 갖가지 고통이 생겨나며, 무명에서 벗어남으로써 이러한 고통들을 극복할 수 있다고 보고 있다.

연기설은 인간과 세계의 기원보다는 존재하는 세계의 관계를 설명하는데 초점이 맞추어져 있다. 여기서 볼 수 있듯이 불교에서는 이 세상과 인간의 기원 등 궁극적이고 *본질*적인 문제보다는 현실세계에서 당면하고 있는 인생의 문제를 해결하는데 중점을 두고 있다.

이러한 불교의 경향이 잘 나타나고 있는 것으로 중아함(中阿含) 전유경(箭喩經)에 있는 '독 묻은 화살의 비유'를 들 수 있다.

고타마 싯다르타가 한때 말룽캬라는 젊은이에게 이런 질문을 받은 적이 있었다. "이 세상은 영원한가, 무상한가? 무한한 것인가, 유한한 것인가? 목숨이 곧 몸인가, 목숨과 몸은 다른 것인가? 부처는 마침이 있는가, 없는가? 아니면 마침이 있지도 않고 없지도 않는가?" 이에 대해 고타마 싯다르타는 독 묻은 화살의 비유를 들어 설명하였다. 독 묻은 화살에 맞은 사람이 자신을 쏜 사람의 성명, 신분이나 활, 화살, 화살깃의 재료 등을 알기 전에는 화살을 뽑고 치료받을 수 없다고 고집을 부린다면 그는 그것을 알기도 전에 온 몸에 독이 번져 죽고 말 것이라는 것이다. 그러면서 고타마 싯다르타는 그런 문제에 매달리지 말고, 인생의 당면한 과제를 해결하는데 매진할 것을 가르쳤다.

과연 이 이야기에서 말하고 있는 것처럼 우주와 인간의 궁극적 기원에 관한 것을 덮어둔 체 당면한 인생의 과제를 해결할 수 있을까? 우리가 현실에서 부닥뜨리고 있는 문제들을 바르게 해결하는 길은 우리 자신의 존재의 의미를 깨닫고 그에 부합하는 삶을 살 때 가능하지 않겠는가?

우리의 삶은 수많은 요소들로 이루어져 있지만, 이러한 요소를 다 합친다고 하더라도 우리의 삶을 온전하게 설명할 수 있을 것인지에 대해서는 여전히 의문이 남는다. 그러므로 이 글에서는 삶 전체를 설명하는 과욕을 부리기보다는 우리의 삶의 가장 빛나는 것들의 총체로 여겨지는 문명을 이루는데 결정적인 영향을 미치고 있는 과학과 철학 그리고 종교에 대해서 살펴보고자 한다.

Ⅱ. 종교란 무엇인가?

종교가 언제, 어디서, 어떠한 이유로 발생하였는가에 대해서는 여러 가지 학설이 있다. 이미 원시시대, 수렵의 성공을 기원하는 벽화나 장법(葬法)에서도 영혼의 관념을 엿볼 수 있다. 그러나 종교기원설의 자료가 된 것은 지금도 원시적 생활을 계속하는 미개인의 종교였다.

신비한 힘을 가졌다고 믿어지는 주물(呪物)을 기원으로 보는 페티시즘설, 사자(死者)의 숭배를 최고로 보는 설, 꿈과 죽음의 경험에서 육체 이외에 영혼을 상상한 것이 기원이라고 보는 애니미즘설, 마나(에너지와 같은 힘에 대한 원시신앙)를 애니미즘 이전의 신앙형태로 보는 마나이즘(manaism)설, 동식물과 인간과의 밀접한 관계의 신념을 원초로 보는 토테미즘(totemism)설 등이 19세기 말 이래 잇달아 제창되었다.

또 물질문화가 빈약한 미개민족에게 인격을 가진 지상신이 많다는 점에서 연유된 원시 지상신설도 있다. 그러나 이들의 대부분은 단순한 관념으로부터 복잡한 관념으로의 경과에서 파악되는 심리적 억측에 의거하고 있으므로 실증적인 근거는 희박하다.

1. 종교의 시작

우리는 문명을 생각할 때, 물질적인 부분뿐만 아니라 정신적인 부분까지도 고려해야 한다. 그러나 우리의 경험은 물질과 정신 또는 몸과 마음을 다르게 취급하고 있다. 그럼에도 불구하고, 이러한 분리는 우리의 정신 속에서는 아무런 문제도 일으키지 않고, 조화를 이루고 있는 것처럼 보인다. 이는 용광로에 들어온 온갖 것들은 불타 없어지거나, 녹아서 쇳물 전체를 이루는 것과 마찬가지로, 인간 정신에 포착된 물질적인 것과 정신적인 것은 우리 경험 전체를 이루고 있는 것처럼. 정신과 물질이 무엇인지에 대한 자세한 논의는 뒤로 미루어야 할 것이다. 그렇지만 분명한 것은, 우리가 상식으로 이해한 물질과 정신은 너무나 달라 보인다는 것이다. 왜 그럴까? 어쨌든 이 질문은 자연스럽게 영원한 아포리아(aporia)중의 하나인 이원론의 문제를 논의의 한 가운데 위치시키고 있다.

문제 자체가 워낙 복잡하기 때문에, 다양한 질문이 제기될 수 있다. 무엇보다도 먼저 자연스럽게 우리는 물질과 정신 사이에 존재하는 차이에 대해서 다양한 해결책을 요구하게 된다. 즉, 정신이 물질이든가, 물질이 정신이든가, 이도 저도 아니면 제3의 인자를 요청하든가 등등 수많은 대안이 제시될 수 있다. 물론 그 차이를 차이로서 인정해버리고 그냥 받아들이는 경우도 가능하다. 그렇지만 어떤 경우를 택하든 우리의 경험에 무엇인가를 덧붙이거나 무엇인가를 빼버리는 경우임을 알 수 있다.

그렇지만 그 차이를 차이로 인정해버리는 경우에 대해서는 분명히 집고 넘어가야할 문제가 있음을 지적할 필요가 있다. 왜냐하면, 차이라는 두 용어의 쓰임이 다르기 때문이다. 그러므로 차이라는 용어의 쓰임이 어떻게 다른지를 지적할 때, 두 가지 문제가 드러난다. 첫째 "우리는 어떻게 이러한 차이를 인정할 수 있는가?" 하는 문제이다. 차이를 차이로 볼 수 있기 위해서는, 우리는 결국 의식의 무한퇴행으로 나아갈 수밖에 없을 것이다. 물론 이것은 한편으로는 지극히 상식적인 태도이기 때문에, 복잡한 관계를 규정할 때 스스로 혼란스러워하기보다는, 삶의 요청을 수용함으로써 현실에 적응하는 것을 주장한다면 아무런 문제가 되지 않는다. 하지만 이것은 현실을 강조함으로써 자연스럽게 이 현실과 다른 무엇으로 초월(超越, transzendent) 하려는 욕망을 강화시킨다. 그러므로 어떤 경우든 간에, 무한퇴행이든 삶의 요청을 수용하든, 초월할 무엇을 요청하고 있다는 것은 사실이다.

둘째, 차이라는 말 속에는 이미 정신과 물질 사이에는 분명히 다른 점이 있다는 것이다. 그렇다면 "우리의 정신은 어떻게 물질을 인식할 수 있는가?" 하는 문제가 제기된다. 이 부분은 위에서 자세한 논의를 뒤로 연기했던 질문과 연결되기 때문에 더 이상 논의하지는 않을 것이다. 하지만 말브랑슈(Nicolas de Malebranche, 1638~1715)가 제안한 기회원인론(機會原因論, occasionalism)적인 설명을 통해서 우리는 논의를 전개시킬 수 있기 때문에 조금 더 살펴볼 것이다. 나아가 그가 이처럼 서로 다른 정신과 물질이 어떻게 관계를 맺을 수 있는지를 설명하는 방식에서 이 문제가 얼마나 어려운 문제인가를 실감할 수 있다.

기회원인론은 우인론(偶因論)이라고도 하는데, 데카르트 철학이 미해결로 남겨놓은 심신문제에 대한 해결책으로 제시된 것이다. 우리는 원래 독립적이고 무관계해 보이는 정신과 신체 사이에 실제로는 밀접한 교섭이 일어난다는 것을 잘 알고 있다. 기회원인론에서는 그 이유가 신이 양자를 매개하기 때문이라고 본다. 그러므로 신체 안에서 어떤 운동이 일어날 때 신은 이것을 기회로 하여 정신 안에서 거기에 상응하는 운동을 일으키게 하고, 또 정신 안에서 어떤 운동이 일어날 때 신은 이것을 기회로 신체 안에서 거기에 상응하는 운동을 일으키게 한다는 것이다.

여기서 우리가 주목하는 것은, 이러한 해결책 속에는 자연스럽게 초월자 또는 신을 끌어 들이고 있다는 점이다. 이는 문명이 우리의 정신과 더불어 어떻게 전개될 수 있는지를 우리의 의식 또는 정신으로 이해하려고 할 때, 발생하는 틈을 메우려는 노력이다. 물론 학문의 역사는 이 틈을 합리적인 방법으로 메우기 위한 노력을 보여준다. 그리고 합리적인 이해를 강조하는 과학과 철학이 그 중심에 있음도 우리는 한다. 그러나 다른 한편으로 이러한 노력 자체는 미래의 해결을 전제하고 있는지는 모르지만, 여전히 합리적인 이해를 가로막는 것이 있음을 스스로 고백하는 것이기도 하다. 물론 고백만으로 끝나지 않을뿐더러, 이러한 사이 공간에서 신화(神話, myth)와 종교(宗敎, religion)는 그 생명력을 얻고, 또 성장해나가고 있다.

종교란 무한(無限)·절대(絕對)의 초인간적인 신을 숭배하고 신성하게 여겨 선악을 권계하고 행복을 얻고자 하는 일을 말한다. 인간의 정신문화 양식의 하나로 인간의 여러 가지 문제 중에서도 가장 기본적인 것에 관하여 경험을 초월한 존재나 원리와 연결지어 의미를 부여하고 또 그 힘을 빌려 통상의 방법으로는 해결이 불가능한 인간의 불안·죽음의 문제, 심각한 고민 등을 해결하려는 것이다. 종교의 기원은 오래이며, 그 동안 많은 질적 변천을 거쳐 왔으나 오늘날에도 인간의 내적 생활에 크게 영향을 끼치고 있다.

초경험적·초자연적이면서 의지를 가진 존재로 믿어지는 것이 신이나 영혼이며, 원리로 인정되는 것이 법·도덕이다. 이것들은 단순한 사상이나 이론이 아니라 종교적 상징으로 만자(卍字)나 십자가(十字架)는 물론, 신상(神像)과 같은 구체적인 형태로 표현되는 경우가 많다. 또 신의 초인간적 행동이 신화로서 전해지고 숭배의 일정한 형식인 의례가 행해지는데, 이러한 종교의 특징이 고대로부터 철학자·지식인들 사이에 종교에 대한 경멸심을 일으키게 하고, 과학의 인식과 모순된다고 지적받고 있다. 그러나 한편으로는 일상의 경험으로는 도저히 체험할 수 없는 구체성・실재감이 사람들의 종교를 지탱해 가는 매력이다.

또 하나의 특징은 신앙을 함께하는 자들끼리 신앙적 공동체를 갖는 데 있다. 같은 신앙을 가진다는 원칙 위에 결성된 집단을 교단이라고 하는데, 교단은 승려나 목사와 같은 전문가를 양성하여 신자에게 교리를 철저히 가르치며 공동체의 유지를 도모하는 한편, 외부에 대해서는 새로운 신자를 획득하는 행동, 즉 전도(포교)를 한다. 또한 교단에는 사회에서의 지배적인 종교를 볼 때, 사람들이 태어날 때부터 가입하는 경우와, 자기의사에 따라 가입하는 경우가 있다.

2. 세계의 종교

세계적인 여러 사상이 나타난 시기에 발전한 종교사상 중에서 후세에 가장 크게 영향을 끼친 것은 현세부정의 사상이다. 미개·고대의 시대에는 다른 세계에 대한 관념은 있었어도 현세의 가치는 부정되지 않았는데, 이 시기의 종교는, 인간은 영원히 이 세상에 전생(轉生)하며 고통을 경험하여야만 된다든지, 타고난 죄(원죄)의 관념 등을 가르쳤다. 이와 같은 문제의 해결에는 이미 현세의 인간관계에 의지할 수 없기 때문에 그 구제는 초자연적인 힘에 의하여 내세에서 달성된다고 생각하게 되었다. 이리하여 민족 특유의 종교로부터 세계적·보편적인 종교가 출현하였다.

미개종교에서는 각자가 당연한 습관으로서 전해진 것을 믿고 있으며, 개인적인 면보다 사회적인 면이 강해서 제사 등의 의례가 그 중심이 되었다. 다만 종교를 주재하는 신관의 계급이 생기고 국가형성의 진전과 더불어 각지의 신들이 통합되고, 신들의 친자관계와 그 역할 등이 체계화되었다. 이것이 전형적인 다신교의 시대이다. 고대사회에서는 정치와 종교가 밀접하게 결부되어 이집트·오리엔트제국·중국·페루에서와 같이 종교가 국가에 의하여 뒷받침되고, 국왕은 신 또는 신의 자손으로 여겨진 때도 있었다. 종교사상 최대의 질적 전개는 기원 전후 약 10세기 동안에 세계 각지에서 일어났다. 인도의 우파니샤드 철학의 전개(BC 8세기), 이스라엘 예언자의 활약(BC 8~BC 7세기), 중국의 공자를 비롯한 제가(諸家)의 활동(BC 6~BC 5세기), 그리스의 탈레스로부터 소크라테스, 플라톤에 이르는 철학의 발생과 전개(BC 6세기 이후) 등이 주요한 것들인데, 그 영향은 현재까지도 미치고 있다. 이들 사상가의 특징은 합리화라고는 하지만 신화나 주술에서 분리하여 체계적인 사상을 부여함으로써 철학·윤리 등이 독립하고, 정치와 종교의 밀접한 관계도 이루어졌다.

여러 종교 중에서도 BC 5세기에 힌두교에서 나온 불교, 1세기에 유대교에서 출발한 그리스도교, 7세기에 아라비아의 민족종교에서 발생한 이슬람교가 가장 세력을 떨쳤다. 이 종류의 종교는 석가, 예수 그리스도, 무함마드와 같은 교조가 있어서 각기 교단을 형성하고 민족의 테두리를 넘어서 전도(포교)활동을 활발히 하였다. 그 내부에서는 여러 가지 변천이 있었으나 현재에 이르기까지 그 조직은 존속되어 정치적 집단에 비해 훨씬 오랜 연속성을 지니고 있다.

근대에 들어와서 종교의 위치는 크게 변화하였다. 예술·도덕 등이 종교로부터 분화되고, 정치·경제·교육 등의 사회제도에서의 종교의 영향력은 약화되었다. 신앙의 자유, 철저한 정교분리(政教分離)의 원칙 등이 그 일례이다. 또 한편으로는 계몽사상과 과학의 발전이 종교의 진리성과 존재의식을 위협하고 있고, 따라서 종교비판도 활발해졌다. 이러한 상황에서 종교는 끊임없이 그 현대적 존재의의가 문제로 제기되고 있다.

그렇다면 인간을 어떻게 정의할 것인가에 관한 질문에 대해서 우리는 어떻게 대답할 수 있을까? 우리는 죽음을 두려워하면서 살아있음에 감사하고, 자신의 살아있음을 사랑하게 된다. 살아있다는 느낌은 우리의 감각기관과 운동기관을 통해서 주변 환경과의 경계를 확인하는 것에서 시작한다. 이러한 경계에 대한 물음은 생물학적인 인간의 의미와 밀접한 관련을 맺고 있다. 그러나 우리가 이러한 경계를 확인할 때, 이러한 경계를 확인하는 것만으로 나 또는 자아의 존재가 뚜렷하게 드러난다. 자연스럽게 어떻게 살 것인가를 묻는 윤리적인 주체로서의 인간이 수면위로 부상한다. 우리가 윤리적인 문제에 관심을 가지게 될 때, 즉물적인 것에 포위되어 있는 우리의 삶이 어떤 의미를 지니는지에 대한 관심으로 나아가게 된다. 그러나 우리는 결코 물질을 떠날 수 없음에 절망하면서, 동시에 철학적이고 종교적인 열망으로 나아가게 된다.

Ⅲ. 종교와 인간

인류의 역사 속에는 수많은 종교사상들이 존재해 왔다. 그 중에는 한때 크게 융성했다가 사라져버린 종교도 있고, 그 교세가 비록 미미한 편이었으나, 오늘날엔 크게 성장하여 수많은 교단과 신도들을 가지고 있는 종교들도 있다. 이는 역사의 변천과정에서 종교들도 흥망성쇠를 거듭하며, 변천과 변혁의 과정을 겪는다는 것을 의미한다. 종교들은 인접해 있는 사상들에 상호간 영향을 주고받으며, 또한 새로운 사상들에 영향을 받는다. 아득한 옛날부터 인간은 종교를 가져왔으며, 오늘날도 여러 형태의 종교들이 존재하고 앞으로도 그러할 것이다.

그렇다면 인간이 있는 곳에 반드시 종교가 있는 것일까? 현대 종교학의 창시자인 막스 뮬러(M. Müller)는 "종교는 그 역사를 인류와 같이 하였다"고 말했으며, 불란서의 사회학자 에밀 뒤르켐(E. Durkheim)은 "종교는 모든 문화의 큰어머니" 라는 말을 하였다. 우리는 이러한 말을 인간이 있는 곳에는 반드시 인간의 종교적 행위가 있었고, 인간의 종교적 행위들이 문화를 낳았으며, 인류의 정신적 물질적 발전에 큰 기여를 해 왔다는 뜻으로 이해된다. 사실 인간과 종교, 문화와 종교, 인간과 문화 사이에는 밀접한 관계를 지니고 있다.

종교와 문화는 인간만이 할 수 있는 인간적 행위의 산물이다. 물론 '인간의 행위'와 '인간적 행위'는 그 의미가 다르다. '인간의 행위'는 인간도 다른 동물처럼 그 존재의 유지를 위해 먹고 마시며 잠자며 말하는 행위를 지칭하는데, 여기엔 어떤 윤리성이 포함되어 있는 것은 아니다. 그러나 '인간적 행위'는 인간이 어떤 행위의 대상을 자유로이 원하고 그 행위에 책임을 지는 윤리적 행위로 규정된다. 그러므로 인간의 종교적 행위는 넓은 의미에서 '인간의 행위'라고 포함시켜 말할 수는 있지만, 엄밀한 의미에서 '인간적 행위'가 되는 것이다. 인간이 종교를 신봉한다는 것은 인간이 자유로이 원하는 '인간적 행위'가 되며 여기에 인간의 종교성이 내포되어 있다는 것이다

1. 유교와 인간

1) 유교의 우주관

유교는 수천 년 동안 동아시아 문화권을 지배해 온 중심적인 사상적 흐름이며, 유학자들은 우주나 인성에 관한 이론 또한 다양하게 전개해왔다. 비록 유교의 출발점이라 할 수 있는 공자(孔子)가 우주에 대해서도, 인성에 대해서도 뚜렷한 이론을 내세운 것은 아니지만, 후대 유학자들에게 공자의 위치는 절대적이라고 할 수 있다. 그들이 『논어』 등에 담긴 그의 언행을 해석하는 과정에서 유교의 우주관과 인성론이 나오게 되었다. 계로(季路)가 귀신을 어떻게 섬겨야 옳은지를 공자에게 묻는 과정은 이를 상징적으로 잘 보여준다. "사람도 제대로 섬기지 못하는데 어찌 귀신을 섬기겠느냐." 계로가 말했다. "감히 죽음에 대해 여쭙고자 합니다." 공자가 말했다. "삶도 제대로 모르는데 어찌 죽음을 알겠느냐."

이는 공자의 관심이 '사람'과 '삶'에 맞추어져 있음을 보여준다. 공자는 형이상학적 사변을 멀리하고, 오히려 지금 맞닥뜨리고 있는 상황에 대해 생각하고 그것을 개선하는 일에 관심을 가진 인본주의자였다.

그러나 이런 그 역시 자신이 가진 사상을 전개하면서 또, 자신의 정치적 실패를 스스로 위로하면서 이 우주에는 인간의 의지를 넘어서는 초월적인 요소들이 존재한다는 것을 넌지시 인정할 수밖에 없었다. 공자는 자신의 이상을 이루는 것과 관련해 도(道)라는 용어를 제시했다. 공자의 언행으로 미루어 볼 때 유가에서 말하는 도는 어느 시대, 어느 곳에서나 적용되는 윤리적 규범을 말하는 것으로 볼 수 있다. 물론 현실참여적이었던 유가의 특성상 유가에서 말하는 도가 초월적 속성을 지녔다고 해서 사람의 생활과 완전히 동떨어져 있는 것은 아니다. 오히려 그것은 사람들의 생활 속에 적용되어 나타나는 법칙이다. 공자는 과거의 성인(聖人:유가에서 말하는 이상적 인간상) 임금들이 도를 이해하고 세상에 드러냈다고 보았다. 그는 그들이 보여준 도를 기준으로 스스로가 살았던 춘추시대의 혼란을 잠재우려 했다.

우주의 도덕적 법칙인 도를 알고 그것을 행하려 하는데 이것이 잘 될 수도 있고, 안 될 수도 있다. 일의 성패에는 스스로가 어떻게 할 수 있는 부분도 있지만 어떻게 할 수 없는 부분도 있게 마련이다. 공자는 이를 명(命)이라는 글자에서 천명(天命)과 운명(運命)이라는 두 개념을 이끌어 내었다. 여기서 천명이 '하늘의 도덕적 요구'라면 운명은 '거역할 수 없는 흐름'을 말한다.

천명이라는 말은 다음과 같이 쓰인다. '그가 천명에 따라 왕이 되었다.' 이 말에는 일어난 일(왕이 되었다)을 긍정적으로 보는 시각이 담겨 있다. 그가 왕이 된 것은 올바른 일이라고 생각하고 있는 것이다. 이처럼 천명의 개념은 사필귀정(事必歸正)에 대한 기대를 바탕에 깔고 있다. '예전 성왕(聖王:성인 임금)들의 도가 흐트러지고 현 상황은 엉망진창이다. 그런데 예전에도 어떤 폭군 때문에 이렇게 엉망진창이 되었던 적이 있었는데 그때는 천명에 따라 어떤 사람이 폭군을 몰아내고 왕위에 올랐다.' 이런 옛 일들을 보면서 사람들은 앞으로도 그런 일이 있기를 기대하는 마음이 생겨나게 된다. 그 기대가 믿음으로 굳어지면서 이런 생각이 나타난다. '하늘은 옳은 일을 권장하고 옳지 않은 일에 대해서는 그 일을 한 자들이 벌을 받도록 한다.' 그런데 이것이 가능하기 위해서 이 우주에는 초월적인 도덕적 법칙이 존재하여야 할 필요가 있다. 이 도덕적 법칙에 따라 내려지는 하늘의 뜻이 바로 천명이다. 공자의 주장에 따르면 우리는 누구나 천명을 따라 도덕적 인간이 되기 위해 수양해야 한다. 물론 이를 따를 수도 있고 안 따를 수도 있다. 그 결정은 스스로의 몫이다.

한편 이 세상에는 옳고 그름, 즉 도의 기준과 상관없는 거대한 흐름도 있다. 이것이 운명이다. 사람의 집안 환경, 수명 등은 개인이 어쩔 수 없는 것이다. 때로는 이런 것들이 사회적 성공과 실패를 좌우하기도 한다. 이러한 일들은 도덕적 법칙에 따라 결정되지는 않는다. 다만 누구에게나 무작위로 주어질 뿐이다. 공자는 이런 것들에 대해 무덤덤해질 것을 주장했다. 즉 자신이 어찌할 수 없는 요소들에 의해 그 뜻이 좌절될지도 모른다 하더라도 그것을 원망하지 말라는 것이다. 오로지 자신이 천명에 따라 살도록 노력하는 것에만 신경을 써야 할 뿐이다.

이처럼 천명과 운명이 동시에 성립한다면 천명에 따라 옳은 일을 하는 것을 하늘이 권장하는데도 운명 때문에 불행해지는 경우가 있고 옳지 않는 일에 하늘이 벌을 내리려 하는데 운명 때문에 그 벌을 받지 않는 경우가 있다는 말이 된다. 이는 모순으로 보인다. 그러나 이는 결코 모순이 아니다. 천명에 따른 사필귀정의 흐름은 거시적 역사에서 그 모습을 드러내고 운명의 힘은 개개인의 삶 속에서 힘을 발휘하는 데서 온 현상이다.

가령, 어떤 사람이 천명을 어기고 천명을 지키며 살던 다른 사람을 죽였다(사람을 죽이지 말라는 천명이 있다는 가정 아래에서)면 죽임을 당한 자는 그저 운이 나빴을 뿐이다. 사람을 죽인 사람이 죽을 때까지 벌을 받지 않았다면 죽인 자는 다만 운이 좋았을 뿐이다. 이처럼 개개인의 삶 속에서는 천명보다 운명의 힘이 강하다. 그러나 거시적인 역사에서는 이야기가 다르다. 왕들이 몇 대에 걸쳐 폭정을 자행한 나라는 멸망한다. 폭군에게 죽임당한 충신들은 후대에 칭송받는다. 결국 긴 시간 속에서는 천명이 힘을 발휘하게 된다.

이런 명 개념을 바탕으로 유가 사상에서는 설령 개인의 삶 속에서 보답을 받지 못하더라도 옳은 일을 해야 한다는 신념이 나타날 수 있었다. 천명을 따른 개인의 삶이 실패할 수는 있어도 시간이 흐르면 옳은 일이 무엇인지 결국 드러나게 된다. 공자는 개인을 넘어선 거대한 것을 보고 있었으며 그것들이 얼마나 중요한지를 강조한다. 따라서 그는 천명을 이해하여 따르면서 운명은 받아들이되 신경 쓰지 말 것을 주장했다.

후대 유학자들이 더욱 주목한 것은 물론 운명보다는 천명 쪽이었다. 운명은 알 수 없고 만에 하나 안다 하더라도 어쩔 수 없으나 담담히 받아들일 뿐이다. 그러나 우주의 법칙에 따른 천명을 몰라서는 안 된다. 유학자들 중 일부는 우주의 법칙과 운행 등에 대해서 도덕적 목적을 가지고 연구했다. 즉, 자연 현상을 바라보며 그 안에서 도덕적 법칙을 이끌어내려고 했던 것이다. 이런 시도는 특히 중국 송(宋)나라 대의 성리학자들에 와서 두드러진다. 그들은 유가 경전의 하나인 『대학(大學)』에 나오는 격물치지(格物致知)라는 말을 '사물을 연구하여 그 신령스러운 법칙을 깨닫는다.'라고 해석하여 자연 법칙과 도덕 법칙이 근본적으로는 같다고 생각하기에 이르렀다. 물론 이와 같은 흐름에서 벗어나 순자처럼 자연 법칙과 도덕 법칙의 관련성을 부정하는 유학자도 있었다.

2) 유교와 인간의 본성

공자는 스스로 인간의 본성은 어떠하다고 말한 적이 없다, 그럼에도 『논어』에 기록된 그의 발언으로 볼 때, 공자가 인간 본성에 대한 신뢰를 가지고 있었다는 점을 알 수 있다. 공자의 사상을 (曾子)가 단 두 자로 정의하는 장면을 보자.

> 공자가 말했다. “삼아, 나의 도는 오로지 한 가지로 꿰뚫을 수 있다.” (중략) 증자가 말했다. “선생님의 도는 오로지 충(忠)과 서(恕)일 따름입니다.”[5]

『논어』에서 인간이 다다를 수 있는 가장 이상적인 경지는 인(仁)으로 표현된다. 공자는 인(仁)을 다양한 표현으로 설명했기에 그것이 무엇인지를 간단히 정의하기에는 힘들다. 그러나 확실한 것은 인(仁)은 둘[二] 이상의 사람[人]이 함께 있을 때에 이룰 수 있는 공동체적 덕목이라는 것이다. 이는 공자가 말하는 도와도 관련되는 개념으로 조금 거칠게 이해하면 도를 이해하고 힘서 행하는 것이 인한 것이라고 보아도 큰 무리는 없을 것이다. 따라서 공자의 도인 충서(忠恕)는 인(仁)을 실천하는 모습으로써 제시된 개념들로 볼 수 있다. 그 뜻을 살펴보면 충(忠)은 마음[心]과 가운데[中]이 합쳐진 글자로서 마음의 중심을 잡는다는 뜻이고, 서(恕)는 마음[心]과 같다[如]가 합쳐진 말로써 내 마음을 미루어 남의 마음을 안다는 뜻이다.

여기서 주목해야 할 것은 충과 서 두 글자 다 마음[心]을 포함하고 있다는 점이다. 공자가 강조한 인(仁)은 자기 자신의 마음에서 그 실마리를 잡을 수 있는 것이었다는 사실이 이 부분을 통해 드러난다. 공자는 사람의 마음속에 인(仁)의 실마리가 있다는 것을 간접적으로나마 말해준 셈이다. 공자가 사람의 본성에 어떤 평가를 하고 있었는지는 알 수 없지만 사람의 본성에는 이상적 인간이 될 가능성이 숨어 있다고 본 것은 틀림없어 보인다.

이렇듯 인간의 가능성을 믿고 있었던 공자이지만 당시 사람들의 상태까지 긍정했던 것은 아니었다. 그는 자신이 살고 있는 상황이 이상과는 동떨어져 있다는 점을 잘 알고 있었다. 완전한 인(仁)을 가진 성인은 극히 드물고 대부분의 인간은 스스로가 인(仁)해질 수 있는 가능성을 외면한 채로 살

---

5) 『논어』 리인편.

고 있다. 그 원인에 대해서 공자는 명확히 설명하지 않았다. 이 부분에 대해서 후대 유학자들이 다양한 이론을 전개하게 된다.

> 공자가 말했다. "사람의 본성은 서로 가깝지만 습관에 의해 멀어지게 된다."[6]

모든 사람의 마음은 성인이 될 수 있는 가능성을 품고 있다. 이런 공통점이 있기 때문에 본성은 서로 가깝다. 그러나 한 사람 한 사람이 어떻게 살아가느냐에 따라 사람들의 모습을 천차만별이 된다. 습관이란 한 사람이 계속적으로 선택하면서 자연스럽게 삶에 녹아 든 부분으로 그 사람이 어떻게 살아왔는지에 의한 결과물이라고 할 수 있다. 그리고 어떤 습관을 가졌느냐에 따라 그 사람이 어떤 사람인가가 결정된다. 옳지 못한 일을 습관으로 삼으면 그는 악인이 되고 옳은 일을 습관 삼으면 그는 선인이 된다. 그러므로 습관에 따라 멀어진다. 따라서 공자는 사람은 자신이 가진 가능성에 낙관하지 말고 올바른 일을 습관으로 삼을 수 있는 삶을 살기 위해 노력해야 한다고 주장한다.

공자의 사상을 이은 정통의 후계로 평가되는 맹자는 공자에 비해서는 훨씬 인간의 본성에 대해 구체적으로 설명했다. 그의 본성론은 '성선설(性善說: 사람의 본성이 선하다는 학설)'로 유명하다. 맹자는 당대에 본성에는 선도 악도 없다는 주장을 편 고자(告子)와의 논쟁을 통해서 그의 사상을 구체화해 나갔다.

> 고자가 말했다. "자연스런 생리적 본능을 본성이라고 한다." (중략) 맹자가 말했다. "그렇다면 개의 본성은 소의 본성과 같고, 소의 본성은 사람의 본

---

6) 『논어』 양화편.

성과 같다는 말인가?”

맹자가 말하는 본성은 ‘인간만의 본성’이다. 즉 인간이 아닌 다른 생명체에도 있는 특징을 본성이라고 볼 수는 없다. 그렇게 본다면 개나 소와 사람이 다를 바가 없기 때문이다. 따라서 맹자가 인간의 본성으로 언급한 것은 오로지 인간만이 가지고 있는 정신적, 심리적인 특성뿐이다. 사람은 누구나 타고난 바탕대로만 따른다면 선하게 될 수가 있으니, 이것이 곧 내가 말하는 바의 *본성*이 선하다는 의미이다. 사람이 선하지 않게 되는 것은 타고난 재질의 잘못이 아니다. 측은하게 여기는 마음[측은지심(惻隱之心)-인(仁)과 관련된다.]은 사람이라면 누구나 가지고 있고, 부끄러워하는 마음[수오지심(羞惡之心)-의(義)와 관련된다.]은 사람이라면 누구나 가지고 있고, 공경하는 마음[사양지심(辭讓之心)-예(禮)와 관련된다.]은 사람이라면 누구나 가지고 있고, 옳고 그름을 판단하는 마음[시비지심(是非之心)-지(智)와 관련된다.]은 사람이라면 누구나 가지고 있다. (중략) 인의예지(仁義禮智: 맹자가 말하는 네 가지 덕목)는 밖으로부터 내게 주어진 것이 아니라 내가 본래부터 가지고 있는 것인데, 다만 사람들은 생각하지 않을 뿐이다.

이는 사람의 본성은 선하므로, 모든 덕은 배워서 아는 것이 아니고 태어날 때부터 우리가 가지고 있던 요소가 드러난다는 것이다. 따라서 타고난 바탕을 잘 확충해 나간다면 누구나 요순(堯舜: 중국 역사에서 가장 이상적인 임금으로 칭송받는 두 임금, 요임금과 순임금)처럼 될 수 있다고 맹자는 주장한다. 이는 공자가 가지고 있던 인간 본성에 대한 신뢰를 계승하려는 맹자의 의도가 들어 있는 주장이다.

맹자는 이러한 주장의 근거로 우물에 빠진 어린아이의 비유를 들었다. 만약 어린아이가 우물 속으로 빠지는 것을 본다면 어떤 사람이든 그 아이를

측은히 여기는 마음이 들 것이라는 주장이다. 이는 그 어떤 다른 요인에 의한 것이 아닌 순수하게 아이만을 생각하며 일어나는 것이므로 사람의 본성이 선함을 보여준다고 맹자는 말한다.

그러나 사람의 마음속에 있는 선함은 완전한 것이 아니라 아직 미미한 상태에 있기 때문에 실현되지 못할 수도 있다. 우물에 빠진 아이가 불쌍하다고 여긴다 해도 그 아이를 도와주지 않을 수도 있다는 것이다. 사람은 마음만으로 이루어지는 것이 아니다. 여러 복합적 요인이 겹쳐 마음에서 하고 싶은 대로 하지 않을 수도 있는 것이다. 이럴 때에 사람이 타고난 선을 지키지 못하게 되는 것이다.

인간의 가능성에 대한 강력한 신뢰를 보여주는 맹자의 성선설은 훗날 많은 유학자들의 공감을 얻어 유가의 정통으로 인정받게 된다. 후대 유학자들의 인성론은 대개 성선설의 테두리 아래에서 맹자가 설명하지 않았던 부분까지 파 들어가는 방향으로 이루어져 왔다.

그런 의미에서 순자의 인성론은 유가 전체의 인성론 중에서 상당히 두드러지는 면이 있다. 그의 인성론은 '성악설(性惡說: 사람의 본성이 악하다는 학설)'로 유명하다. 유가의 역사상 순자 이외에 본성이 악하다는 주장을 편 사람은 없었다. 사람의 본성은 악(惡)한 것이다. 선(善)이란 인위적인 노력으로 된 것이다. 사람은 나면서부터 이익을 추구하게 마련이다. 그대로 내버려 두면 서로 싸우고 빼앗고 하여 양보란 없을 것이다. 나면서부터 남을 미워하고 시기하게 마련이다. 그대로 내버려 두면 남을 해치고 상하게 할 줄만 알고 신의나 진실성은 없다. (중략) 스승의 교화와 예의의 법도가 있어야 남에게 사양할 줄도 알고 사회의 질서를 지킬 줄도 알아 평화가 유지될 것이다.

위의 주장에서 가장 중요한 말은 아무래도 '선이란 인위적'이라고 하는 부분이다. 순자는 선한 것은 마음에 있는 것이 아니라고 주장한다. 그저 사회 질서를 위해 인위적으로 만들어진 것이 선이다. 그러므로 사람의 본성을 선하다고 할 수는 없으며 오히려 본성은 악하다는 것이다.

그런데 순자가 말한 악(惡)이란 과연 무엇일까? 위의 인용문에 따르면 순자가 말하는 악은 '악한 일을 하고 싶다'라는 의식을 가지고 행하는 것이 아니라 자신의 이익을 위해 수단 방법을 가리지 않다 보니 행하는 것이다. 이는 어떤 사회에서든 흔히 볼 수 있는 악의 유형이다. 순자에겐 악이란 선하지 않은 것을 통칭하는 말이다. 선함이 인위적인 것이고 이것이 없는 상태는 악이다. 이 말에 따르면 순자가 말하는 악은 선의 부재일 것이다. 악함이라는 마음이 따로 존재하는 것이 아니라 선한 것이 없기 때문에 악함이라 한다.

따라서 엄밀히 말하면 순자의 성악설은 인간의 본성에는 윤리적인 가치를 매길 수 없다는 고자의 성무선악설(性無善惡說: 사람의 본성에는 선도 악도 없다는 학설)과 그리 다르지 않은 위치에 있다. 순자는 다만 맹자의 인간의 본성에 대한 낙관이 지나치다고 생각하여 인간의 본성에 선함은 없다고 강하게 주장하려다 보니 악이라는 표현을 사용한 것으로 보인다.

이렇듯 사람의 본성에 선함이 있는 것은 아니라고 주장한 순자이지만 그렇다고 인간이 가진 윤리적 가능성을 무시한 것은 아니다. 그는 사람의 본성에는 선함이 없음에도 불구하고 노력을 통해 사람은 선하게 될 수 있다고 보았다. 또한 선하지 않은 마음으로도 선하게 되려는 마음을 먹는 것은 가능하다는 주장을 하기도 했다.

사람이 선하려고 하는 것은 본성이 악하기 때문이다. 무릇 얇으면 두껍게 하고자 하고, 추하면 아름답게 하고자 하고, (중략) 천하면 귀하게 되고자 하는 것은 내 속에 없는 것을 밖에서 구하려는 행위이다. (중략) 마찬가지로 지금 사람의 본성에 예의가 없는 까닭에 예의를 힘써 추구하는 것이요, 성이 예의를 모르는 까닭에 깊이 생각하여 알려는 것이다.[7)]

이처럼 순자는 성악을 주장하기는 했으나 그가 말하는 악은 어디까지나 선함이 없는 상태였고, 인간의 윤리적 가능성을 무시하기는커녕 우리의 마음속에 선을 추구하려는 부분이 있음을 긍정하는 모습을 보이고 있다. 순자는 맹자의 성선설을 비판하였으나 그 또한 공자를 기준으로 보면 근본적으로는 크게 다르지 않은 주장을 하였음을 알 수 있다. 그러나 후대 유가 사상에서 더 많은 공감을 얻은 것은 맹자의 성선설이었다. 순자의 성악설은 법가(法家)라는 다른 사상의 완성에 이바지하였으나 정작 유가 내에서는 이단(異端)이라는 비난을 받고 학설이 끊기게 된다. 그리고 유가의 인성론은 주로 공자와 맹자의 견해를 완전 긍정하는 데에서 시작해 거기에 자신의 주석을 더하는 방식으로 전개하게 된다.

---

7) 『순자』 성악편.

2. 구약성서 : 이슬람교와 유대교의 인간

일신교 가운데서도 세계에서 세 번째로 큰 규모를 자랑하는 이슬람교는 셈족에서 유래한 것으로, 7세기경 예언자 마호메트가 받은 계시를 통해 아라비아 반도에서 시작되었다. 이슬람교도는 구약성서에 나오는 아브라함 이후 예수에 이르기까지의 예언자들을 자신들의 선조로 생각하는 한편, 그 중에서도 최후의 가장 위대한 예언자는 바로 마호메트이고, 코란만이 하나님(알라)의 말씀으로 유일한 권위를 갖고 있다고 주장한다. 성서에 나오는 개념들을 해석하고 또 평가하는 데서는 여러 가지 문제가 발생한다. 가장 큰 문제는 그 신자들이 성서를 하나님 자신의 본성과 의지를 드러내는 거룩한 문헌으로 여긴다는 점이다. 유대교와 기독교는 단순히 이론에만 그치는 것은 아니다. 오히려 이 두 종교는 모두 그 신자들의 삶에 해석과 지침을 제공하는 현실 종교라 할 수 있다.

또 다른 문제는 오랜 세월에 걸쳐, 특히 지난 2세기 동안에 걸쳐 히브리어와 아람어와 그리스어 같은 고대어 분야를 비롯해서, 고고학과 역사학과 사회학 분야의 전문가들이 수많은 성서 관련 저술을 양산함으로써, 오늘날에는 성서에 대한 학술적 연구와 해석이 그야말로 산업이라 할 만큼 거대한 규모로 커졌다는 점이다. 그런데 이들 저술은 서로 다른 시기에, 서로 다른 필자에 의해 집필되고 편집되어, 서로 다른 목적을 위해 생산되고 사용되어 왔다.

각자 다른 믿음을 지닌 신자들은 물론이고, 학술적 논쟁에 익숙한 학자들까지 있으므로 적어도 성서에 관해서라면 이른바 어떠한 편견도 개입되지 않은 객관적이고 중립적인 접근이란 있을 수가 없게 되었다.

1) 유대-기독교적 하나님

성경에서는 하나님을 복수형인 '엘로힘'으로 표현했다. 또한 하나님은 무언가를 명령하는 존재로 그려진다. 마치 하나님은 뭔가를 만들기 위해 굳이 직접 움직일 필요가 없는 듯하고 그냥 명령을 하면 그 결과가 나타난다. 전통적인 해석에 따르면 하나님은 '무'로부터 세계를 창조했다고 한다. 히브리의 하나님은 언어 사용자였다. 또한 하나님은 어떤 사물이 존재하기도 전에 그에 대한 개념을 갖고 있었고, 이후 그 사물이 존재한 뒤에는 거기에 새로운 이름을 붙여주었다. 이렇게 보면 하나님은 마치 만물 뒤에 있는 어떤 정신적인, 혹은 관념적인 힘인 것 같다. 그러나 어떤 구절에는 하나님이 실제로 물질을 직접 다루는 것으로도 나타나 있다.

각각의 창조 단계에서는 하나님이 "보시기에 좋았더라"라는 구절이 등장한다. 여기서 그는 가치 판단을 하는 존재로 묘사되는데, 이때 그는 이른바 "좋다"라는 것을 임의대로 선택한다기보다는 오히려 자신의 창조물 속에서 그보다 먼저 존재하고 있던 어떤 객관적인 가치 기준이 제대로 적용되었음을 인지하고 있다.

3장에는 아담과 이브에 의해 인간이 저지른 최초의 불복종에 대한 이야기가 나온다. 그리고 6장는 하나님은 인간이 매우 악하다는 사실 때문에, 자신이 인간을 창조한 것을 후회하고, 분노에 사로잡혀 인간뿐만 아니라 모든 살아 있는 생물을 쓸어버리기로 하는 이야기기 나온다.

구약성서 전체에서 하나님은 종종 각 사람에게 '말하는' 존재로 묘사된다. 특히 하나님은 각 사람에게 그 상황에서 해야 할 일을 주로 말해 주고 있다. 시편은 주로 하나님을 향한 기도문을 모은 것이다. 대부분 시 형식을 띤 작품이기 때문에, 여기 나온 하나님에 대한 묘사는 은유적인 것으로 받아들여야 한다. 이후 예언자들의 시대에 접어들면, 하나님은 반드시 어떤 매개자를 통해서만 이야기를 하게 된다. 예언자는 앞으로 일어날 일을 예언하며, 인류 역사에서 벌어지는 사건들을 하나님의 뜻으로 해석한다. 이른바 지혜문학에 속하는 잠언, 전도서, 그리고 솔로몬의 지혜서에서는 특이하게도 하나님에 대해 명백히 이야기하는 구절을 찾을 수가 없다.

성서의 하나님은 물질적인 육체를 지니고 있지도 않고, 또한 그렇게 간주해서도 안된다는 이야기를 우리는 종종 듣는다. 그는 이 우주 안에 있는 다른 사물과는 같지 않으며, 공간에 어떤 자리를 차지하지도 않으며, 일정 길이의 시간 동안만 존재하지도 않는다. 그는 이 우주 *전체*와 동일시될 수도 없으며, 존재하는 모든 것의 총합도 아니다. 만약 그렇다면 유신론이 아니라 범신론이라고 해야 할 것이다. 하나님은 초월적인 동시에 내재적이라고 한다. 어떤 의미에서는 모든 곳에 있고 항상 있는 존재이면서, 또한 공간과 시간에 속한 세계 너머의 존재로 생각되기도 한다. 그렇다고 하나님을 우리 눈에 보이지 않는 어떤 실재로 간주할 수도 없다. 왜냐하면 적어도 이런 실재는 우리의 감각을 통해 관찰할 수 있고, 또 과학 이론으로 설명할 수 있기 때문이다. 반면 하나님은 결코 과학적 공리가 아니다. 하나님의 존재와 행동은 결코 관찰과 실험에 의해 검증될 수 있는 경험적 가설이 아니다. 그렇다고 하나님이 숫자나 형태나 다른 수학의 대상처럼 순수한 추상인 것도 아니다. 왜냐하면 하나님은 우리를 창조하고, 우리를 사랑하고, 우리를 보호하고, 한 나라나 한 개인과 맹세하거나 언약을 맺고, 우리를 심판하고, 우리를 구속하거나 구원하는 인격적 존재로 간주되기 때문이다. 따라서 육체가 없긴 하지만, 그는 여전히 '하나의 인격체'로 즉 이성과 지식과 욕망과 의도를 지닌 초인적인 정신으로 생각된다. 하지만 하나님은 우주론적으로 못지않게 윤리적으로도 중요한 존재이다. 하나님을 믿음으로써, 우리는 자신이 누구인지, 그리고 어떻게 살아야 하는지를 알게 되기 때문이다.

이 세상에는 성서에 나오는 하나님에 대한 내용을 문자 그대로, 혹은 고지식하게 사실적으로 받아들이지 않으면서도, 즉 오히려 그것을 무엇보다도 은유로서 받아들이면서 해석하는 방법도 분명히 있다는 사실을 제시하고 싶을 뿐이다. 그런 방법을 통해 성서 시대부터 오늘날에 이르기까지 많은 사람들은 각자의 삶의 경험을 이해하고 또 표현하는데 도움이 되고, 유용하고, 설명적이라고 여겨진 해석 체계를 제공받아 왔다.

2) 히브리의 인간개념

히브리의 인간개념에 따르면 우리는 우선적으로 하나님과의 관계 속에서 존재한다. 그리고 하나님은 인간이 이 우주 속에서도 특별한 지위를 차지하도록 창조했다. "하나님이 이르시되, 우리의 형상을 따라 우리의 모양대로 우리가 사람을 만들고, 그들로 바다의 물고기와 하늘의 새와 가축과 온 땅과 땅에 기는 모든 것을 다스리게 하자 하시고" 여기서 곧바로 이 구절을 문자 그대로, 즉 먼 과거의 어느 특정한 시간쯤에 일어났던 역사적 사건으로 읽어야 하는지, 아니면 오히려 신화로 즉 역사나 과학의 차원이라기보다는 인간의 상태에 대한 중요한 진리를 시적으로 표현한 것으로 읽어야 하는지에 대한 의문이 생겨난다.

여기서 어떤 문자적인 진실을 찾아보려는 시도는 두 가지 중대한 어려움에 직면하게 된다. 우선 한 가지 어려움은 이 문헌 자체가 내적인 불일치를 보여주고 있다는 점이다. 왜냐하면 창세기에는 인간의 창조에 대한 '두 가지' 이야기가 들어 있는데, 그 각각은 여자의 창조를 묘사한 대목을 비롯하여 여러 가지 면에서 서로 전혀 다르기 때문이다.

이것 외의 다른 어려움은 바로 여기 묘사된 내용과 과학적 사실이 불일치한다는 점이다. 가령 과학에서는 물질적 우주의 기원을 이른바 빅뱅으로 설명한다. 그런가 하면 은하계와 행성과 태양계의 형성이며, 바다와 대륙과 대기의 기원이며, 또한 낮은 차원의 생명체에서 인간이 점차 진화해온 것 등에 대해서도 과학은 성서와는 완전히 다른 설명을 제공한다. 그리고 성서에는 우리의 상식과 모순되는 내용도 없지 않다.

그렇다면 우리가 하나님의 형상을 따라 창조되었다는 것은 무슨 의미일까? 신자라면 이는 곧 우리 인간이 하나님의 이성과 인격 가운데 일부를 물려받았기 때문에 특별한 존재가 되었다는 뜻이라고 설명할 것이다. 하지만 거꾸로 말하자면, 이른바 하나님의 완벽한 이성과 도덕적 인격에 대한 우리의 개념은 사실상 우리 인간이 이성과 인격 양면에서 불완전하다는 사실에 근거해 오히려 하나님을 이상화한 것에 불과하다고 할 수 있다.

그렇다면 인간이 애초부터 다른 피조물 위에 군림하도록 창조되었다는 것은 무슨 의미일까? 우리는 실제로 자연에 대해 어느 정도의 힘을 행사하고 있다. 창세기에 묘사된 당시의 중동 지역에서도 가축을 키우고 농사를 짓는 등, 이미 수렵과 채집 단계는 넘어섰던 것이다. 따라서 나머지 피조물에 비하면 인간이 보다 특별한 역할을 지니고 있다는 것은 사실이지만, 우리는 또한 자연과 연관을 지닌 존재이다. 최초의 인간은 '땅의 흙으로' 즉 이 세계의 나머지를 구성하고 있는 것과 똑같은 물질로 만들어진 존재였다.

육체와 영혼의 이원론은 플라톤의 개념이었을 뿐, 구약성서에서는 전혀 나타나지 않는다. 오늘날 우리는 육체와 영혼 사이의 구분에 너무나도 익숙해진 나머지, 사실은 플라톤과 데카르트로부터 물려받은 전통을 마치 성서에서 읽은 것인 양 여기고 있다. 실제로 성서에는 전혀 그런 이야기가 없는데도 말이다. 성서의 개념에 따르면, 우리는 '인격체'이며, 이것은 우리를 생명이 없는 물질이나 동물과는 구별지어 주는 중요한 사실이다. 하지만 우리가 인격적인 존재라는 사실로부터, 우리가 육체에서 분리될 수 있는 비물질적인 실체를 소유하고 있다는 사실이 도출되지는 않는다. 히브리 성서에서는 사후의 삶에 대한 기대가 뚜렷이 나와 있지는 않다.

아마도 인간의 본성에 관한 성경적인 이해에서도 핵심적인 부분은 자유의 개념이라는 것이다. 우리는 하나님의 뜻에 순종하고, 그를 믿고, 그를 사랑하기로 선택하거나 아니면 불순종하고 믿지 않고 오만하게 굴기로 선택할 수 있다. 이처럼 순종과 불순종, 선과 악 사이의 선택의 필요성은 창세기 2:16-17에 나와 있는데, 이 구절에서는 하나님은 아담에게 선과 악을 알게 하는 지혜의 나무의 열매를 먹지 못하게 한다.

하나님 앞에서 유한한 인간은 누구나 평등하다는 이상이 드러나기 때문에, 결국 성서에서는 민주주의적인 요소가 함축되어 있다고도 볼 수 있다. 인간의 선에 대한 관심 역시 단순히 올바른 행동에 대한 관심만은 아니었다. 오히려 그런 행동을 야기하는 인간의 성격과 인격의 근거에 대해 더 관심이 많았다.

구약 성서 안에서는 이처럼 지성을 사용해서 추론을 하고, 진리와 윤리에 대해 스스로 판단을 내리기보다는, 차라리 하나님에게 순순히 복종해야 한다는 궁극적이니 요구를 드러내는 다양하고도 극적인 예를 쉽게 찾아볼 수 있다.

이성보다는 믿음을 더 낫게 여긴 또 다른 유명한 사례는 욥기에 등장한다. 여기서 욥과 그 친구들은 부당한 고통의 문제에 대해 논쟁을 벌인다. 욥은 결백하고도 경건한 사람이었지만, 사탄은 하나님을 설득해 욥에게 파국적이니 재산의 손실과 육체의 질병을 부과함으로써 그를 시험한다. 하지만 욥을 위로한답시고 찾아온 친구들의 노력에도 불구하고, 그가 겪는 고통에 대해서는 아무런 합리적인 설명이 나오지 않는다. 마지막에 가서 하나님이 갑자기 모습을 드러내 자신의 힘과 권위를 보여주자 욥은 순순히 복종한다. 이 이야기의 결론은 일종의 지적 통찰력을 얻기보다는, 차라리 하나님 앞에서 겸손하게 구는 적절한 자세를 취하자는 데 있는 듯하다.

3) 죄와 구원에 대한 이론

인간이 하나님에 의해 창조되었다는 사실로부터 인간에게 무엇이 근본적으로 잘못되었는지에 대한 분석이 뒤따른다. 우리는 하나님이 부여해준 자유의지를 잘못 사용하여 선보다는 악을 택하고 죄에 오염되어, 결국 하나님과 우리의 관계가 끊어졌던 것이다. 하지만 타락을 단순히 특정한 역사적 사건으로 여길 필요는 없다. 아담과 이브가 금지된 여래를 먹었다는 이야기는, 비록 우리가 자유롭긴 하지만 우리의 본성 속에는 그런 자유를 가지고도 죄를 짓는 데 악용할 수 있는 치명적인 결함이 존재한다는 사실에 대한 상징으로도 읽을 수 있다.

인간의 죄악의 본성에 대한 확인과 단죄는 구약성서 전체를 통해 거듭 나타난다. 가령 아담과 이브의 두 아들 가인과 아벨의 이야기에서는 가인이 자기 동생을 죽임으로써 인류 사회에서 최초로 동족상잔이 시작된다. 창세기 6:5-7에서 하나님은 인간을 창조한 것을 후회한다. 창세기 11:1-9에서 하나님은 본래 하나였던 인간의 언어를 제각각으로 흩어버리는데, 그 이유는 인간이 너무 오만해져서 바벨탑을 건설해 하늘에 닿으려 했기 때문이다.

히브리인들에게는 이론이나 분석에서와 마찬가지로 처방 역시 하나님으로부터 비롯된다. 하나님이 우리를 자신과 교제할 수 있도록 창조했는데, 이후에 우리가 그로부터 멀어짐으로써 둘 사이의 관계를 깨트렸다면, 우리는 하나님을 향해 용서를 구하고 그 관계를 회복해야 한다는 것이다. 따라서 인간의 구원, 혹은 회심은 하나님의 자비와 용서와 사랑을 통해 가능하다. 구약성서에서는 하나님과 그의 선택된 백성 사이에 맺어진 언약, 즉 강력한 통치자와 그의 지배를 받는 국가 사이에 맺어진 것과 같은 유사법률이라는 주제가 거듭 등장한다. 최초의 언약은 노아와 맺은 것이었고, 두 번째 언약은 아브라함과 맺은 것이었으며, 세 번째인 가장 중요한 언약은 모세가 이끄는 '이스라엘의 자녀'와 맺은 것으로서, 이때 하나님은 자신이 그들을 이집트의 속박에서 풀려나게 만든 것을 상기시키며, 그들이 자신의 법을 준수하는 한 자신의 백성이 될 것이라고 기약한다.

하지만 이 세가 지 언약은 모두 완전히 효과를 거두진 못한 듯하다. 왜냐하면 이후에도 지상에서는 죄가 결코 사라지지 않았기 때문이다. 그러나 하나님의 자비로운 용서에 대한 약속도 있었는데, 이때 하나님의 회복은 단지 이스라엘 백성에 대한 것만이 아니라 모든 피조물에 대한 것이다. 유대교에서는 하나님이 지명한 구원자, 즉 '메시야'의 도래에 대한 기대가 생겨나게 되었는데, 기독교인들은 그가 바로 '예수'라고 믿는다.

3. 신약성서 : 기독교의 인간

기독교인들은 예수의 존재로 인해 하나님[8])과 인간의 본성에 관한 개념을 완전히 바꾸게 되었다. 구약성서의 '하나님'은 이제 성부 하나님이 되었으며, 예수는 어떤 의미에서 하나님의 육화, 혹은 증거이며, 하나님과 함께하는 자이기 때문에, '성자 하나님'이라고 묘사될 수 있다. 기독교인들은 여기다가 이른바 성령하나님을 덧붙여 3중의 개념을 만들었다. 이 세 가지는 나중에 이른바 삼위일체라는 역설적인 교리로 정립된다. 즉 "한 분이시니 하나님 안에 세 위격이 존재한다"는 것이다.

이후 오늘날에 이르기까지 기독교가 서구 문명에 끼친 지대한 영향력으로 인해, 기독교인들이란 말은 대게 경칭과 다름없이 사용되었다. 이른바 '기독교인'이라는 말에 어떤 의미가 내포되어 있든지 없든지 간에, 기본적인 공통분모는 예수에 대한 신학적 주장의 일치이다. 기독교인이 되려면, 단순히 예수가 아주 좋은 사람이라거나 위대한 영적 통찰력을 지닌 사람이라고 말하는 것만으로는 부족하다. 기독교의 주장에서 가장 핵심적인 것은 예수라는 이 역사적 인물, 즉 로마의 식민 통치하의 팔레스타인 지방에 살았고, 설교했고, 결국 십자가 처형을 당했던 예수 안에 하나님의 매우 특별한 계시가 존재했다는 점이다. 기독교 전통에서는 이를 이른바 '성육신'의 교리로 설명한다. 즉 예수는 인간인 동시에 하나님이며, 그 하나님의 영원한 말씀이 곧 육신이 된 존재라는 것이다.

---

8) 여기서는 기독교적 용례를 도입해서 사용할 뿐이다.

1) 신약성서와 인간

예수는 또한 어떤 면에서 인간의 본성도 거룩해질 수 있다는 사실을 보여줌으로써, 기독교인들의 인간 본성에 관한 개념을 확장시켰다. 남녀 간의 평등이라는 문제를 언급하기에 앞서, 우리는 복음서에서 예수가 여성들을 무척이나 존중했다는 사실을 기억해야만 한다. 바울은 그리스도 안에서는 유대인과 그리스인, 노예와 자유인, 남자와 여자의 구분 같은 것은 없다고 말하지만, 한편으로는 아내가 남편에게 반드시 복종해야 한다고 말함으로써 가부장제를 옹호한다. 그때 이후로 수많은 후대의 기독교 사상가들은 여성을 신학적으로 문제 삼게 되었다. 그 대표적인 것으로는 여성의 성직수임을 둘러싸고 지속되는 논쟁을 들 수 있다.

육체를 따르는 것과 영혼을 따르는 것 사이의 구분은 단지 우리가 살아 있는 동안만 이루어지는 것일까, 아니면 우리가 죽은 뒤에도 연관되는 것일까? 예수는 이른바 '하늘나라', 혹은 하나님 나라가 온다고 주장한 바 있다. 하지만 이것이 과연 어떤 심리적인, 정치적인, 혹은 형이상학적인 변화를 의미하는 것인지는 불명확하다. '영생'이란 표현은 요한복음에 나오는데, 여기서 예수는 누구든지 그를 믿는 자에게, 그리고 '거듭난'자들에게 영생을 주는 존재로 묘사된다.

신약성서에서 하나님을 사랑하고, 또한 하나님의 뜻에 따라 살아가는 것은 지적 능력의 정도에 상관없이 모든 사람에게 가능하다. 예수가 구약성서의 율법을 다음과 같은 두 가지 명령으로 요약했다는 사실은 유명하다. "네 마음을 다하고, 목숨을 다하고, 뜻을 다하여 주 너의 하나님을 사랑하라." "네 이웃을 네 자신 같이 사랑하라." 그런데 여기서 말하는 '이웃 사랑'은 단순한 인간적 애정과는 다르며, 그 본성상 거룩한 것이다. "사랑하는 자들아, 우리 서로 사랑하자. 사랑은 하나님께 속한 것이니, 사랑하는 자는 저마다 하나님으로부터 나서 하나님을 알고, 사랑하지 아니하는 자는 하나님을 알지 못하나니."

'영생'이란 말은 최소한 이 세상에서의 성령 충만하고 하나님을 사랑하는 삶을 뜻하는 것으로 생각할 수 있지만, 한편으로 신약성서에서는 부활, 최후의 심판, 그리고 악한 자들에 대한 영원한 처벌과 모든 신자들에 대한 영원한 생명의 보상에 대해서도 강조하고 있다는 점을 무시할 수 없다. 전통적으로 예수가 십자가에서 죽은 직후에 부활한 것은, 모든 사람에게는 사후에 또 다른 삶이 있으리라는 하나님의 보장을 선언한 것으로 간주된다. 우리에게는 회심한 이후의 영적 생활에 대한 희망이 다음과 같이 제시된다. "그런즉 누구든지 그리스도 안에 있으면 새로운 피조물이라. 이전 것은 지나갔으니, 보라 새것이 되었도다." 하지만 이것은 그야말로 평생에 걸친 과정이며, 그 완성은 우리가 죽은 뒤의 삶에서나 가능한 것으로 보아야 한다.

2) 죄와 구원의 문제

기독교에 원죄의 교리가 있는 것은 사실이지만, 그렇다고 해서 우리가 전적으로 타락했다는 뜻은 아니다. 이는 단지 우리가 결코 하나님의 기준에서 보기에 '완벽한'상태에는 도달할 수 없음을 뜻할 뿐이다. 우리가 살펴본 바와 같이, 여기서 말하는 죄가 본래 기본적으로 성적인 것을 의미하진 않았다. 오히려 결혼의 테두리 안에서의 성은 긍정되었다. 따라서 죄의 진정한 본성은 정신적이거나 영적인 것을 의미했다. 즉 죄는 오만한 것, 하나님의 뜻에 반해 우리 자신의 이기적이니 뜻을 내세우는 것, 그리하여 결국 하나님으로부터 멀어지는 것을 의미했다. 하지만 그렇다고 해서 모든 자기주장이 죄가 된다는 뜻은 아니다.

인간의 타락은 곧 모든 피조물의 타락과도 연관되어 있다. 즉 만물이 하나님의 영광에 이르지 못하는 것이다. 하지만 그렇다고 해서 굳이 이러한 악을 사탄이나 악마의 능력이란 개념으로 의인화할 필요가 있는지는 의문이다. 이른바 선가 악의 두 가지 동등한 힘이 존재한다고 믿는 것은 성서적이라기보다는 오히려 마니교적인 생각이다. 왜냐하면 이 세상에서는 유대인이나 기독교인 모두에게 비록 악이 여러 모습으로 나타나는 것은 사실이지만, 궁극적으로는 하나님이 모든 것을 다스리기 때문이다.

그럼에도 불구하고 아주 오래전에 한 사람이 저지른 잘못 때문에 모든 인간이 비난을 받아야 한다는 것은 공정하다고 할 수 있을까? 마찬가지로, 또 다른 한 사람이 보여준 순종으로 인해 모든 인간이 속죄를 얻거나 '의롭다하심'을 받는다는 것은 정당하다고 할 수 있을까? 마찬가지로, 또 다른 한 사람이 보여준 순종으로 인해 모든 인간이 속죄를 얻거나 '의롭다하심'을 받는다는 것은 정당하다고 할 수 있을까? 이것은 '속죄'에 대한 수수께끼 같은 신학적 이론과도 연관되어 있다. 즉 예수의 생애와 죽음이라는 특정한 역사적 사건을 도구로 삼아, 하나님이 모든 피조물과 하나님 자신 사이의 화해를 도모했다는 것이다.

기독교의 처방은 단지 예수 그리스도의 신비한 '구속사역'만으로 완성되는 것은 아니다. 나아가 이러한 사실이 각 개인에게 받아들여져야만 하며, 또한 교회를 통해 전 세계에 전파되어야만 하는 것이다. 그러나 과연 한 개인이 '구원되기' 위해서 필요한 것이 무엇인지에 대해서는 어딘가 모호한 점이 없지 않다.

구원이라는 근본적인 개념은 속죄는 오로지 하나님으로부터, 즉 하나님이 그리스도를 통해 스스로를 제공함으로써 올 수밖에 없다는 것이다. 우리가 하나님 앞에서 '의롭다'고 여김을 받을 수 있다면, 그것은 우리의 선한 행동을 통해서가 아니라 우리의 믿음, 즉 하나님이 우리에게 한 일을 그저 받아들임을 통해서 가능하다. 우리는 이처럼 하나님이 거저 베풀어 주는 은혜를 통해 구원받았지, 우리 스스로가 한 일을 통해 구원받은 것은 아니다. 하지만 그 못지않게 분명한 사실은 우리에게 자유의지가 있다는 점이다. 즉 하나님의 구원을 받아들임으로써 우리의 삶이 그로 인해 회복되도록 하기 위해서는 반드시 우리 각자가 선택을 해야 한다. 신약성서에는 참회와 믿음에 관한 권유, 그리고 성령 속에서의 삶을 살리는 권유가 그야말로 넘쳐나고 있다.

3) 기독교의 초월적인 성격

성육신, 속죄, 부활, 그리고 세상의 종말에 대한 교리는 인간의 이성에 비추어 볼 때 그야말로 문젯거리가 아닐 수 없으며, 그렇기 때문에 이러한 공식화는 이후의 기독교 전통에서 줄곧 논란의 대상이 되어 왔다. 이 문제에 대한 전형적인 설명은, 이것은 모순이라기보다는 오히려 신비라는 것이었다. 즉 인간의 이성으로는 하나님의 영원한 신비를 이해할 수가 없을 테고, 따라서 하나님이 우리에게 그 자신을 드러낸 이 사건을 그저 믿고 받아들일 수밖에는 없다는 것이다.

이전의 유대교와는 달리, 기독교는 사후의 삶에 대한 확고한 기대를 발전시켰다. 하지만 비물질적인 영혼의 생존이라는 이런 개념은 그리스의 개념과는 전혀 다른 것이다. 기독교인들은 예수의 부활은 역사적 사실이고, 분명한 사건인 동시에 하나님의 유일무이한 행동이었다고 주장한다. 그리고 예수의 부활이야말로 결국 우리 모두에게도 이와 유사한 부활이 가능하리라는 가능성을 보여주고 있다고 주장한다. 하지만 과연 그것을 미래에 이 세상에서도 그와 같은 부활이 보편적으로 이루어질 것이라는 뜻으로 받아들일 수 있을까? 요한계시록에는 기이한 짐승, 전쟁, 고문, 그리고 숫자에 대한 집착까지 비롯해서 종말론적인 사건들의 묘사가 시종일관 넘쳐난다. 아무튼 초기 기독교인들이 옳건 그르건 간에 인류 역사의 종말에 대해서, 그리고 이후에는 인간이 형이상학적으로 전혀 다른 존재로 변화되리라는 데 대해 확고한 기대를 지니고 있었던 것만은 분명하다. 그때에 가서 모두가 '구원받을'것이라고 생각하면 반가운 일이지만, 계시록에는 최후의 심판을 통해 결국 구원받는 자와 저주받는 자를 분류하게 될 것을 예시하는 구절이 상당히 많다. 이와 같은 파국에 대한 예언이나 기대를 우리는 어떻게 이해해야 할까?

상당수의 의식있는 기독교인들 역시 이러한 지적 문제점을 인식하고 있을 것이다. 하지만 그들은 자신들이 교회 예배에 나가거나 성서를 읽음으로써 얻을 수 있는 것 때문에 여전히 기독교인 공동체의 일원으로 남아 있으면서 그러한 정통 교리를 어떤 의미에서 그냥 '받아들이거나', 혹은 그에 '맞춰나가고' 있다. 그런 사람들은 종종 기독교는 단지 이론이 아니라 오히려 삶의 방식이라고 주장한다. 적어도 갈릴레이전서 5장과 고리토전서 15장에 묘사된 '성령의 열매'에 관한 것이라면, 어쩌면 우리 역시 어느 정도까지는 그런 '영적 성장'으로 여겨질 법한 데까지 도달할 수 있을 것이다. 하지만 그런 영적 성장이 오로지 신약성서의 기독교에 고유한 형이상학적, 초자연적, 종말론적 주장을 받아들임으로써만 가능하다는 주장은 상당이 큰 의문의 여지를 남긴다.

그러므로 우리처럼 유한한 이간에게는 최종적인 진실이 주어지지도 않으며, 인간의 본성의 경우처럼 광범위하고도 논란이 많은 주제에 대해서는 차마 모든 진실을 망라하는 것조차도 불가능하다. 그 각각은 우리가 스스로를 이해하는데 그리고 우주 속에서 우리의 위치를 이해하는 데 어딘가 긍정적인 기여를 하기 때문이다. 이렇게 각각의 이론을 서로 합치게 되면, 인간의 본성에 관한 보다 적절한 개념을 형성할 수 있을 것이다. 결론에 해당하는 이 장에서 종합적인 이론의 윤곽을 그려보고자 한다. 이런 융합적인 목표를 위해서는 우선 칸트의 사상 체계야말로 우리가 다른 이론들에서 각기 받아들일 만하다고 생각한 내용을 아무 모순 없는 전체적 견해로 통합하는 데 포괄적이고도 적절한 틀을 제시할 수 있다고 생각한다.

가장 오래 지속되는 형이상학적 논쟁은 하나님, 혹은 천사나 악마나 유령과 같이 어떤 신적이거나 초자연적 존재의 유무 여부를 놓고 벌어진다. 물론 유교에서 말하는 하늘이나, 힌두교에서 말하는 일자, 혹은 브라흐만처럼 인격체는 아니면서 신적인 존재의 본성에 관한 주장 역시 각각의 전통에 따라 불분명하긴 마찬가지다. 그런가 하면 수학의 대상을 포함한 이른바 플라톤적 형상 같은 추상적인 실체의 존재를 놓고서도 순전히 철학적인 논쟁이 없지 않다. 우리로선 단지 이와 같은 문제에 동의하지 않는 것은 물론이고, 이러한 불일치를 해소하기 위한 그 어떤 확실한 방법조차도 지니고 있지 않은 듯하다.

4. 불교와 인간

부처란 '깨달은 자'를 의미한다고 잘 알려져 있다. 부처님의 가르침인 동시에 부처가 되는 길을 제시하는 가르침이기 때문에 불교는 다른 종교와는 현저하게 다른 인본주의적 종교가 된다. 부처는 신 또는 초인적 존재가 아니라, 지상에서 태어나 지상에서 그 육신을 소진하는 인간이기에, 인간으로 태어나 깨달음을 얻으면 부처가 된다.

이렇게 부처가 된 인간이 다른 사람들에게도 부처가 되는 길을 가르친 것이 불교이다. 불교의 기초 교리는 깨달음의 공통 기반을 설명하는 것이라고 말해도 과언은 아니다. 중급 또는 고급 교리를 별도로 제시한 경우라도 이것들은 그 공통 기반에서 벗어나지는 않고, 연관된 문제를 확장하여 더욱 치밀하게 탐구하여 설명한다.

부처를 '깨달은 자'라고 말하는 것은 단어에 대한 설명일 뿐이다. 부처가 도달한 깨달음의 상태를 지시할 때, 부처는 '고통을 극복한 자' 혹은 '고통을 여읜 자'를 가리킨다. 그렇다면 부처의 깨달음이란 '고통이 없는 상태'이며, 부처의 삶이란 '고통을 여읜 삶'이다. 이것은 흔히 말하는 행복이나 안락의 불교적 의미이기도 하다.

1) 인간과 고통

깨달음의 기본 주제는 고통이다. 이 고통은 물론 인간의 고통이고, 부처가 되기 이전에 석가모니라는 인간이 겪은 고통이며, 이 세계에 살고 있는 우리 모두가 겪는 고통이다. 불교는 결국 인간의 고통이 왜, 어디서, 어떻게 유래하는지를 관찰하여, 그 고통에서 벗어나 안락하게 사는 길을 제시한다.

이처럼 고통의 실상을 파악하는 데서 불교가 출발했다는 것은, 불교가 인간학으로서 출발했음을 의미한다. 고통의 실상을 파악하는 일은 곧 인간 자체를 이해는 것으로부터 시작된다. 이것이 깨달음의 일차적인 대상이며, 이에 대한 이해가 깨달음의 공통 기반이다.

깨달음의 일차적인 대상은 인간이란 어떠한 존재인가 하는 의문으로 설정된다. 그리고 이것은 다시 인간과 필연적으로 공존할 수밖에 없는 세계는 어떻게 존재하는가 하는 의문으로 연장된다. 인간에 대한 이해는 세계에 대한 이해와 불가분의 관계에 있다. 이것을 하나로 묶으면, 인간은 세계라는 주변 환경과 어떠한 관계로 살아가는가 하는 의문이 된다.

인간과 세계와의 관계는 다시 두 가지로 구분할 수 있다. 하나는 흔히 사회로 불리는 인간 공동체의 세계이고, 다른 하나는 인간이 사는 터전으로서 자연으로 불리는 환경 세계이다. 흔히 세계라고 말할 때는 이 중에서 후자를 가리킨다. 그러므로 이제 깨달음의 주제는 인간, 사회, 세계로 집약할 수 있다. 그러나 사회와 세계라는 주제도 인간이라는 주제에 귀속된다. 인간에 대한 이해가 자연스럽게 사회와 세계에 대한 이해로 확장되는 것이다.

불교란 무엇인가 하는 의문은 불교에서 설명하고 가르치는 것이 무엇인가 하는 의문과 같다. 불교는 인간을 설명하고, 고통에서 벗어날 수 있는 인간의 행동을 가르친다. 이 설명과 가르침에서는 신과 같은 초인적 존재를 내세워 무작정 따르라고 강요하지는 않는다. 누구나 반성을 통해 각성할 수 있는 경험을 내세워 설명하고 가르치는 것이다. 불교가 인간학인 이유도 여기에 있다.

불교를 인간학으로 이해하는 시각에서는 먼저 "인간이란 어떠한 존재인가?"라고 묻고, 이에 대한 답을 불교에서 찾는다. 여기서는 초세간적인 세계를 앞세우거나 강조하지 않는다. 이는 세속의 인간에 대한 배려가 불교의 시발이라는 사실을 유념하기 때문이다.

인간학의 불교를 이해하기 위해, 불교의 전체 역사에서 전개된 교리와 사상을 모두 끌어낼 필요는 없다. 인간에 대한 이해를 통해, 불교의 가치를 인식하고 지향하여 일상생활에서 유용하게 적용할 수 있다면, 이것만으로도 훌륭한 불교 입문이 될 것이다. 이 같은 불교 입문에서는 바람직한 삶의 자세와 실천 원리를 제시하는 데 중요한 교리들을 이해하는 것으로 충분하다.

2) 인간학으로서의 불교

세계의 여러 종교 중에 인간의 문제를 인간의 입장에서 해결하고자 하는 종교는 불교가 유일할 것이다. 왜냐하면 불교는 인간의 현실과 본질을 신과 같은 초월적 존재의 의지로써 설명하지 않으며, 운명으로도 설명하려 하지 않기 때문이다. 물론 인간이 불완전한 존재로 살고 있다는 시각은 어느 종교나 일치한다. 그러나 그 불완전한 이유와 이의 극복 방안을 인간 자체에서 찾고 있는 종교가 불교이다. 예를 들어 기독교의 인간관과 비교해 보면, 기독교는 인간을 '원죄의 존재'라는 일관된 입장에서 취급하는 반면, 불교는 인간을 무명(無明) 즉 무지의 존재로 파악하고 오직 인간 스스로 그 무지를 제거함으로써 고통에서 벗어날 수 있다고 가르친다. 여기서 말하는 무지는 숙명론적인 순응과 복종을 강요하는 것이 아니라 인간 자신과 세계의 실상에 대한 자각을 유도한다. 무지란 탐욕이나 증오와 같은 그릇된 감정의 폐단을 아랑곳하지 않고 그런 것에 빠져 있는 망상이다.

인간이 무지의 상태에 있다는 점은, 우리가 현실을 냉철하게 응시하고 반성함으로써 납득할 수 있는 사실이다. 이 사실을 인정할 때, 무지는 인간이 스스로 짊어진 멍에이며, 자신의 수행을 통해 자력으로 제거할 수 있는 것으로 이해된다. 바로 여기에 불교 특유의 인간관이 있다. 이로부터 불교는 크게 세 가지 시각에서 인간을 이해한다.

첫째, 인간은 의지적 존재이다. 불교는 외도(外道)의 숙명론적 인간관에 반대하여 인간의 자유 의지를 인정하고 강조한다. 인간의 행복과 불행은 신이나 운명에 의해서 또는 우발적으로 발생하는 것이 아니라, 인간 자신의 의지적 행동에 의해서 초래되는 것이라고 이해한다. 불교는 이 자유 의지에 따른 삶의 다양성을 업과 윤회로 설명하는 것이다.

둘째, 그러나 현실의 인간은 고통을 겪으며 살아가는 존재이다. 그래서 인간은 거의 본능적으로 끊임없이 편하고 즐거운 것을 추구한다. 이런 본능적 욕구는 고통을 감내하면서 극복하려는 의지에 선행한다. 따라서 인간은 자유 의지를 갖고 있더라도 유혹이나 강압에 쉽게 무너지고, 고통을 피하기 위해 오히려 스스로 파멸의 길을 선택하기 일쑤이다. 난관을 스스로 극복할 역량과 의지를 지니고 있으면서도 고통으로 덧없이 무너지는 나약한 존재가 바로 인간이다. 대승 불교의 정토 신앙은 이처럼 나약한 인간을 배려하여 쉬운 구제의 방도로 전개되었다.

셋째, 그럼에도 불구하고 인간은 자신을 스스로 구제할 수 있는 능력을 지닌 존재이다. 인간은 고통이 결국 자기 자신에서 유래한다는 사실을 인정하고 그 궁극적 원인이 무지라고 깨달을 때, 스스로 무지에서 벗어나고자 노력한다. 인간은 자신의 문제를 스스로 해결하는 능력을 지니고 있는데, 이 능력은 인간의 순수한 본성을 깨닫는 데서 발휘된다. 대승 불교는 인간이 지닌 이 능력을 불성 또는 여래장으로 파악한다. 불성이나 여래장은 한마디로 말해서 '무지를 극복하는 본래의 능력'이다.

이상의 시각 중에서 둘째는 인간의 현실을 직시한 것이고, 첫째는 그러한 현실을 초래하는 원리를 직시한 것이며, 셋째는 현실 타개의 근원을 직시한 것이다. 이에 의하면, 인간은 자신의 순수한 본성, 즉 능력을 의지적으로 개발함으로써 고통을 해소하는 존재이다.

후대의 중국 선종에서 자신의 본성을 바르게 직관하는 것으로 성불할 수 있다는 견성성불(見性成佛)이 중시된 것도 이 같은 인간관의 귀결이다. 선종에서 말하는 살불살조(殺佛殺祖)는 말 그대로 받아들이면 부처도 죽이고 조사도 죽인다는 매우 과격한 표현이지만, 그 취지는 부처나 조사의 경지가 나를 벗어나 따로 있는 것이 아니라는 데 있다. 따라서 이 표현은 인간을 초월한 어떤 절대자 또는 부처가 자기의 외부에 있는 것이 아니라는 생각에서 출발하여, 내가 본래부터 부처라는 인간 본위의 자각과 기개를 강조하는 것이다.

3) 불교에서 본 인간의 조건

불교에서 설정한 여러 가지 윤회의 양태로 보면, 인간이 최고의 위치에 있지는 않다. 6도(道) 또는 6취(趣)로 불리는 윤회의 여섯 가지 양태는 지옥, 아귀, 축생, 아수라, 인간, 천(天)이라는 중생 세계이다. 처음에는 이 중에서 아수라를 제외하여 5도 또는 5취라고 불렀다. 낮은 단계에서 높은 단계로 배열한 이 양태에서 인간은 천보다 낮은 단계에 위치한다. 천이란 천상 세계에 사는 신과 같은 존재이며, 해탈하지 못한 인간, 즉 부처가 되지 못한 인간이 얻을 수 있는 최상의 상태이다. 이러한 윤회의 양태로 보면, 중생은 인간으로 태어나서야 천상 세계로 가거나 부처가 될 수 있다. 인간이 존귀하고 인간으로 태어난 것은 큰 행운인 이유가 여기에 있다.

모든 중생에 대한 자비를 중시하는 불교에서는 인간이야말로 최고의 생명체라는 생각을 애써 내세우려고 하지는 않는다. 그러나 "인간의 몸을 받기는 어렵다."라고 말하여, 인간으로 태어난다는 것이 매우 희귀한 일이라는 점을 강조한다. 경전에서는 예를 들어 인간으로 태어나는 것은 우담바라 꽃, 즉 우담화(優曇華)가 3000년에 한 번 피어나는 것과 같다고 설한다. 이보다 더 실감 나게 인간으로 태어나는 인연을 강조하는 것으로는 맹구부목(盲龜浮木)이라는 비유가 있다.

한가운데에 구멍이 뚫린 궤짝이 바다 위를 떠다니고 있고, 100년이 지나서야 겨우 한 번 수면 위로 떠오르는 눈먼 거북이가 있다. 그런데 그 거북이가 바다 위로 떠오를 때, 마침 거기를 떠다니고 있는 궤짝의 구멍 속으로 올라와 쉴 수 있게 된다면, 이것은 참으로 상상하기 어려운 희귀한 우연일 것이다. 인간으로 태어나는 것도 눈먼 거북이가 궤짝의 구멍 속으로 떠오르는 것만큼 희귀한 일이라는 것이 맹구부목의 비유이다.

인간으로 태어나는 것은 이처럼 희귀한 행운이지만, 이 행운은 결코 우연이 아니라는 것이 불교의 가르침이다. 인간으로 태어나는 데에는 인연이 있으며, 이 인연을 조성하는 것은 선한 업이다. 여러 불전들에서는 인간으로 태어날 수 있게 하는 업을 보통 열 가지로 제시하는데, 이것을 10선업이라고 한다. 10선업은 다음과 같은 열 가지 악업을 짓지 않는 것이다. ① 생물을 살상하는 살생(殺生) ② 타인의 소유물을 훔치는 투도(偸盜) ③ 간음으로 남녀의 도덕을 문란하게 하는 사음(邪婬) ④ 사실이 아닌 것을 말하는 망어(妄語) ⑤ 실없고 잡된 말을 하는 기어(綺語) ⑥ 말로써 욕하거나 멸시하는 악구(惡口) ⑦ 이간질하는 양설(兩舌) ⑧ 욕심에서 벗어나지 못하는 탐욕(貪欲) ⑨ 노여움으로 증오나 혐오에 빠지는 진에(瞋恚) ⑩ 그릇된 견해에 빠지는 사견(邪見) 또는 우치(愚癡).

이상의 10악업은 10불선업으로도 불린다. 이것들은 몸과 말과 생각으로 다른 사람들뿐만 아니라 자기 자신을 해치고 인간 사회를 어지럽히는 악행의 근본이다. 앞의 셋(살생, 투도, 사음)은 몸으로 짓는 신업이고, 중간의 넷(망어, 기어, 악구, 양설)은 말로 짓는 구업 또는 어업이며, 뒤의 셋(탐욕, 진에, 사견)은 생각으로 짓는 의업이다. 이 10악업은 인간 세계를 파탄시키는 원인이다. 따라서 10악업을 저지른 중생이 인간으로 태어나지 못할 것임은 당연할 것이므로, 인간으로 태어날 수 있는 조건은 10악업을 짓지 않는 것이다. 10선업이란 이 10악업에 빠지지 않도록 노력하는 것이다.

그러므로 불교에서 제시하는 인간의 조건은 5계와 10선업을 준수하는 것이라고 이해할 수 있다. 이 둘을 구분하자면, 5계는 인간으로 태어날 수 있게 하는 최소한의 조건인 데 비해, 10선업은 적어도 인간으로 태어날 수 있게 하는 조건이다.

4) 깨달음과 해탈

① 8정도

불전에서는 흔히 중생을 열반에 이르게 하는 배 또는 뗏목과 같은 것이 8정도라고 비유한다. 그리고 8정도의 역할을 좀더 구체적으로 알리고자 할 경우에는 열반으로 나아가는 우리의 삶을 수레에 비유하여, 8정도는 수레바퀴와 같다고 한다. 8정도의 항목을 바퀴의 세 부분에 배당하는 이 비유는 8정도의 취지와 중요성을 이해하는 데 매우 효과적이다.

8정도란 정견(正見)은 바른 인식, 정사(正思)는 바른 마음가짐, 정어(正語)는 바른 언어, 정업(正語)은 바른 행동, 정명(正命)은 바른 생활, 정정진(正精進)은 바른 노력, 정념(正念)은 바른 명심, 정정(正定)은 바른 안정이다. 『잡아비담심론(雜阿毘曇心論)』이라는 불전에서는 정어와 정업과 정명은 바퀴통과 같고, 정견과 정사유와 정정진은 바퀴살과 같으며, 정념과 정정은 바퀴테와 같다고 설명한다. 다만 『구사론(俱舍論)』에서는 정념을 바퀴살과 같은 것으로 설명한다.

바퀴가 거친 지면을 구를 때, 바퀴테는 튼튼할수록 지면의 장애들을 잘 견디어 수레를 더 안전하게 한다. 바퀴테가 감당하는 거친 지면이 우리의 산란한 마음과 같다고 한다면, 산란한 마음을 안정시키는 정정이나 이 정정을 도모하는 정념은 바퀴테와 같은 역할을 맡는다.

바퀴의 움직임은 바퀴통으로부터 시작된다. 굴대와 바퀴살이 연결된 바퀴통은 바퀴를 움직이는 동력의 중심인 동시에 기반이 된다. 수행

의 구체적인 활동은 바른 언어와 행동과 생활인 정어와 정업과 정명으로부터 시작된다. 그러므로 이 셋은 바퀴통과 같은 역할을 맡는다.

바퀴살은 어떤 능력을 적용하는 지혜처럼 바퀴통의 동력을 효과적이고 지속적으로 배분하면서 바퀴테가 잘 유지되도록 돕는다. 정견과 정사유와 정정진 또는 정념은 수행 과정에서 정정을 도모하는 지혜를 낳는다. 이 점에서 이것들은 바퀴살과 같은 역할을 맡는다.

이처럼 8정도의 항목들은 서로 협력하여 열반이라는 인격 완성의 수단과 방법이 된다. 8정도는 열반을 보조하기도 하고, 열반에 들어서는 관문이기도 하다. 그래서 『대비바사론(大毘婆沙論)』에서는 열반이 왕과 같다면 8정도는 대신과 같다고 하며, 『열반경(涅槃經)』 북본에서는 열반이 성(城)과 같다면 여래는 문지기와 같고 8정도는 문과 같다고 한다.

② 사성제

부처님의 가르침이 중생을 구제한다는 것은, 불교가 곧 중생의 고통을 치유하는 약과 같고 부처님은 곧 그 약을 처방하는 의사와 같다는 뜻이다. 부처님이 이와 같은 방식으로 구제의 길을 제시한 가르침이 4성제이다. 고

(苦), 집(集), 멸(滅), 도(道)라는 네 가지 진실을 제시하는 4성제에서 고는 질병, 집은 질병의 원인, 멸은 질병이 치유된 상태, 도는 질병을 치유하고 재발을 방지하는 약과 같다.

불교의 모든 가르침은 4성제로 집약된다는 말이 있을 만큼, 부처님이 제시한 인생의 근본 지침이 4성제이다. 이 진리는 부처님과 같은 성자가 세상의 이치를 네 가지로 바르게 파악한 것이므로 4성제(聖諦) 또는 4진제(眞諦)라고 불린다.

4성제는 고, 집, 멸, 도라는 네 가지의 진상을 가르친다. 그래서 4성제의 내용을 편의상 고제, 집제, 멸제, 도제라고 부른다. 그러나 네 가지의 본래 명칭은 각각 고성제, 고집성제, 고멸성제, 고멸도성제이다. 이처럼 네 가지에 한결같이 '고'라는 말이 앞서는 것은, 4성제의 목표가 고통이라는 중생의 병을 치유하는 데 있다는 사실을 명시한 것이다. 우리는 모두 고통에 싸인 상태로 살아가고 있다. 4성제는 우리에게 이러한 진상을 직시하여 바른 행동으로 고통에서 벗어나라고 가르친다.

미혹의 세계에서는 모든 것이 고통이라는 사실을 깨닫는 것이 고성제이다. 이 고통의 원인은 만족할 줄 모르는 욕망에 있다는 사실을 깨닫는 것이 고집성제이다. 그리고 그 욕망이 사라질 때 가장 안락하고 평온하게 살 수 있다는 사실을 깨닫는 것이 고멸성제이다. 끝으로 이와 같은 삶을 얻기 위해서 여덟 가지 바른 길, 즉 8정도를 실천하는 것이 고멸도성제이다.

4성제는 인생의 지침으로서 우리의 일상 생활에 적용할 수 있는 실용적인 가르침이다. 예를 들어 자기에게 부닥친 현실의 문제를 냉철하게 파악하는 것은 고성제이다. 여기서 나를 괴롭히는 난관의 원인을 규명하는 것은 고집성제이다. 그리고 그 원인을 해소할 방안을 강구하고 이상적인 목표를 추구해 가는 것은 고멸성제이다. 이제 강구한 방안을 목표에 부합하도록 구체적으로 실천해 나가는 것은 고멸도성제이다.

모든 일에는 그 원인이 있다. 잘못된 결과가 초래되었다면, 우리는 당연히 그 원인을 밝혀 제거해야 한다. 이것은 인생의 자명한 이치이다. 4성제는 이 자명한 이치를 우리 자신에게 냉철하게 적용하여 바른 길을 따르고 실천하라고 가르친다. 그럼에도 그 자명한 이치가 잘 이해되지 않는다면, 우리가 거의 무작정 따라야 할 것은 우리의 병을 치유하는 구체적 방법인 8정도이다. 8정도의 정신을 이해하고 실천하는 것은 그대로 4성제를 따르는 삶이 되기 때문이다.

5. 힌두교와 인간

힌두교를 개관하여 정리한다는 것은 매우 어려운 일이다. 왜냐하면 다른 종교 전통과는 달리 힌두교는 창립자도 없고, 역사적 기원도 분명치 않으며, 기본적인 경전도 없기 때문이다. 더군다나 힌두교는 그야말로 극단적이고, 다양한 실천양식과 신앙을 모두 포괄하는 전통이 있기 때문에, 일반화를 시도하는 것이 매우 어려운 작업일 수밖에 없다. 그러므로 힌두교를 어느 한 가지 경전에 근거해 설명하려는 시도는 잘못일 수밖에 없다.

그럼에도 불구하고 이른바 힌두교 철학의 주요 교리를 담고 있는 '기본 경전'을 굳이 찾는다면 아마도 주요 우파니샤드를 모은 선집 정도가 이에 해당할 것이다. 우파니샤드라는 일군의 경전들은 힌두교의 역사에서 결정적인 역할을 해왔다. 실재의 궁극적 본성에 대한 고도로 사변적인 사상을 담고 있는 우파니샤드야말로 세계에서 가장 지적인 창조물 가운데 하나라 할 수 있다. 비록 우파니샤드가 단일한 철학 체계를 대표한다기보다는 오히려 때로는 모순적인 사상을 표현하기도 하지만, 그 전반적인 주제는 존재론적인 단일성, 즉 만물이 근본적으로 서로 연관되어 있다는 믿음에 대한 것이다.

1) 우주에 관한 이론

힌두교에서는 우주 전체의 배후에는 단일하며 통일적인 원칙이 존재한다는 믿음이 있다. 궁극적인 깨달음의 단계에 이르면, 겉으로는 다양성이 지배하는 이 세계가 결국 서로 연관된 통일성 가운데 하나임이 드러난다는 것이다. '브라흐만'이라는 말은 '자라난다', '팽창한다', '늘어난다'는 뜻을 지닌 산스크리트에서 유래했다. 초기에는 성스러운 말을 가리켰지만, 시간이 흐르면서 이 세계를 유지하는 힘과 동일시되었다. 그리고 우파니샤드 시기에 와서는 '궁극적 실재', 즉 존재의 제1원인, 또는 존재의 절대적 근원이라는 주된 의미로 정착되었다.

"처음에는 이 세상에 아무 것도 없었다." 하지만 이 무(無)로부터 수많은 것이 나올 수 있다. 왜냐하면 힌두교의 전통에서는 대개 이 근원적인 무로부터 전우주가 나왔다고 주장하기 때문이다. 마치 현대의 '빅뱅'이론과도 유사하게 무한한 단일성의 근원적이면서도 미세한 한 점으로부터 팽창이 일어났다고 묘사하고 있다.

태초에는 오로지 하나이며 단일하며 통일적인 원리, 즉 '브라흐만'밖에 없었다. 그러나 브라흐만은 혼자여서 외로웠고 "전혀 즐겁지 않았다." 이런 외로움 속에서 브라흐만은 다른 하나를 열망한 나머지 스스로 두 부분으로 즉, 남자와 여자로 나뉘었다. 모호한 중성의 원래 상태에서 떨어져 나온 남성과 여성은 곧바로 성관계를 갖기 시작했고, 그로 인해 전우주가 갖가지 형태로 탄생했다. 즉 미처 분화되지 않은 단일성의 근원적인 한 점이 스스로 나뉘었으며, 외부로 팽창하면서 다양한 형태를 지닌 현상 세계를 만들었던 것이다. 이러한 창조에 대한 설명은 실재의 진정한 본성을 또한 그 현실 내에서 존재의 궁극적 목표를 표현하고 있다. 이러한 근원적인 단일성은 결코 사라지지 않는다. 그저 다양한 형태의 외양을 취할 뿐이다.

우주의 기원에 대한 이러한 이론은 단일성과 다양성을 동일한 것으로 인지한다. 비록 다양한 이름과 형태를 지니고 있긴 하지만, 우리가 감각을 통해 경험하는 이 세계는 결국 단 하나의 실재일 뿐이다.

'브라흐만'에는 다양한 형태의 세계를 완전히 벗어난 측면도 하나 있다. 『브리하다란야까 우파니샤드(Bṛhadāraṇyaka Upaniṣad)』에서는 '브라흐만의 두가지 측면'을 언급하는데, 그것은 형태와 무형태, 즉 "형태가 있는 브라흐만과 형태가 없는 브라흐만이다." 형태가 있는 브라흐만은 모두 유형적이고 변화하는 것인 반면, 형태가 없는 브라흐만은 무형적이고 불변하는 것이다. 구체적인 사물들의 세계는 끝없이 흐르고 항상 변화한다. 그 어떤 것도 영원히 그대로일 수는 없다. 그런 반면, 만물을 낳은 무는 영원하고 불면이다. 이것은 영원히 그대로이다. 하지만 여기서 중요한 사실은 이 두 가지가 서로 다른 실재가 아니라, 오히려 하나의 실재를 서로 다른 시각에서 바라본 것에 불과하다는 점이다. 즉, '브라흐만'은 우리가 감각을 통해 경험하는 이 세계를 완전히 넘어선 것이다.

2) 힌두교와 인간의 본성

모든 생명이 서로 연관되어 있다는 인식 속에는 인간의 본성에 관한 이론에 대해서도 분명한 암시가 들어 있다. 『브리하다란야까 우파니샤드』에 따르면 우리와 같은 인간뿐 아니라, 다른 모든 것 역시 우리의 동족이라는 것이다. 궁극적 자아는 다른 존재와 별개로 움직이는 자율적인 단위가 아니라, 오히려 이처럼 서로 연관된 실재의 그물망의 일부분인 셈이다. 우파니샤드에서는 자아가 일시적이며, 또한 다른 자아들로부터 이탈된 것이라고 확고하게 주장한다. 즉 자기를 의미하는 '자아'는 곧 내 몸과 그 사회 환경을 말한다. 본질적인 자아는 '아트만'으로 정의된다. 반면 우리의 일상적인 자아는 단순히 유한하고도 조건부에 불과한 가면으로, 우리의 진정하고 무한한 본성을 덮어 가리고 있는 것이다.

우파니샤드의 중심적인 가르침을 요약하자면, 진정한 자아는 곧 실재의 영원한 차원이며, 그 영원한 차원은 곧 '브라흐만'의 지고한 실재라는 것이다. '아트만'이 곧 '브라흐만'과 동일시되기 때문에 그것은 또한 모든 생명의 원천이자, 모든 존재의 뿌리로 정의된다. "거미가 거미줄을 따라 움직이고, 불의 불똥들이 사방으로 흩어지듯, 이 아트만으로부터 모든 감각기관들과 모든 세계와 모든 신, 그리고 모든 생명체들이 나왔습니다. 이 비밀스런 가르침은 곧 그것을 증명하고 있으니, 아트만은 곧 그들 모두의 진리인 것입니다." 결국『브리하다란야까 우파니샤드』는 인간의 본질적인 자아가 개별성, 한계, 고통, 그리고 죽음조차도 초월한다고 가르친다. 아울러 '아트만'에 대하나 또 하나의 일반적인 정의는, 이것이 모든 생명을 '안에서 움직이게 하는 자'라는 것이다. '아트만'은 단순히 의식의 대상이라기보다는 오히려 의식의 주체이거나, 또는 의식의 조용한 관찰자라고 할 수 있다. 우파니샤드의 주된 목표는 육체와 연관된 일시적인 자기-자아로부터, 만물과 결코 다르지 않은 영원하고 무한한 자아에게로 우리의 정체성을 이전시키는 것이다. 다른 말로 하자면, 그 목표는 '아트만'이 곧 '브라흐만'임을 깨닫는데 있다. 우파니샤드에 따르면, 우리의 현재 인생은 길고 긴 일련의 죽음과 환생의 과정 가운데 단 하나에 불과할 뿐이다. 우리의 현재 인생이 끝나면, 우리는 새로운 몸을 갖고 다시 태어난다.

『브리하다란야까 우파니샤드』에서는 사후경험으로 다음과 같은 두 가지의 가능성이 소개된다. 첫 번째 가능성은 이번과 같은 인생으로 되돌아오는 것이다. 사후에 인간의 몸은 화장에 처해진다. 속세의 삶을 승화시켜 종교적 희생을 바친 사람들은 연기로 화한다. 그리고 이들은 다시 밤으로 화하고, 결국에는 죽은 자들의 세계에 도달한다. 그리고 거기서 다시 달로 가고, 달에서 다시 비가 되고, 비가 되어 다시 흙으로 되돌아온다. 흙에 도착하면, 그들은 음식이 된다. 이 음식을 먹은 남자가, 아그니를 통해 이 음식을 여성에게 주입하면, 다시 사람들이 되어 그곳에서 재탄생하는 것이다. 이처럼 삶과 죽음이 줄곧 반복되는 순환이 사람들 대부분의 인생을 규정한다. 여기서는 이러한 존재의 순환이 주는 즐거움은 매우 긍정적인 것으로 제시된다.

두 번째 가능성은, 숲에 살면서 최고의 지식을 성취한 명상가의 길이다. 이들이 죽어서 화장에 처해지면, 이들은 불꽃으로 화한다. 이들은 불꽃에서 다시 낮으로 화하고, 결국 신들의 세상에 도착한다. 그곳에서 이들은 다시 태양으로 화한다. 대부분의 힌두교 신화에서 태양은 이 세상을 벗어나는 문을 상징한다. 따라서 여기서도 최고의 지식을 성취한 사람들은 태양으로부터 다시 '브라흐만'의 세계에 도달하고, 이후 그곳에 머물면서 다시 속세의 인생으로 돌아오지 않는다. 이것은 '모크샤', 혹은 삶과 죽음이 계속되는 순환으로부터의 '자유'를 나타내는 초창기의 상징 가운데 하나다.

그러나 인간의 존재에서 주된 문제점은 우리가 실재의 진정한 본성에 대해 무지한 것이다. "이 세상에서 이 불멸의 존재를 알지 못하고 떠나는 사람은 비참하오." 이 구절에서 우리는 결국 불멸의 '브라흐만'을 아는 것에 인생의 성패가 달려 있음을 알 수 있다. 단일하고도 무한한 '브라흐만'에 대한 지식이 없으면 우리는 오로지 평범한 의식의 대상만을 지각할 수 있을 뿐이고, 따라서 단편적이고 일시적이니 형태의 죽어가는 세계와 완전히 동일시되는 운명으로 인해 괴로움을 겪게 된다.

실재의 진정한 본성에 대한 무지는 곧 우리 자아의 진정한 본성에 대한 무지와 마찬가지다. 달리 말하자면, 인간의 곤경은 결국 심각한 정체성 문제로 인해 야기된 것이다. 즉 우리 자신이 진정으로 누구인지를 알지 못하기 때문이다. 따라서 우리는 스스로 일자인 '브라흐만'과 동일시하는 대신, 오히려 파편적이고 또한 겉보기에는 연결되어 있지 않은 다양성의 현상세계와 동일시하는 잘못을 범한다. 우리는 무한한 피조물이지만, 그럼에도 불구하고 극도로 제한적이고 유한한 인성에만 연연하는 것이다. 따라서 인간의 상태는 계속되는 파편화, 고립, 고독의 경험에 불과하다. 결국 우리의 사회에는 범죄와 적대적인 대립이 만연하게 되는데, 이는 바로 우리 자신의 개별성에 대한 믿음에 근거하는 것이다. 또한 우리는 실존적 불안을 겪게 되는데, 이 역시 서로 연관되지도 않고 일시적인 것에 불과한 자아에 어떤 의미를 부여하기 때문에 생겨난 것이다.

우파니샤드에 따르면 혼자인 개인의 삶은 결코 자유롭지가 않다. 개별적인 자아에 대한 믿음에 근거하는 삶은 크게 조건화되고 한정될 수밖에 없기 때문이다. 이처럼 삶을 결정짓는 요소를 바로 '카르마'라고 하는데 현자 야쟈발끼야는 '카르마'를 이렇게 설명한다. "만드는 대로 행하는 대로 그대로 되리니, 선한 일을 하면 선한 자가 될 것이고, 악한 일을 하면 악한 자가 될 것입니다. 선이란 선한 행위로 만들어지는 것이요, 악이란 악한 행위로 만들어지는 것입니다." 자율적인 자아에 대한 믿음에 근거하는 인간의 일상적인 삶은 실상 무척이나 불확정적이며, 다만 이전의 행동이 빚어낸 힘에 의해 규정된다. "그가 원하는 대로 그대로 의지가 생기고, 의지가 생김으로써 업을 쌓고, 업을 쌓음으로써 드디어 얻게 되는 것입니다." 우리는 욕망에 따라 행동하며, 그 욕망 자체는 어떤 이전의 행동의 결과로, 우리의 무의식적 정신에 기록되어 있는 것이다. 그러한 욕망은 어떤 행동의 동기로 나타난다. 그 동기에 의해 이루어진 행동 역시 우리의 정신에 또 다른 인상을 남겨두게 되고, 그로 인해 또 다른 욕망의 성격이 결정되며, 이 또 다른 욕망은 곧 또 다른 미래의 행동의 뿌리가 된다. 이것이 바로 심리학적 속박의 순환, 즉 우리 인간이 처한 곤경의 모습인 것이다.

우파니샤드에서는 궁극적인 자유를 얻을 수 있는 가능성을 대게 낙관하고 있다. 일반적으로 말하자면, 자유를 향한 우파니샤드의 길은 특별한 종류의 지식을 획득하는 것과 관련되어 있다. 일반적인 지식은 결코 우리의 속박의 사슬을 끊을 수 없다. 『브리하다란야까 우파니샤드』는 결국 우리가 무엇인지를 아는 일반적인 방식에 대한 집착에서 벗어나야 한다고 분명히 말한다. 결국 우리가 경전의 중요한 의미를 체득하고, 학문적인 면에서도 전문가가 되고 나면, 우리는 더 이상 배움에 의존하지 않게 되고, 오히려 어린아이와 같은 단순하고도 자발적인 상태로 돌아가려 한다는 것이다.

3) 논란 거리

힌두교에서도 주된 논란 가운데 하나는 궁극적 실재를 비인격적이고 절대적인 것으로 보는 쪽과, 궁극적 실재와의 개인적 관계를 강조하는 쪽 사이에서 벌어졌다. 힌두교 전통 가운데서도 가장 대표적인 두 인물, 샹카라(Adi Shankara)와 라마누자(Ramanuja)는 힌두사상과 관습에서도 가장 영향력 있는 두 학파를 대표하는 인물이었다.

① 샹카라의 아드바이타 베단타(advaita vedanta)

샹카라는 인도는 물론이고 서구에도 널리 알려진 힌두교 철학자 가운데 한 사람이다. 이른바 '아드바이타(Advaita 不二論)'라는 그의 철학 체계는 힌두교 내에선 영향력이 비교적 적었던 반면, 오히려 서구에서 힌두교를 이해하는 데서는 지나치게 중시된 감이 없지 않다. 이른바 '브라흐만'을 안다는 것은 무슨 의미일까? 샹카라는 우파니샤드에 근거하여 제시된 이와 같은 중요한 질문에 대해, 일관성 있고 통일된 견해를 공식화한 최초의 인도 철학자들 가운데 한 사람이었다. 샹카라에게 '브라흐만'은 유일한 진리였고, 이 세계는 궁극적으로 실재가 아니며, 신과 개인의 영혼 사이의 구분은 단지 환영에 불과했다. 샹카라에게 '브라흐만'은 유일한 실재였다. 이것은 절대적이고 비분화된 실재이며, 결코 둘이 아닌 하나이고 어떠한 특성도 없다. 그는 '브라흐만'에 대한 최고의 깨달음을 얻고 나면 곧 주체와 객체 사이의 모든 구별이 사라져버린다고 이해했기 때문에, 결국 다양성의 세계는 거짓일 수밖에 없다고 결론지었다.

샹카라에게 다양성이란 모두 환영적인 지각의 산물로 간주되었기 때문에, 그가 개인의 영혼 역시 환영이라 하여 결국 거부했다는 사실은 그리 놀라울 것도 없다. 비록 '지바', 혹은 개인의 영혼은 단순히 몸과 연계된 자기 정체성이 아니라 오히려 더 높은 수준의 깨달음과 연관되어 있긴 하지만, 상카라의 최종적 해석은 결국 이것 역시 실재가 아니라는 것이었다. 샹카라에게 진정한 자아는 '아트만'이고, 그는 이것을 순수한 의식으로 정의한다. 곧 진정한 자아는 '카르마'의 제한적인 영향력으로부터 영원히 자유롭다는 뜻이다. 자유로워지기 위해서는 오로지 이러한 속박이 정신적 구조물이라는 사실만 깨달으면 된다. 샹카라는 자아가 모든 경험을 초월한 것이라고 주장하는데, 왜냐하면 경험은 항상 그것을 경험하는 주체와 경험되는 객체 사이의 차이와 연관되어 있기 때문이다. 따라서 깨달음의 최고 수준에 이르면 개인의 영혼, 곧 모든 경험의 주체는 환영이 되어 사라져버린다. 그리고 진정한 자아는 '브라흐만', 즉 절대적이고 단일한 존재의 근거와 동일한 것으로 선언된다.

샹카라의 주장에서 본질적인 요소는 이처럼 욕망에 의해 생산된 다양성을 능가하는 단일성이라 할 수 있다. 최고의 영적인 길은 우리에게 "나는 곧 브라흐만이다."라는 통찰력 있는 깨달음을 가져다주기 위한 명상의 수행으로 구성되어 있다. 그는 이처럼 명상함으로써 진정한 자아를 깨닫는 수행을 '사마디'라고 부른다. 하지만 우리가 이런 수행을 하기 위해서는 무엇보다도 먼저 일상적인 사회 활동과 가정 활동으로부터 물러나고, 또한 감각으로부터 얻은 자료에 대한 일상적인 신뢰에서 벗어나야만 한다. 즉 샹카라의 이론에서 비롯된 가장 현저한 결과는 곧 이 세상을 저버리려는 성향이다.

② 라마누자의 비시슈타 아드바이타 베단타

샹카라의 견해에 정반대되는 시각에서는 신의 인격적 특성이 곧 궁극적인 속성이지 결코 우리가 초월해야 할 환영은 아니라고 주장했다. 샹카라의 호적수로 유명한 라마누자는 당시 슈리 바이슈나바 종파로 알려진 남부인도의 신앙 운동에서 중요한 신학자이자 베단타 해석자였다. 그의 철학 체계는 비시슈타 아드비아타(Vishishta Advaita, 限定的不二論)라고 일컬어졌는데 왜냐하면 그의 이론은 개별적인 사물들을 실재로 인정하는 동시에, 불이적인 실재의 속성으로도 이해했기 때문이다. 라마누자의 철학은 단일성과 다양성 모두를 긍정했기 때문에, 신과 세계와 자아의 특성에 대해서도 샹카라와는 아주 다른 견해를 낳게 되었다. 샹카라와 마찬가지로, 라마누자 역시 '브라흐만'이 유일한 실재라는 우파니샤드의 주장을 받아들인다. '브라흐만'이라는 단어는 다른 무엇보다도 모든 상서로운 특성을 그야말로 무한한 정도에 이르기까지 보유한, 또는 세속의 더러움으로부터 완전히 자유로운 지고의 인격체를 의미한다. 라마누자는 굳이 '브라흐만'과 신을 구분하지 않으려 한다. 따라서 그는 '특성이 없는' 브라흐만이라는 샹카라의 주장을 뒤집어, 이른바 '특성이 있는' 브라흐만이 그보다 우월하나 형태라고 주장했다.

라마누자에 따르면, 우리가 목표로 삼아야 할 특별한 종류의 경험은 다름 아닌 무한하고도 놀라운 특징을 지닌 '주님'으로서의, 또는 보다 쉽게 설명하자면 신의 사랑으로서의 '브라흐만'에 대한 축복된 지식뿐이다. 하지만 이러한 관계가 가능하기 위해서는 아는 주체, 혹은 사랑하는 자와 알려지는 객체, 혹은 사랑받는 자 사이의 구분이 반드시 필요하다. 라마누자에게 이 세계는 실재이며, 다양해지고자 하는 신의 욕망으로부터 창조된 것이다. 즉 세계는 '브라흐만'의 실제 변화의 결과인 것이다. 힌두교도들은 이 세계가 결국에는 환영에 지나지 않는다는 샹카라의 이론보다도 오히려 라마누자의 견해를 더욱 선호했다. '마야'라는 단어는 비실재나 거짓을 의미하는 것이 아니라, 오히려 놀라운 결과를 만들어내는 힘을 의미한다. 따라서 라마누자가 이 세계를 보는 관점은 훨씬 긍정적이며, 실제로 이 세계를 '신의 몸'으로 묘사하는 데까지 나아간다. 그는 '브라흐만'을 가리켜 "우주의 창조자이며, 보존자이며, 파괴자이며, 우주에 널리 퍼져 있으며, 우주에 내재하는 지배자이다. 이 세계 전체가, 호흡이 있는 것과 없는 것 모두가 그 몸을 구성한다"라고 한다.

6. 이슬람교와 인간

우리나라에서 이슬람교(Islam)는 아직은 많이 생소한 종교이다. 우리에게는 일반적으로 전지전능(全知全能)한 알라(Allah, 神)의 가르침이 대천사(大天使) 가브리엘을 통하여 무함마드(Muhammad, 마호메트)에게 계시되었다는 정도가 알려져 있다. 그러나 이스람교는 우리가 생각하는 이상으로 널리 알려진 종교로, 이슬람을 믿는 사람들의 자부심도 매우 강한편이다. 이슬람의 교리는 앞에서 살펴본 바와 같이 구약성서와 깊은 관련을 맺고 있는데, 무슬림(muslim)들은 유대교·그리스도교 등 유대계의 여러 종교를 완성시킨 유일신 종교임을 자처한다. 유럽에서는 창시자의 이름을 따서 무함마드교라고 하며, 중국에서는 위구르족[回紇族]을 통하여 전래되었으므로 회회교(回回教) 또는 청진교(淸眞教)라고 한다. 한국에서는 이슬람교 또는 회교(回教)로 불린다.

1) 이슬람교의 세계관

알라는 다신교 시대부터 메카에서 최고신으로 숭배되어 왔는데, 무함마드는 한 걸음 더 나아가 다른 모든 신을 부정하고 오직 알라만을 유일신으로 내세웠다. 알라는 만물의 창조주이며, 이와 동등하거나 비교될 존재는 없다.

이슬람교에서는 알라를 다음과 같이 숭배한다. 모든 피창조물과는 엄격한 거리가 있으면서도 사람들의 경동맥(頸動脈)보다도 더욱 가까이 있다. 알라는 이 세상 모든 것을 주지만 아무 대가를 요구하지 않는다. 마음은 어디까지나 관대하고 자애에 넘쳐 잘 용서하고, 잘 들어 주고, 잘 보아 준다. 알라는 진리이며 빛이며 "동도 서도 알라의 것, 어느 쪽을 향해도 알라의 얼굴은 거기에 계신다. 골고루 존재하며 모든 것을 알고 계신다"(코란 2:11)고 한다.

알라의 계시를 모은 것을 『코란(Koran)』 또는 『쿠란(Quran)』이라고 하는데, 이것은 무함마드가 말한 내용으로서, 그가 죽은 뒤 신도들이 수집・정리한 것이다.[9] 현재의 『코란』은 650년경, 제3대 칼리프인 오스만의 명을 받들어 만들어진 표준본이다.

이 경전은 이슬람의 교의・제도, 무함마드의 생애와 사상을 알 수 있는 근본 문헌이며, 무슬림들은 이것을 독송할 때마다 법열(法悅)의 경지에 빠져 감격의 눈물을 흘릴 만큼 힘과 미를 갖춘 것이지만 그 진가는 아랍어로 된 원전에 따르지 않고는 좀체로 이해하기 힘들다.

『코란』은 무함마드에게 계시된 바를 해설이 없이 모은 것이므로, 이것을 이해하기 위하여서는 후세 학자들이 쓴 많은 주석서(注釋書)에 의존해야만 한다. 그렇지만 이슬람의 법학・신학의 최고 근원은 역시 『코란』에 있다.

2) 이슬람의 근본원리

'이슬람'이란 복종을 의미한다. 그러므로 '알 알이슬람'은 "유일 절대의 알라의 가르침에 몸을 맡긴다"는 말로서 즉 '귀의(歸依)'를 뜻한다. 그 가르침은 모두 명확한 아랍어로 계시되었고 무함마드도 이것을 아랍어로 전달하였다는 점이 중요하다. 또한 이슬람교도를 나타내는 '무슬림'도 원래는 '귀의하는 자'를 의미한다.

"알라 이외에 신은 없다"는 것이 이슬람교의 신조이며, 후에 "무함마드는 알라의 사자(라수르)이니라"가 추가되었다. 이 성구(聖句 : 카리마)를 외

9) 이후로 『코란』으로 부를 것이다.

는 일은 신도의 중요한 의무의 하나로 되어 있다.

알라의 가르침을 모은 『코란』에는 믿음이란 어떤 것인가에 관하여 "믿음이란, 그대들의 얼굴을 동으로 또는 서로 돌리는 데 있는 것은 아니다. 그보다 믿음이 있는 사람이란, 알라와, 최후의 날(최후 심판의 날)과, 천사들과, 여러 경전(經典)과, 예언자들을 믿는 사람이다" 라고 말하고 있으며, 이 모든 사항을 믿는 것을 '이만'이라고 한다.

또 오로지 알라만을 믿고 그 외에 아무것도 숭배하지 않으며, 예배·희사(喜捨)·재계(齋戒) 등의 근행(勤行)을 게을리하지 않는 것만이 알라에 귀의하는 길인데, 이것을 '이슬람'이라고 칭한다. '이만'을 지닌 사람을 '무민', 이슬람에 입교한 사람을 '무슬림'이라고 부르므로, 이것들 모두가 이슬람교 신자의 호칭이다.

3) 이슬람 신앙의 요소

이슬람 신앙을 구성하는 요소는 다음의 셋으로 분석된다. 첫째는 '지(知)'인데, 이것은 알라의 계시를 잘 이해하는 것을 말한다. 둘째는 '언(言)'인데, 마음으로 알고 또한 믿는 바를 말로 표현하는 일이다. 셋째는 '행(行)'인데, 이슬람교도로서의 의무(즉 5주 등)를 열심히 실행하는 일이다.

오주(五柱)란 무슬림이 실행해야 할 중요한 의무 다섯 가지를 말한다. 이것을 오주(아르칸 알이슬람:Pillars of Islam)라 하며, 이들 의무를 다함으로써 알라에게 봉사하는 일을 '이바다트(奉化 또는 勤行)'라고 한다. 『코란』에서는 희사와 단식(斷食)을 중요한 봉사로 들고 있으나, 후세에 이르러 다음의 다섯 가지를 가리키는 것이 상례로 되었다.

또한 신앙의 요소에는 증언, 예배 등이 있다. 증언 또는 고백(샤하다)은 "나는 알라 이외에 신이 없음을 증언합니다. 또 나는 무함마드가 알라의 사자임을 증명합니다"를 입으로 암송하는 것을 말한다. 예배(살라트)는 일정한 시각에 규정된 형식에 따라 행하는 예배를 말하며, 개인적으로 수시로 행하는 기도는 '두아'라고 부른다. 예배를 드릴 때는 반드시 메카가 있는 쪽을 향하고 행한다. 이 외에도 단식(샤움), 순례(하주) 등이 있다.

4) 이슬람인의 삶

이슬람 세계는 많은 이민족을 포함하고 있어 그들은 각각 오랜 전통을 지니고 있으므로 그 사회의 요소는 지극히 복잡하고 다양하다. 그럼에도 불구하고 광대한 지역에 분포하는 많은 무슬림은 하나의 형으로 통일되어 공통의 생활방식을 취하고 있다. 그것은 샤리아(이슬람법)로써 통제되어 있기 때문이며, 샤리아는 『코란』과 『하디스 Hadith』(무함마드와 그의 추종자들의 전설에 관한 서적에 사용되는 명칭)에 입각하여 제정된 이슬람법이다. 무릇, 무슬림된 자는 출생에서 사망까지 이 샤리아에 따라 생활하도록 요구된다.

인간의 행위는 5가지로 크게 나누어지는데, ① 반드시 행해야 하며 이것을 하면 보상을 받고 하지 않으면 벌을 받는 것, ② 가상(可賞)할 행위로, 이것을 행하면 보상받으나 행하지 않아도 벌을 받지 않는 것, ③ 허용된 행위로, 이것은 행하여도 보상도 없고 벌도 받지 않는 것, ④ 바람직하지 못한 것으로, 이것은 행하여도 벌을 받지 않지만 그래도 행하지 않는 편이 좋은 것, ⑤ 금지된 것으로 이것을 행하면 알라의 벌을 받는 것이다(하람, Haram:이슬람법 용어). 예를 들어 돼지고기를 먹거나 음주하거나 하는 일은 하람 ⑤에 해당한다. 그러나 하람에 대하여는 시대와 지방에 따라 의견의 차이가 있어 약간은 허용되는 경우도 있다.

중세 이래 모스크는 교도의 생활중심이 되어 왔으나 11세기 투르크가 각지에서 지배권을 장악한 뒤부터는 오로지 예배장소로만 되고, 그 밖의 기능은 상실하게 되었다. 그러나 모스크를 생활의 중심으로 삼고, 한편으로는 샤리아에 따라 규정된 생활을 영위하는 것이 이슬람교도의 일상생활이라고 할 수 있다.

5) 인간의 본성

이슬람의 세계관에 따르면, 알라가 인간(남자와 여자)을 창조하실 때 선천적으로 선하고 죄가 없는 순수한 상태로 창조했다고 한다. 이러한 상태를 아랍어로 "피뜨라(인간의 창조본성, Fitrah)"라고 한다. 순수한 갓난아기처럼 부모나 조상의 죄악을 짊어지지 않은, 완전히 깨끗한 상태로 출발하게 된다는 것이다.

> "그러니 하나님 한 분만을 경배하는 종교(이슬람)를 위해 그대의 얼굴을 굳건히 하라. (그 종교는) 하나님께서 두신 창조 본성(피뜨라)으로, 그분께서는 인간을 '피뜨라'의 상태로 창조하셨노라. 하나님의 창조에 변질이 있어서는 안되노라. 그것이 올바른 종교이나 많은 이들이 알지 못하더라."(꾸란 제 30장 30절)

인간은 진실 및 선과 거짓, 악을 구별할 수 있게 해주는 내재적인 도덕관념을 가지고 태어났다. '선'은 알라를 기쁘게 하고 인간에게도 이로운 모든 것으로 정의할 수 있고, '악'은 알라의 분노를 유발할 뿐만 아니라 인간에게도 해로운 모든 것으로 정의할 수 있다. 비록 알라가 인간을 선천적으로 선한 상태로 창조하기는 했지만, 그분께서는 또한 인간에게 선과 악 모두를 행할 수 있는 능력을 부여하였다. 즉, 알라는 우리에게 선행과 악행을 선택할 수 있는 자유를 주었다. 선과 악의 존재는 따라서, 인간이 선택하는 자유 및 행동에 대한 책임과 밀접한 관계에 있다. 악은 인간의 의도와 행동으로부터 오는 것이다. 악은 알라에게서 오는 것이 아니며, 그러므로 알라는 악에 대한 책임이 없다.

태어날 때와 같은 순수하고 죄 없는 상태를 유지하기 위한 인간의 주된 임무는 악을 피하고 멀리하는 것이다. 이것이, 코란에서 타끄와(Taqwa; 알라에 대한 경외심)를 끊임없이 강조하고 있는 이유이다. 타끄와는 하나님을 의식하고 하나님께서 마련하신 한계를 넘지 않도록 주의하는 것을 뜻한다. 이것은 악과 유혹에 대한 방어라고도 할 수 있다. 타끄와를 잘 유지함으로써 인간은 그가 타고난 창조본성의 상태에서 크게 벗어나지 않게 된다. 앞서 말했듯이 인간은 자신이 타고난 선한 본성을 거스를 수 있는 능력을 가졌기 때문에 그러한 본성을 지킨다는 것이 종종 힘든 일일 것이다. 인간은 인간 특유의 나약함을 지니고 있다. 이 같은 나약함을 코란에서는 아랍어로 '다으프(da'f)'라고 칭하고 있으며 '옹졸함' 또는 '좁은 마음'으로도 번역될 수 있다. 지각 있는 사람이라면 자신의 선한 본성을 따르고 선한 의도와 행동을 통해 이 착한 본성을 공고히 해나가기 마련이다. 그러나 인간은 종종 스스로 어리석은 생각을 하며 또한 다른 우매한 피조물에 의해서 나약해지고 마음이 편협해지기도 한다. 이는 자만이요, 이기심이요, 타인에 대한 증오심이요, 또 다른 형태의 죄악이라고 할 수 있다. 이로 인해 탐욕과 약탈, 파괴, 강탈전과 같은 또 다른 형태의 불공정함이 발생하는 것이다.

악에 탐닉하면 할수록 인간의 순수한 마음은 녹슬어 악에 파묻히게 되고, 결국에는 그 어떤 좋은 것도 그 닫힌 마음에 선한 영향을 끼칠 수 없는 상태에 이르게 된다. 이러한 상태가 되기 전이라면, 아직은 참회와 선행을 통해 본래의 선한 본성으로 '회귀'할 수 있는 기회가 남아있을 수도 있다. 이것이 바로 코란의 용어 '타우바(Tawbah; 회개)'가 뜻하는 것으로, 자신의 본래의 선한 상태로 회귀함을 가리킨다. 이슬람이 죄지은 자들에게 주는 기본 조언은 타우바를 하라는 것이다.

그러므로 우리는 인간이 이기적이고 파괴적인 존재로 창조되지 않았다는 것을 알게 되었다. 인간은 절망과 좌절 속에 살도록 헛되이 창조된 것이 아니라는 것이다. 인간은 알라의 존재를 인정하고 그분을 섬기는, 숭고하고도 자연스런 목적을 가지고 창조되었다는 것이다. 알라는 인간에게 지적 능력을 부여하고 지구를 관리하는 알라의 '칼리파(Khalifah; 계승자)'가 되는 자격을 부여하였다. 따라서 인간은 다른 피조물에 비해 훨씬 고결한 지위를 누리게 된 것이다. 알라의 칼리파가 됨으로써, 인간은 다른 피조물에 대한 특별한 역할과 책임을 가지게 되는 것이다. 이 신뢰, 즉 '아마나(Amanah)'를 통해 하늘과 땅의 모든 것이 인간의 책임 안에 놓이게 된다.

인간에 대한 이 같은 신뢰는 인간에게 알라에게 의지하고 자신의 본래의 순수함 및 다른 피조물과의 조화를 지켜나가며 살 것을 요구하는 것이다. 인간이 이와 같이 우주의 조화를 위해 일할 때 그는 완전한 의미의 무슬림이 되며 주위에 이익을 주는 존재가 될 수 있다. 반면에 인간이 이러한 자연의 법칙을 거스르게 되면 불화와 불합리, 죄악이 발생하게 되며, 그는 곧 사악한 존재가 될 수 있다. 인간은 선택할 수 있는 지적 능력과 자유를 얻은 덕분에 자신의 행동에 대한 책임의 의무도 함께 가지게 된다.

인간의 의무와 책임은 코란의 주된 주제이다. 코란에서는 내세가 바람직하고도 또 가능한 것이라고 말한다. 왜냐하면 만일 선한 자들이 보답을 받고 악한 자들이 벌을 받는 내세가 없다면 정의란 존재하지 않을 것이며, 하나님께서 인간을 창조하여 그에게 책임감을 부여하고, 인간의 책임을 상기시키기 위해 예언자들을 보낼 이유도 목적도 없기 때문이다.

코란에서는 내세 및 부활에 대해, 만일 인간을 창조한 알라는 죽은 인간을 재창조하는 것이 그리 어렵지 않다고 말한다. 따라서 사후의 삶도 이슬람의 세계관에 있어 중요한 한 부분이 되는 것이다.

이를 통해 우리는 꾸란이 현실에 대한 포괄적이고 조화로운 관점을 제시하고 있음을 알 수 있다. 이것은 하나님의 본성과 우주의 본질, 그리고 인간의 본질을 설명하는 것이다. 코란은 인간에게 열려 있는 다양한 선택의 기로와 운명을 제시하고 있다. 코란에서는 선과 악의 본질을 다루고, 또 개인의 행복과 불만의 원인에 대해서도 고찰한다. 그리고 사회와 문명에 대해 논하며, 문명의 발생, 쇠퇴와 몰락 및 그 이면의 진정한 원인에 대해서도 지적한다. 코란은 인간에게 자신의 본성과 책임을 명심하고, 영원한 평화와 기쁨이 있는 내세를 믿을 것을 촉구한다. 코란은 또한 알라가 지정하신 한계를 넘어서는 자가 겪게 될 고통과 응벌에 대해서도 경고하고 있다.

그러나 코란은 단순한 보편적인 방식으로 사람들에게 선을 행하고 악을 삼가라고 하지는 않는다는 것을 주의할 필요가 있다. 코란은 사람들이 자신들의 정신적, 신체적, 사회적, 정치적, 그리고 경제적 선을 위해 어떤 좋은 일을 할 수 있는지 그 방법을 구체적으로 제시하고 있다. 또한 코란은 어떠한 과정을 통해 개인과 전체의 존립이 파괴될 수 있는지에 대해서도 자세히 설명하고 있다.

이슬람은 이러한 코란의 덕목을 통해 그 실체를 굳건히 유지하고 있다. '샤리아(Sharee'ah)'라는 이슬람법에는 생활 속에 당장 실천 가능한 상세한 법률 사항 뿐만 아니라, 합법적인 것과 금지된 것들을 규정하는 확고하고 포괄적인 원칙도 포함되어 있다. 샤리아가 금지하는 모든 것들은 인간과 사회, 그리고 환경에 유해한 것으로 생각해도 무방하다.

이슬람은 오늘날의 개인과 인류 전체에 영향을 끼치는 많은 문제를 해결할 수 있다고 본다. 그러나 이슬람이 제시하는 해답은 당장의 문제에 대한 일련의 해결책이 아닌, 모든 인간을 현세와 내세에서의 선(善)으로 인도해주는 자연스러운 길이라고 해야 할 것이다. 이 길은 진실을 알고자 하고 그 진실에 따라 삶을 가꾸어나고자 하는 사람이라면 누구든지, 언제든지 다가갈 수 있는 열린 길이기도 하다.

제3장 정신의 발달

Ⅰ. 철학과 종교속의 정신

'정신'(精神)이라는 단어의 의미는 애매하다. 『동아 새국어사전(3판)』에는 정신의 의미가 다음과 같이 네 가지로 정의되는 데, ① 사고나 감정의 작용을 다스리는 인간의 마음 ② 물질적인 것을 초월한 영적인 존재 ③ 사물에 대한 마음가짐 ④ 사물의 근본이 되는 의의나 목적 등이다.

① 사고나 감정의 작용을 다스리는 인간의 마음

오늘날 심리학의 학문적 대상이라고 할 수 있는 심리작용으로서의 마음(mind)을 지칭한다. 인간은 외부에서 일정한 자극이 받으면 그 자극에 대해 적절한 반응(행동)을 하게 되는데, 심리학에서는 자극과 반응 사이의 시간적 간격 동안 감각, 기억, 판단, 사고 등과 같은 심리작용이 일어난다고 본다.

② 물질적인 것을 초월한 영적인 존재

샤머니즘적 전통에서 비롯된 개념이다. 靈(영)이라는 한자를 파자하여 분석하면 雨(비) 아래에 세 개의 口(입)가 나란히 서 있고, 그 아래에 巫(무당)가 있는 모양을 하고 있다. 이것은 비를 내려달라고 빌고 또 비는 무당을 나타내는 것으로 해석할 수 있다. 무당은 접신자로 외부에 존재하는 신을 받아들여 그 신의 힘에 의거하여 화를 쫓고 복을 비는 사람이다. 이 무당이 접하는 신과 같은 비물질적인 실재가 정신이다.

③ 사물에 대한 마음가짐

'박애정신'이나 '애국정신'처럼 사람이 어떤 일을 할 때 가지는 특별한 태도를 지칭한다.

④ 사물의 근본이 되는 의의나 목적

'입법정신'이나 '독립정신'처럼 어떤 일에 함축되어 있는 근본적인 의의나 목적을 지칭하는 것이다.

열거된 예에서 알 수 있듯이 ③과 ④에서의 정신은 독립적으로 쓰이는 것이 아니라 다른 말과 붙어서 쓰인다. 따라서 이것들은 정신의 근본적인 의미라기보다는 부차적인 의미라고 할 수 있다.

그렇다면 정신의 근본적인 의미는 ①과 ②라 할 수 있을 것이다. 그런데 이 양자는 같은 말에 의해 지시되는 의미라고 보기에는 너무 뚜렷하게 차이가 난다. 오늘날 일반적으로 사용되는 용어법으로 ①은 '마음'이라고 하면 될 것이고 ②는 초자연적 존재로서의 '신'(神, god)이라고 하면 될 것이다. 오늘날 통용되는 의미론적 체계에서 미루어보면 마음과 신은 의미상 명확하게 구별될 수 있다. 그럼에도 불구하고 이 양자가 '정신'이라는 낱말에 의해 같이 지시되고 있다는 것은 오늘날 통용되는 의미론적 체계로는 이해될 수 없는 어떤 특별한 문제를 함축하고 있는 것으로 보인다.

그러므로 '정신'이라는 말과 관련하여 복잡하게 얽혀 있는 문제를 해명하기 위해서는 의미론적 체계의 변천 및 그 변천의 역사에서 나타나는 정신 개념의 의미를 살펴보아야 한다. 여기서 정신 개념의 의미를 세 가지 측면으로 나누어 고찰할 것이다. 첫 번째 측면은 마음과 신이 불가분하게 관련되어 있는 것으로 보는 의미론 체계에서 이 양자를 포괄하는 정신의 개념이고, 두 번째 측면은 양자가 명확하게 분리되어 있는 것으로 보는 의미론 체계에서 신적 존재만을 지칭하는 정신의 개념이며, 세 번째 측면은 앞의 두 측면을 변증법적으로 지양하는 새로운 의미론적 체계에서 정신의 개념이다. 이러한 정신 개념에 대한 고찰을 통해 오늘날 우리가 정신 개념의 의미를 어떻게 이해해야 좋을지 생각해 볼 필요가 있다.

1. 아리스토텔레스의 지성적 프쉬케

고대 헬라스어에서 프쉬케(psychē)는 '바람이 불다', '숨 쉬다'를 의미하는 psychein이라는 동사에서 비롯된 명사이다. 그러므로 프쉬케의 가장 원초적인 의미는 '바람' 혹은 '숨'을 의미한다. 신화에는 여신 프쉬케가 흙으로 사람의 형상을 빚고 숨을 불어 넣어 살아 있는 사람이 된다는 이야기가 나온다. 이 이야기는 프쉬케가 산 사람과 죽은 사람을 구분하는 기준이 된다는 것을 말해 준다. 여기서 프쉬케는 '생명력'이 된다.

아리스토텔레스는 프쉬케와 관련된 이 최소한의 거부할 수 없는 사실을 실마리로 하여 프쉬케의 특징과 능력에 대한 그의 사상을 개진한다. 그에 따르면, 프쉬케가 생명력이라고 한다면 이것은 살아 있는 사람뿐만 아니라 살아 있는 모든 존재자에게도 깃들어 있다고 해야 할 것이다. 이 때문에 그는 감각, 장소 운동 또는 정지, 그리고 영양섭취, 쇠퇴, 성장과 관련된 운동 중에서 어느 하나라도 가지는 존재자라면 모두 살아 있다고 할 수 있으므로 그것들 모두가 프쉬케를 갖는다고 주장한다. 결국 모든 식물, 모든 동물, 모든 인간은 프쉬케를 가지고 있다고 해야 한다는 것이다.

그러나 이와 같이 식물, 동물, 인간이 모두 프쉬케를 가지고 있다 하더라도 그것들이 갖는 프쉬케의 능력은 각각 다르다. 식물의 프쉬케는 영양섭취 능력과 생식능력만 갖는다. 동물의 프쉬케는 이에 더하여 욕구능력과 감각능력, 운동능력을 갖는다. 그리고 인간의 프쉬케는 이에 더하여 계산하고(logismon) 추리하며(dianoian) 관조하는(theōrētikon) 능력을 갖는다.

이러한 프쉬케의 다양한 능력은 프쉬케를 가지고 있는 존재자들이 현상적으로 발휘하는 능력 중에 신체에 의거하여 설명할 수 없는 것들을 분류하고 나열한 것이지만, 다른 한편으로는 이러한 능력을 통해 각 프쉬케의 본질이 어떻게 다른지가 드러난다. 즉 원초적 의미에서 프쉬케는 단지 어떤 존재자를 살아 있도록 하는 생명력이지만, 현상적으로 고찰된 프쉬케의 다양한 능력을 통해서 보면 식물의 프쉬케와 동물의 프쉬케와 인간의 프쉬케가 각각 다른 본질을 갖는다는 사실이 밝혀진다는 것이다.

이렇게 해서 아리스토텔레스는 식물이나 동물과 구별되는 인간 프쉬케의 본질을 파악할 수 있었다. 그에 따르면 인간의 프쉬케는 근본적 의미에서 우리로 하여금 살게 하고, 감각하게 하고, 생각할 수 있게 하는 것이다. 여기서 우리로 하여금 생각할 수 있게 하는 것은 곧 우리로 하여금 인식할 수 있게 하는 것이다. 이러한 점에서 인간의 프쉬케는 한편으로는 생명력이지만, 다른 한편으로는 지적 능력과 관련된 것이라고 할 수 있다.

아리스토텔레스는 인간의 인식활동과 관련된 능력을 감각능력(aisthētikon)과 지성(nous)으로 나눈다. 그에 따르면, 감각작용은 개별자에 관한 것인 반면 지성작용은 보편자에 관한 것이다. 이 때문에 감각작용을 유발하는 것은 외부에서 오지만 지성작용을 유발하는 것은 어떤 의미에서 프쉬케 자체 안에 있다. 또 감각은 신체와 관련되어 있으나 지성은 신체와 관련되어 있지 않다. 이 때문에 감각이 감각대상으로부터 영향 받는 것과 지성이 그 대상으로부터 영향 받는 것의 방식이 다르다. 예컨대 귀가 큰 소리 다음에 소리를 잘 들을 수 없는 것처럼 너무 격렬한 감각대상은 다음번의 감각을 약화시키지만, 지성의 경우에는 그 대상이 지나치게 강렬하다고 해서 다음번의 지성활동을 약화시키지는 않는다.

이와 같이 감각능력과 지성은 뚜렷하게 구별되지만 궁극적으로 이 둘이 합하여 사물에 대한 지식을 가질 수 있게 한다. 우선 감각은 감각대상의 형상을 질료 없이 받아들이는 것이다. 여기서 감각이 질료 없이 형상만 받아들인다고 해서 감각이 실체의 본질로서의 형상을 파악한다는 뜻은 아니다.

실제로 감각이 받아들이는 것은 감각기관에 의해 포착되는 대상의 물리적 측면과 관련되어 있는 성질을 지칭하는 '감각적 형상'이다. 여기서 아리스토텔레스의 형상 개념은 감각에 의해 지각되는 '감각적 형상'(ton aisthēton eidon)과 지성에 의해 사유되는 '가지적 형상'(hylē noetē)으로 나누어질 수 있다. 따라서 감각을 통해 받아들여진 이 질료 없는 형상은 형식적으로 '아이스테마타'(aisthēmata)라고 지칭되지만, 오늘날의 용어로 말하자면 갖가지의 감각 이미지라고 할 수 있다.

이러한 감각 이미지는 판타지아(phantasia, 상상력)의 대상이 된다. 판타지아는 감각 없이 발생할 수 없으므로 반드시 감각 이미지를 대상으로 하여 작용한다. 그러나 그것은 감각이 분명하지 못할 때 그것을 보완하는 방식으로도 작용하며, 특히 감각 이미지에 주관적 의견(doxa)을 조합하는 방식으로도 작용한다. 이런 점에서 판타지아는 대상을 '~인 것처럼 나타나게 하는 것'이다. 이것은 우리의 기억구조 속에서 형상을 만들고 배열하듯이 우리 눈앞에 어떤 것을 나타나게 하는 것이다. 이러한 판타지아의 작용에 의해 형성되는 것이 바로 판타스마(phantasma)이다. 따라서 판타스마는 주관적 해석을 통해 마음에 재현된 이미지(representation)라고 할 수 있다.

판타스마는 형상을 인식하는 사고의 대상(noēta)이 된다. 즉 우리의 사고능력(noētikon)은 형상을 항상 판타스마 안에서 생각한다. 그러나 이 판타스마가 그 자체로 사고의 대상이라고 할 수는 없다. 보다 더 엄밀하게 말하면 사고는 판단의 형식으로 이루어지기 때문에 판단을 구성하는 개념이 사고의 대상이라고 해야 할 것이다. 이 때문에 아리스토텔레스도 사고의 대상을 구체적으로 '감각대상의 형상' 혹은 '추상적으로 말해지는 것'이라고 한다.

개념을 사고한다는 것은 개념에 의해 정의되는 사물의 가지적 형상을 수용한다는 것이다. 이러한 점에서 사고하는 능력으로서의 지성은 '수동적 지성'(nous pathētikos)이다. 이것은 이른바 '빈 서판'(tabula rasa)과 같다. 사고의 대상이 이 서판에 기록되면서 현실태로 존재한다. 뿐만 아니라 사고하는 지성 자체도 거기에 실체의 가지적 형상이 기록되면서 비로소 현실적인 지성으로 존재한다.

그러나 빈 서판에 가지적 형상이 자동적으로 기록되는 것은 아니다. 다시 말해 빈 서판에 가지적 형상을 기록하는 '능동적인' 힘이 작용해야 한다. 아리스토텔레스는 이 힘을 '능동적 지성'(nous poiētikos)이라고 한다. 능동적 지성은 시각에 있어서 빛과 같은 기능을 한다. 시각은 색깔과 같은 시각 대상이 존재하는 것만으로는 이루어질 수 없다. 즉 우리는 빛을 통해서만 어떤 색깔을 인지할 수 있다. 이와 마찬가지로 능동적 지성은 사유의 대상을 인식 가능한 것으로 만들어 내는 것이다.

말 그대로 능동적 지성은 무엇을 만들어 내는(poiētikos) 힘이지만, 빛이 색깔이라는 시각 대상을 직접 만들어 내는 것이 아닌 것처럼 능동적 지성도 사유의 대상을 직접 만들어 내는 것은 아니다. 앞에서 말했듯이 사유의 대상은 능동적 지성에 의해 빈 서판에 기록될 때 사유될 수 있다. 여기서 사유의 대상이 빈 서판에 기록된다는 것은 어떤 실체의 가지적 형상이 잠재태가 아니라 현실태로 된다는 것을 의미한다. 따라서 능동적 지성이 사유의 대상을 만들어 낸다는 것은 잠재태로 있는 것을 현실태로 있는 것으로 만드는 것이라고 이해할 수 있다.

이상에서 보았듯이 아리스토텔레스의 사상에서 개진되는 프쉬케는 근본적으로 생명력을 말하는 것이지만, 특히 인간의 프쉬케는 지성을 그 기능으로 가짐으로써 '정신'으로서의 면모를 드러내고 있다. 지성은 우선 사고능력과 관조능력을 통해 실체의 형상을 인식하는 능력이다. 이때 지성이 실체의 형상을 인식할 수 있는 이유는 그것이 로고스의 원리를 소유하고 있기 때문이다. 나아가 지성이 로고스의 원리를 소유하고 있다는 것은 프쉬케에 포함되어 있는 감정이나 욕구를 이 로고스의 원리에 따라 제어할 수 있다는 것을 의미하기도 한다. 이러한 점에서 아리스토텔레스가 말하는 지성은 '사고나 감정의 작용을 다스리는 마음'으로서 정신의 한 면모를 드러낸다. 또한 이 지성은 육체에 속한 것이 아니므로 비물질적인 것이다. 이 때문에 아리스토텔레스는 지성이 물질로 이루어진 신체보다 더 신적인(theioteon) 것이라고 한다. 이러한 점에서 지성은 정신의 또 다른 특성, 즉 물질을 초월한 신적 존재라는 특성을 드러낸다.

그런데 여기서 아리스토텔레스가 '신적인 것'이라고 하는 것은 '영원하고 불변하며 질료로부터 따로 떨어져 있는 어떤 것'을 지칭하는 것이다. 여기서 아리스토텔레스는 이론철학을 수학, 자연학, 신학으로 나누었는데, 신학을 '영원하고 불변하며 질료로부터 따로 떨어져 있는 것'에 대해 인식하는 학문이라 규정하고 있으므로, 신학의 대상이 되는 이 '영원하고 불변하며 질료로부터 따로 떨어져 있는 것'을 '신적인 것'이라고 할 수 있다. 따라서 지성이 신적인 것이라는 사실은 지성이 영원하고 불변한다는 것을 의미하며, 이것은 곧 지성이 불멸한다는 것을 의미한다. 이러한 사실은 지성이 외부에 있는 비물질적인 신적 실체로 상정되고 있는 것이 아닌가 하는 의문을 불러일으킨다. 그러나 단적으로 말하면 지성은 프쉬케의 외부에 독자적으로 존재하는 '신'이 아니라 프쉬케의 내부적 기능 중에서 '신적인 것'이다. 바로 이러한 점에서 지성을 갖추고 있는 인간의 프쉬케, 즉 '지성적 프쉬케'는 마음의 측면과 신적인 것의 측면이 분화되지 않고 포괄되어 있는 정신과 같은 것이라고 할 수 있다.

2. 헬레니즘 이후 그리스 철학에서의 프네우마

위에서 본 정신의 사전적 의미 중에서 두 번째의 것, 즉 '물질적인 것을 초월한 영적인 존재'로서 정신의 개념을 이해할 때 중요한 하나의 전제는 영혼과 정신을 실체적으로 구별되는 개념으로 규정하는 것이다. 일반적으로 '물질적인 것을 초월한 영적인 존재'는 정신 이외에도 인간의 외부에 존재하는 신 혹은 신적인 존재자를 지칭하는 것이기도 하다. '물질적인 것을 초월한 영적인 존재'가 이러한 의미의 신과 달리 정신이라는 개념으로 이해되기 위해서는 그것이 인간 내부에 있을 수도 있다는 사실이 포함되어야 한다. 그러나 인간 내부에는 일반적으로 '영혼'이라 부르는 영적인 존재자가 있다. 더욱이 영혼을 불멸적인 실체적 존재자로 이해하는 사상에서는 이 영혼이 육체를 떠나 그 자체로 존재할 수도 있다. 그렇다면 인간의 육체에 드나들 수 있는 영적 존재자로서 영혼은 위에서 말한 정신과 비슷하다. 이 때문에 영혼과 정신의 의미적 구별이 필요한 것이다.

고대 그리스의 역사가 헤로도토스는 육체와는 구별되는 영적 실체로서 영혼의 개념이 고대 이집트 문화권에서 처음으로 창안되었다고 한다. 그에 따르면, 인간의 영혼은 불멸이며, 육체가 죽으면 차례로 계속해서 갓 태어나는 동물의 몸속으로 들어가 머무른다는 설을 최초로 주장한 것도 이집트인이다. 영혼은 육지에 사는 것, 바다에 사는 것, 공중을 날아다니는 것 등 모든 동물의 몸을 일순하면 다시 인간의 몸속으로 들어오는데, 3천 년에 걸쳐 영혼의 일순이 끝난다고 한다.

이러한 영혼 개념은 고대 그리스의 오르페우스교단과 피타고라스교단을 거쳐 플라톤에게 전해졌다. 플라톤은 영혼(psychē)을 우선 그 존재론적 차원에서 '신성한 것을 닮고, 영원불멸하며, 예지적이고, 한결같은 모습을 지니고 있을뿐더러, 분해되지 않고 불변하는 것'으로 규정하였다. 나아가 그는 영혼의 불멸성 및 선험적 지식을 전제로 하여 그 발생론적 차원에서 영혼이 육체에 들어오기 전에도 존재하고 있었다고 주장한다. 여기서 '선험적 지식'이라고 하는 것은 상기(anamnesis)를 말한다. 결국 플라톤에게 영혼은 육체와 전적으로 구별되는 독자적 실체인 것이다.

그런데 헬레니즘 시대에 이르면 이러한 영혼과 구별되는 또 하나의 심적 실체가 있다는 사상이 전개된다. 이 심적 실체는 인간에게 고유한 것이 아니라 본래 신적인 것이지만 그것이 분유되어 인간의 신체에 깃들어 있는 것이라는 점에서 앞서 본 영혼과 구별된다. 따라서 이것은 단순히 인간의 부분이라고 할 수 있는 하나의 심적 실체인 것이 아니라 그 자체로 존재하는 하나의 실체라고 할 수 있는 것이다.

이러한 사상의 기초를 마련해준 것은 스토아학파이다. 스토아학파의 사상에서 나타나는 '프네우마'(pneuma)는 개별적 영혼(psychē)의 실체를 뜻하는 말이기도 하지만 또한 내면적 신성의 실체를 뜻하는 말이기도 하다. 프네우마도 본래 바람이나 호흡을 뜻하는 말이기 때문에 근원적 의미에서 프쉬케와 비슷하다. 그러나 기원전 6세기 중반 즈음에 밀레토스에서 활동한 아낙시메네스는 프쉬케가 인간의 육체적 부분을 결속하는 것처럼 프네우마가 코스모스의 부분을 결속하는 것이라고 함으로써 프네우마와 프쉬케를 의미적으로 구별하였다. 그 이후 고대 그리스 철학에서는 이러한 구별이 일반적으로 통용되었다. 우선 내면적 신성의 실체로서 프네우마는 스토아학파의 사상가들 사이에서 일관적으로 개진되는 세계관의 핵심적인 부분을 차지한다. 스토아학파의 세계관은 전 우주를 하나의 유기체와 같은 것으로 보는데, 여기서 프네우마는 모든 것을 관통하고, 코스모스와 거기에 포함되어 있는 개별 존재자들의 통일성을 보증하는 것이다. 단적으로 말하면 영혼이 인간의 신체를 유기적으로 묶어 주는 기능을 하는 것과 마찬가지로 프네우마는 코스모스의 모든 존재자들을 유기적으로 묶어 주는 코스모스의 영혼과 같은 것이다. 코스모스의 영혼인 프네우마는 우주에 존재하는 하나의 실체이기도 하지만 인간의 신체에 깃들기도 하는데, 이와 같이 프네우마가 인간에 신체에 깃들어 있을 때 그것은 바로 인간의 영혼이 된다.

여기서 보듯이 프쉬케를 개인에게 분유된 프네우마로 간주하는 스토아학파에서는 프쉬케와 프네우마가 뚜렷하게 구별되지 않는다. 그리스 철학의 역사에서 이 둘 사이의 본격적인 구별은 기원전 25년경부터 기원후 40년경까지 생존했던 알렉산드리아 출신의 필론(Philon)과 그의 영향을 받은 그노시스주의자들에 의해 이루어진다. 이들은 모두 프네우마를 인간에게 영혼보다 더 고차적인 어떤 부분을 지칭하는 것으로 보는데, 이것은 프네우마가 본래 '세계 사건에 대한 신의 직접적인 간섭' 혹은 '혼란스럽고 미확정적인 질료에 혼을 불어넣는 코스모스의 형식적 원리'를 지칭하는 것으로 규정되기 때문이다. 이러한 점에서 스토아학파에서와 마찬가지로 이들에게서도 프네우마는 신적 실체이면서 동시에 인간의 몸에 깃들어 인간의 활동을 신적 차원으로 이끄는 심적 기능을 담당하는 실체로 이해되고 있는 것이다.

3. 기독교『성서』에서의 프네우마

영혼과 구별되는 심적 실체이면서 동시에 초월적인 영적 존재로서 정신의 의미를 가장 선명하게 보여주는 또 하나의 사례는 기독교의『성서』에 포함되어 있는 문헌들이다. 본래 히브리어로 쓰인 유태교의 문헌인『구약성서』에는 히브리어로 된 네페쉬(nephesh)와 루아(ruah)라는 낱말이 나타나는데, 이것들은 헬라스어로 쓰인『신약성서』에서 각각 헬라스어 프쉬케와 프네우마로 대체된다. 그러나 이러한 과정에서 중요한 의미 변천이 일어난다. 단적으로 말해 네페쉬와 루아는 육체와 구별되는 심적 실체로서 영혼과 초월적 존재로서 정신으로 번역되기 어려운 점이 있지만, 프쉬케와 프네우마는 각각 영혼과 정신으로 번역될 수 있는 실마리를 보이고 있는 것이다.

네페쉬는 신의 인간 창조에서 인간에게 불어넣은 신의 호흡을 말한다(창세기, 2:7). 이 호흡을 통해 인간은 살아 있는 존재가 되었다. 따라서 근원적 의미에서 이것은 생명력이다. 이러한 점에서 이 말은 헬라스어의 프쉬케와 근원적으로 같은 의미를 갖는다. 그러나 네페쉬는 육체(basar)와 구별되는 심적 실체로서 영혼이라기보다는 오히려 육체를 포함하는 인간 자체를 뜻하는 말이다. 이 때문에 네페쉬의 차원에서 인간은 육체적인 것과 비육체적인 것의 구별도 없으며, 심지어 살아 있는 것과 죽은 것의 구별조차도 없다. 따라서 네페쉬는 플라톤적 의미에서 프쉬케(영혼)가 아니라 아리스토텔레스적 의미에서 프쉬케(생명력)라고 해야 할 것이다.

히브리어 루아도 헬라스어 프네우마와 마찬가지로 본래 바람과 호흡을 뜻하는 말이다.『구약성서』에서는 이 말이 특히 '신의 입 기운'이라는 의미로 사용되는데, 이것은 창조하고 섭리하는 신의 힘을 지칭하는 것이다(시편, 33:6). 따라서 이것은 인간 안에서도 움직이는 신적인 힘을 뜻하기도 한다. 그러나 이것은 개별 인간의 차원을 넘어 작용하는 생명의 모체가 되는 힘의 분위기로 인격적 성격은 희박하다. 여기서 루아와 네페쉬의 뚜렷한 차이가 나타난다. 루아는 만물에 작용하는 보편적 생명력이고, 네페쉬는 개별적 생명체 안에서 작용하는 생명력이다. 이 때문에 『구약성서』에서는 네페쉬의 사멸에 대해서는 말해지지만 루아의 사멸에 대해서는 말해지지 않는다. 그러므로 이것은 신적 실체로서 초월적 존재 그 자체를 의미하는 것은 아니다. 이러한 점에서 이것은 초월적인 영적 존재자로서 프네우마와 의미적으로 뚜렷하게 구별되는 것이다.

『구약성서』에 나타나는 네페쉬와 루아는 『신약성서』에서 대체로 프쉬케와 프네우마로 대체된다. 이때 어떤 경우에는 프쉬케와 프네우마가 네페쉬와 루아의 의미를 그대로 계승하는 것으로 사용되지만, 다른 어떤 경우에는 새로운 용법으로 사용된다. 이 새로운 용법의 가장 대표적인 사례가 '프네우마 하기온'(pneuma hagion), 즉 '신성한 영'(성령)이라는 용어이다. 이 경우 프네우마는 육체(sarx)와 대칭되는 개념이며 인간에게까지 확장되는 신의 활동이다. 헬라스어 sarx는 육체를 의미한다. 이것은 육체를 의미하는 또 다른 낱말인 soma와 달리 특히 죄악을 상징하는 낱말이다. 예를 들어 죄로부터의 해방은 육체로부터의 해방을 의미하는 asarkos라는 낱말로 표기되었다. 고린도 후서를 보면 특히 바울(St. Paulos)은 프네우마를 퀴리오스(Kyrios, 주인)와 동일시한다. 데살로니가 전서에서는 바울에게 프네우마는 스스로를 외부로 펼쳐 내는 힘이라고 하고, 고린토 전서에서는 방언과 같은 불가해한 특별한 능력을 선사하는 인격적 실체라고 한다. 여기서 방언은 인간이 말하는 것이 아니라 인간 안에서 활동하는 성령이 말하는 것이다. 그러므로 성령은 인간 밖에서뿐만 아니라 인간 안에서도 스스로 활동하는 신적 존재라고 할 수 있다.

이러한 바울의 견해는 이후 기독교 신학에서 성령 개념을 정립하는 데 기초가 되었다. 라틴어를 공식용어로 하는 서방 교회의 신학자들은 헬라스어 '프네우마 하기온'으로 표기되어온 성령을 지칭하기 위해 스토아학파의 냄새가 남아 있는 spiritus sacra(신성한 영)나 spiritus divinus(신적인 영)를 사용하지 않고 spiritus sanctus라는 용어를 창안했다. 라틴어 sanctio는 범죄행위를 제재하는 법률조항을 의미한다. 따라서 spiritus sanctus는 인간의 행동을 제어하는 성령의 힘을 강조하는 낱말이다. 여기서 성령은 인간의 내면에 들어와 인간의 행위를 제어하는 인격성을 가진 비물질적 실체로 이해된다. 성령은 비물질적이기 때문에 반드시 물질을 매개로 하여 작용하는데, 인간의 몸도 그 주요한 매개물에 해당한다(inspiration). 이때 이것은 인간의 영혼과 교감하는데, 일 대 다로 교감할 수 있다. 개별적 인간은 이것을 자신의 영혼을 능가하는 내면적 신성으로 인식하는데, 이 신성의 원천은 인간의 외부에 존재하는 신의 작용, 즉 성령인 것이다.

이상에서 보았듯이 프네우마나 스피리투스는 문자적 의미에서 충분히 '정신'으로 번역될 수 있는 낱말이며, 특히 초월적인 영적 존재로서 정신의 의미에 더 적합한 개념이라고 할 수 있다. 그런데 이러한 초월적인 영적 존재를 '정신'이라는 낱말로 지칭할 수 있다면, 이것은 초월적인 영적 존재를 지칭하는 또 다른 낱말인 '신'(god)과 동일한 개념인지 아닌지를 해명할 필요가 생긴다.

이를 해명하기 위해 우리가 주목해야 할 것은 초인간적·초자연적 위력을 갖는 존재라는 순수한 개념적 차원에서 이해할 수 있는 신과 달리, 프네우마나 스피리투스가 인간의 영혼과 교감하지 않고서는 결코 활동하지 않는다는 점이다. 이것은 정신 개념이 초월적인 영적 존재를 의미하면서도 왜 마음이라는 측면과 전적으로 무관하지 않은지를 설명해 준다. 그런데 프네우마나 스피리투스가 이와 같이 인간의 영혼을 통해서만 활동한다면, 이것의 활동이 영혼 그 자체의 활동과 어떻게 구별될 수 있는가 하는 또 다른 하나의 문제가 남는다.

이것은 단순히 그 힘이 외부에서 온다는 주관적 경험의 문제로만 넘기고 그칠 것이 아니다. 이 문제를 논리적으로 좀 더 엄밀하게 해명할 수 있는 하나의 실마리는 성령이 일 대 다로 교감한다는 주장에서 볼 수 있는 것처럼 프네우마나 스피리투스의 활동이 다수의 사람들에게서 공통적인 모습으로 나타날 수 있다는 점에서 찾을 수 있다. 이러한 사실은 일정한 공동체에 속하는 구성원들이 왜 다른 공동체에 속하는 구성원들과 구별되는 그들만의 공동적인 심리적 특성을 가질 수 있는지를 설명해 준다. 단적으로 말하면 그것은 일정한 공동체에 속하는 구성원들 모두에게 작용하는 정신의 활동 때문이라고 설명할 수 있는 것이다.

오늘날 한국어 사전에 등재되어 있는 정신이라는 낱말은 19세기 후반 일본이 서양 문물을 받아들이는 과정에서 영어의 spirit와 같은 서양어를 번역하여 한자어 낱말로 정착시킨 것이다. 그런데 이러한 번역어를 정착시킨 일본의 학자들은 서양어 낱말의 의미를 고려하여 순수하게 한자어 낱말을 만든 경우도 있지만, 이미 동아시아 문화권의 고전에 존재하던 낱말을 특정한 서양어의 번역어로 쓴 경우도 있다. 물론 이 후자의 경우 동아시아의 고전에서 쓰인 낱말의 본래 의미가 퇴색될 수도 있지만 의미상 전혀 무관한 용어들이 짝지어진 것은 아닐 것이다. 이러한 점에서 위의 2절 1항에서 본 『회남자』 등 동아시아 고전에서 쓰인 '정신'의 의미와 2절 2항 이후에서 본 영어 spirit 등 '정신'으로 번역될 수 있는 서양어 낱말들의 의미는 상당한 유사성을 가진다고 볼 수 있다.

그런데 이러한 번역어를 만들었던 19세기 후반 일본의 학자들은 서양의 근대적 정신 개념을 지칭하기 위해 동아시아의 전근대적 정신 개념을 지칭하는 '정신'이라는 낱말을 끌어들였다. 본문에서 보았듯이 동아시아의 고전에 나타나는 정신의 개념은 마음으로서 정신의 의미와 초월적인 영적 존재로서 정신의 의미가 미분화된 의미를 갖는 것이었지만, 근대 유럽에서 형성된 정신 개념은 모든 인간이 보편적으로 갖는 이념과 비슷한 개념이다. 그렇다면 동아시아의 고전에서 사용된 정신이라는 낱말과 spirit 등과 같은 서양어를 번역하기 위해 쓴 정신이라는 낱말이 의미적으로 상당한 차이가 난다고 할 수 있다.

이것은 근대 일본의 학자들이 spirit 등과 같은 서양어의 의미를 잘못 파악하고 있었거나 아니면 의도적으로 동아시아 고전에 담겨 있는 본래의 정신 개념을 버리고 단순히 정신이라는 낱말만 사용했을 것으로 추측만 하고 덮어 버릴 수 있는 문제이기는 하다. 그러나 오늘날 통용되는 낱말사전은 동아시아 고전에서 나타난 정신의 개념, 유럽 문화사에서 나타난 정신의 다양한 의미를 포괄적으로 싣고 있다. 이것은 결국 오늘날에도 그와 같은 다양한 정신 개념이 유의미하게 쓰일 수 있다는 것을 뜻한다.

그렇다면 우리는 정신의 다양한 의미 중 어느 하나만을 참된 의미로 고정시킬 수 없다. 우리가 고찰했듯이 정신은 애매한 낱말이며, 이 애매성은 이 낱말이 사용되는 의미론적 체계의 차이에서 비롯된 것이다. 여기서 우리는 비트겐슈타인의 언어게임 이론을 상기할 수 있다. 그에 따르면 낱말의 의미는 이미 결정되어 있는 것이 아니라 그것이 사용되는 언어[체계]에 따라서 정해진다. 하나의 낱말이라도 서로 다른 언어[체계]에 따라 사용될 때는 그 의미가 다르게 규정될 수 있다. 마치 작은 돌 하나가 바둑판에는 바둑알로 쓰일 수 있고, 장기판에서는 특정한 장기의 말(馬)로 쓰일 수 있는 것과 같다. 이 돌의 의미는 그것이 사용되는 게임[의 규칙]에 의해 정해지는 것이다.

정신이라는 낱말의 의미도 이와 같이 그것이 사용되는 의미론적 체계에 따라 정해진다. 우리가 고찰한 첫 번째 의미의 정신은 동서양의 고대 철학 및 의학의 의미론적 체계에서 유의미한 개념이고, 두 번째 의미의 정신은 주술이나 종교의 의미론적 체계에서 유의미한 개념이며, 세 번째 의미의 정신은 근대 이후 유럽 철학의 의미론적 체계에서 유의미한 개념이다. 물론 오늘날에도 이 세 가지 의미론적 체계는 사멸되지 않고 국지적으로 인간의 삶에 개입하고 있다. 이러한 점에서 '정신'이라는 낱말의 애매성은 오히려 본래 애매한 정신 자체의 애매성을 잘 드러내 준다는 장점을 가진다고 볼 수도 있다.

Ⅱ. 심신의 문제

철학과 종교 속의 정신은 주로 물질이 아니거나 육체가 아닌 부분에 대한 것이었다. 그렇다면 우리가 신체 또는 물질과 상호작용하는 입장과 관련해서는 어떤 접근이 가능한가? 이 부분을 심신의 문제를 다루는 것에 의해서 탐구할 수 있을 것이다.

여기서 이루어지는 논의는 심신의 문제이고, 심 즉, 마음은 의식으로 지칭된다. 의식의 문제에서 풀어야 할 과제 중의 하나는 주관적 측면을 갖는 심적 상태가 어떻게 객관적 세계에 포섭될 수 있는지, 좀더 엄밀하게 말하면 심적 상태가 어떻게 두뇌 속의 사건과 관련되는지를 설명하는 일이다. 이는 앞에서 살펴본 정신의 의미를 물질적인 영역으로 확대시키는 것이다. 이 과제의 해명에 즈음하여 우리는 다음과 같이 세 개의 선택지를 생각해 볼 수 있다.

① 이원론(dualism): 이원론은 의식적 경험을 우리의 두뇌활동과 구분해 본다. 이른바 주관적 관념인 의식과 객관적 신체인 두뇌를 구분하는 것은 우리의 상식과도 잘 부합한다. 그러나 이 주장은 의식과 신체가 어떻게 상호 작용하는지를 적극적으로 설명해야만 하는 부담을 안고 있다.

② 유물론(materialism): 유물론은 마음과 두뇌가 서로 별개의 것임을 부정한다. 이원론과 달리, 유물론은 내적 통일성(unity)을 주장하지만, 여기서는 마음과 두뇌가 어떻게 동일한지를 설명하는 일이 문제된다.

③ 신경생물학(neurobiology): 신경생물학은 의식을 두뇌체계의 생물학적 특징으로 본다. 즉 낮은 수준인 뉴런과정에 의해 두뇌 안에서 생겨나는 높은 수준의 현상이 곧 '의식'이라고 보는 입장이다. 이와 같이 신경생물학은 의식과 두뇌체계의 관계를 상부구조와 하부구조로 파악함으로써 종래의 이원론과 유물론의 갈등을 해소할 수 있다고 본다.

이 선택지들은 의식을 현상적으로 드러내는 역할을 한다. 그러나 의식의 본성을 직접적으로 정의하는 일은 대단히 어렵다. 일찍이 철학은 의식을 '마음'과 동의어로 사용해 왔고, 심리학은 개인의 생각과 느낌을 나타내는 '인지기능'과 같은 것이라고 설정하여 사용한다. 그런가 하면 생물학은 '생명' 현상을 곧 의식이라 본다. 이러한 개념적 다의성으로 인해 의식을 현상적으로 규정하는 일은 매우 어렵지만, 분명한 사실 중의 하나는 신체(특히 뇌)를 떠나 의식이 결코 실존할 수 없다는 점이다. 심신의 문제에서 의식을 다루는 까닭도 여기에 있다. 이 세상을 직접 살아내는 이 몸 또는 신체야 말로 마음 또는 의식이 직접 드러나는 곳일 것이다.

위에서는 정신의 의미론적 변천에 대해 조망해보았는데, 이러한 변천사에서 정신과 물질 또는 마음과 신체의 구분은 데카르트에서 시작되는 것으로 묘사된다. 실제로 오늘날 심신의 문제를 다룰 때, 우리는 데카르트의 그늘에서 벗어나기 힘들어 보인다.

1. 데카르트의 심신이원론과 그 후예들

심신이원론은 사람들이 일반적으로 지닌 '마음'에 대한 신념을 나타내는 경우에 주로 등장한다. 대부분 사람은 죽으면 영혼이 떨어져 나가고 신체만 남는다고 믿는다. 이러한 믿음은 신체가 영혼의 감옥이라는 고대 그리스의 종교적 발상에서 나온 것이다. 내세를 예약하는 종교가 포기할 수 없는 신앙의 뿌리도 바로 이 심신이원론이다. 이러한 심신이원론을 종교에서 해방시킨 사람이 데카르트(R. Descartes)이다.

데카르트는 인간을 어떤 종속적 지위에서 보는 것이 아니라 그 자체 자율적 독립적인 존재로 본다. 이러한 생각을 데카르트는 '실체'(substance)의 개념에서 이끌어낸다. 데카르트에게 실체란 스스로 존립하면서 그 자신을 위해 더 이상 다른 것을 필요로 하지 않는 것을 가리키는 말이다. 위에서 살펴본 것처럼 그 시원은 고대 아리스토텔레스에서 출발한다. 이 실체 개념을 이어받아 데카르트는 다음과 같이 규정한다. 즉 실체에는 '정신'과 '물체'가 있다. 참고로 데카르트는 실체를 유한실체와 무한실체로 나눈다. 유한실체가 여기서 말한 정신과 물체의 존재를 가리킨다면, 무한실체는 전지전능한 하느님을 일컫는 말이다. 이 무한 실체에 의해 유한실체인 정신과 물체는 창조되었는데, 창조의 관점에서 볼 때 무한실체란 '자기원인성'을 가리킨다고 하겠다. 이 점에서 스피노자(B. Spinoza)는 데카르트의 실체론을 비판하고 '심신평형론'을 주장한다.

데카르트가 말하는 정신이란 비연장의 사고하는 실체이고, 물체는 비사고의 연장하는 실체이다. 정신과 물체는 서로 배타적인 성질을 띤다. 그런데 이 배타적인 두 실체가 만나는 접점이 '인간'이다. 이것은 인간이 몸과 마음을 동시에 지닌 이원적 존재라는 사실과 잘 부합한다.

근원적으로 인간이 '생기'를 띠는 것도 데카르트의 이원론에 따르면 인간이 정신을 갖고 있기 때문이다. 그러나 이 정신은 동물의 생명과 다르다. 동물의 생명이 한갓 자동기계에 지나지 않는 반면에, 인간 정신의 본질을 이루는 것은 합리적 사고이다. 이러한 합리적 사고의 출발점을 데카르트는 개념의 '명석판명성'(clare et distinct)에 둔다. 그리고 이에 도달하기 위한 방법으로서 그는 '방법적 회의'를 택했다. 방법적 회의란 불확실하고 애매모호한 것을 모두 배제할 뿐만 아니라 자기 자신까지도 철저하게 의심해 보는 방법이다. 원칙적으로 데카르트는 회의주의자가 아니지만, 의심하고 있을 때 우리는 자신의 존재에 대한 확신을 더욱 강화시킬 수 있다고 믿었다.

데카르트의 방법적 회의는 먼저 감각(sense)을 의심하는 것에서 출발한다. 왜냐하면 감각은 종종 우리를 속이기 때문이다. 이에 데카르트는 감각을 지식 또는 지식을 탐구하는 원천으로 보는 모두를 배격한다. 진리는 수학이 하나의 자명한 공리에서 문제를 연역하듯이, 명석판명한 법칙에서 연역되어야만 한다. 그러나 데카르트는 이러한 수학의 자명한 공리에 대해서도 의심의 끈을 놓지 않는다. 이렇듯 그는 자명성에 대해 깊이 통찰했고, 마침내 어느 누구도 의심할 수 없는 자명한 공리, 즉 "나는 생각한다. 그러므로 존재한다."(cogito ergo sum)에 이른다.

이렇게 사고의 명석판명성을 논증한 다음, 데카르트는 만물의 창조주인 하느님을 매개로 물체의 존재를 연역한다. 이를 삼단논법의 형식으로 도식화하면 다음과 같다. 하느님은 전지전능한 분이다(대전제). 이 세계는 하느님의 생각에 따라 창조되었다(소전제). 고로 이 세계는 존재한다(결론). 여기서 세계라 함은 우리의 의식적 사고에 의해 표상되는 것을 말하는 것이 아니라 3차원의 관념, 즉 부피의 관념과 모양, 크기, 수 등을 지닌 '연장'(extentio)을 말한다. 이러한 물체의 연장성은 공간적 충만성과 운동 가능성을 나타낸다. 그리고 물체의 세계는 우리의 정신작용이 전개하는 합리적인 기하학과 역학의 모든 정리(定理)에 꼭 들어맞도록 하느님에 의해 창조되었다는 것이 데카르트의 생각이다.

이로써 데카르트는 정신과 물체가 별개의 존재이지만, 다시금 양자가 밀접한 관계에 있다는 점을 강조한다. 그 한가운데 인간이 놓여 있다. 그러나 데카르트는 인간 속에서 정신과 물체의 관계를 선원과 배의 관계로 설명한 플라톤의 방식을 거부하고, 정신과 물체가 아주 밀접하게 결합되고(conjunctum) 거의 혼합되고(quasi pemixtum) 일체를 이루고(unum) 있음을 역설한다.

이러한 관계가 맺어지는 인간의 구체적인 장소를 데카르트는 '송과선'이라 지정하였다. 이에 기초하여 본격적으로 심신 상호작용론이 펼쳐진다. 그것은 다음과 같은데, 그의 이러한 설명은 뒤이어서 발달하는 뇌-과학에 의해서 재검토 된다. 즉 사람의 몸에 부딪친 물리적 자극은 신경계통을 통해 송과선에 도달한다. 송과선에 도달한 자극은 마음속에 감각을 불러일으킨다. 그리고 자극의 방향과는 반대로 의지 작용과 결정은 송과선 내부 운동을 다시 조정하게 되는데, 이때 정신에 기원을 둔 영향력이 송과선을 기점으로 하여 온몸으로 전달되고, 마침내 외부세계에까지 영향을 미치게 된다는 것이다. 이렇게 하여 몸은 마음에 영향을 주고, 마음은 몸에 영향을 미친다. 이것이 심신 상호작용의 핵심이다.

데카르트는 심신 상호작용론을 좀더 자세히 설명하기 위해 『성찰』 외에 『철학의 원리』와 『정념론』을 저술하였다. 그러나 외적인 물체 세계에서 일어나는 기계론적 사건과 내적인 영혼에서 일어나는 정신적 사건의 연결을 여전히 만족스럽게 설명해 주지는 못한다. 이에 많은 반론들도 제기되었다. 이러한 반론들을 우리는 편의상 '철학적 반론'(①②③)과 '과학적 반론'(④

⑤⑥)으로 구분해서 다음과 같이 정리할 수 있겠다.

① 상호작용은 어디서 일어나는가? 신체 내부 어딘가에 정신과 물체의 상호 접촉점을 지정하지 않으면 상호 작용이 일어날 수 없기 때문에 데카르트는 송과선을 지정한 것이다. 그런데 송과선의 지정은 일종의 메타적 성격을 띠는 바, 송과선을 승인할 것인가, 말 것인가의 문제에 즈음하여 우리는 새로운 접촉점을 구해야 하는 '무한 소급'에 빠지게 된다. 여기서 데카르트의 송과선 지정은 '선결문제 요구'의 오류에 빠지고 만다.

② 상호작용은 어떻게 일어날 수 있는가? 데카르트는 심신 간의 인과성을 강조하지만, 인과관계는 동일한 사건이나 과정 속에서만 일어나는 현상이다. 그러나 데카르트의 심신 구별은 존재론적으로 구별되는 전혀 이질적인 존재이기 때문에, 여기에 인과관계를 설정하는 것은 모순이다.

③ 우리는 타자의 마음을 어떻게 알 수 있는가? 타자의 마음 인식은 우리의 공동체 생활에서 필수적이다. 그러나 데카르트의 심신 상호작용론은 정신을 오직 '나'의 뇌 속에 있는 송과선에서만 외부 물체와 작용하는 것으로 보기 때문에, 공동체적 사고의 여지를 조금도 남겨두고 있지 않다고 하겠다.

④ 상호작용론은 에너지 보존의 법칙에 위배된다. 자연적 존재로서 인간은 폐쇄적인 물리적 공간 속에 살고, 물리적 체계는 에너지 보존의 법

칙에 기초한다. 그러나 심신이원론에서 정신은 물리적 대상이 아닐 뿐만 아니라 물리적 체계를 초월해 있다. 과연 이러한 세계가 현실적으로 가능할 수 있을까?

⑤ 인간의 활동을 설명할 때 정신적 원인이 차지할 공간이 없다. 왜냐하면 신체로서 인간은 생리적 현상의 담지자에 불과하기 때문이다. 초물리적 현상인 정신은 어떻게 인간에 영향을 미치는가?

⑥ 물질적 현상에서 진화하는 것은 오직 물질적인 것뿐이다. 인간이 지구상에 살고 있는 생물종의 한 범주로서 존재하는 한, 인간도 진화해 왔다. 진화론은 뇌조차도 진화의 산물로 본다. 이러한 물질적 구성인 뇌 속에 비물질적인 정신이 차지할 공간은 없지 않은가?

이러한 반론에도 불구하고 여전히 데카르트적 이원론을 옹호하는 사람들이 있다. 포퍼(K. Popper)와 엑클스(J. C. Eccles)가 그 대표적이다. 이들에 따르면 세계는 두 개의 전혀 다른 세계, 즉 물리적인 세계1과 의식으로 이루어진 세계2가 있고, 이 두 세계와 별도의 '문화'로서 세계3이 있다고 한다. 세계3에 대해 자세하게 설명하는 것은 논의를 벗어나지만, 어쨌든 세계3을 설정함으로써 이들은 물리학이 인정하지 않는 '심적 에너지' 또는 '영적 에너지'가 있다는 점을 역설하려 했다. 그러나 이 주장도 또한 위에서 제기된 심신 상호작용론의 반론을 견뎌내지 못한다.

2. 데카르트주의에 대한 반론들

이원론이 정신과 물체의 상호작용을 설명하는 데 실패함으로써 "이 세상에는 오직 한 종류의 사실만이 있지 않을까?"를 추측해 보게 된다. 이러한 생각이 '일원론'(monism)을 탄생시켰다. 세계를 관념론(idealism)과 유물론의 두 갈래에서 보는 태도가 이에 속한다. 관념론은 말 그대로 오직 이념적인 요소에 따라 세계를 설명한다. 이에 반해 유물론은 세계의 물질적 토대에 주목한다. 두 이론은 모두 오랜 역사적 근원을 갖고 있지만, 근대 이후 관념론이 퇴조하면서 (자연과학의 발달과 함께) 그 자리를 유물론이 대신하는 양상을 보이고 있다.

1) 관념론

관념이란 고도의 철학적 의미를 함축하는 말인데, 그 의미를 가장 상징적으로 보여주는 것이 버클리(G. Berkeley)의 '존재는 지각'(esse est percipi)이라는 명제이다. 버클리의 명제는 데카르트의 버클리에 대한 근본적인 회의에서 나왔다. 즉 버클리는 - 이미 데카르트도 인정한 바 있는 - 신뢰할 수 없는 '외부대상'을 부정해 버림으로써 몸과 마음의 상호작용이라는 이원론의 딜레마를 한방에 해소시켜 버렸다.

그러나 이러한 관념론은 우리의 상식과는 부합하지 않는다. 그래서 버클리의 생각은 당시 사전편찬자이자 저술가인 존슨(S. Johnson)을 격분시켰고, 이에 존슨은 돌멩이를 발로 차면서 "나는 그를 이런 식으로 논박한다"는 유명한 말을 남겼다. 발로 돌멩이를 찰 때 우리는 분명히 발의 아픔을 느낀다. 이로써 존슨은 외부대상의 존재를 확인한 것으로 간주하려 했지만,

가만히 생각해 보면 이것은 엄밀한 의미에서 아픔이라는 주관적 인상을 관념에 추가한 것일 뿐이고, 외적 존재의 실재를 논증한 것은 아니라는 사실을 알 수 있다.

이렇듯 관념론은 쉽게 반박되지 않는 특성을 지닌다. 이것이야말로 관념론이 지닌 철학적 장점인 것이다. 이러한 장점 때문에 18세기 후반에서 20세기 초—헤겔(W. F. Hegel), 쇼펜하우어(A. Schopenhauer), 후설(E. Husserl), 셸러(M. Scheler), 베르그송(H. Bergson)—에 이르는 동안에 철학자들은 대부분 충직한 관념론자들이었다. 이러한 전통은 역사적으로 경험론이 지배해 온 영국에서도 예외가 아니다. 이른바 버클리의 전통은 밀(J. S. Mill)을 거쳐 20세기 분석철학에 결정적인 영향을 미친 러셀(B. Russell)과 에어(A. J. Ayer)로 계승된다. 이들에게는 외부 물질세계의 실재를 믿지 않았다는 공통점이 있다. 물리적 대상을 밀은 '감각지각의 영속적인 가능성'이라고 보는가 하면, 러셀은 '감각자료로부터 논리적으로 구성한 것'으로 본다. 같은 맥락에서 에어도 "물질세계는 감각기관의 공표를 통해 드러난 것을 제외하고 아무런 실재성도 갖지 않는다"고 말한다.

2) 행동주의

의식과 관련하여 관념론은 아무 문제를 제기하지 않는다. 이것이 관념론의 매력이다. 그러나 20세기에 들어 관념론의 난점이 드러나기 시작한다. 즉 관념론에 대한 반론은 "주관적인 심적 영역에 대해 이루어진 주장을 어떻게 공적으로 승인할 수 있는가?" 하는 물음에 관한 것이다. 이 물음을 우리는 다음과 같이 정리해 볼 수 있겠다.

심적인 항목들이 본질적으로 한 개인만이 접근할 수 있는 사적인 것이라면, 그것을 어떻게 다른 사람들이 알 수 있는가?

이 물음은 비트겐슈타인의 이른바 '사적 언어논변'에서 공론화된 것인데, 이것은 '공적인 검증'이 언어작동에 필수적임을 역설한 것이다. 비트겐슈타인에 의하면 오직 한 사람만이 자신의 주장을 확인할 수 있는 언어란 '비정합적'이다. 마찬가지로 심리상태에 대한 언급도 결코 내부의 사적인 에피소드를 지칭하는 것일 수 없다. 심리상태가 사적 에피소드에 지나지 않는다면, 우리는 그가 무엇에 관해 말하는지 결코 알 수 없다. 이것은 마치 우리 모두가 다른 사람이 들여다 볼 수 없는 상자를 하나씩 가지고 있으면서 모두가 그 상자 속에 든 '풍뎅이'에 관해 말하는 것과 같다.

이러한 비트겐슈타인의 논변은 근본적으로 왓슨(J. B. Watson)과 스키너(B. F. Skinner)로 대변되는 '행동주의 심리학'에 기인한 것이다. 행동주의란 과학적 심리학이 주관상태에 대한 '내성'에 기초할 수 없다고 보고, 행동에 대한 실험적 연구를 통해 심리학을 재구성한 것이다. 행동주의자들에 따르면 과학은 객관적으로 검증될 수 있어야만 하며, 인간 마음에 관해 유일하게 객관적으로 검증할 수 있는 것은 인간의 행동뿐이라는 것이다. 바로 이 행동을 '자극-반응'의 연결법칙에 따라 설명하려는 것이 행동주의 심리학이다. 이에 따르면 사람이 특정한 심적 상태를 가진다는 것은 어떤 종류의 행동을 할 성향을 가지고 있다는 뜻이 된다.

이러한 행동주의 심리학에 기초하여 보다 강력한 '논리적 행동주의'가 생겨났다. 심리학에서 행동주의가 '방법론적'이라면, 논리적 행동주의는 일종의 철학적 운동이라는 데서 차이가 있다. 어쨌든 공통적으로 행동주의는 어떤 사람의 심적 상태에 대한 기술이 그 사람의 실제적인 행동이거나 가능한 행동에 대한 것이어야만 한다고 주장한다. 이러한 행동은 일반적으로 지시기능을 지닌다. 그래서 전형적인 행동주의자들의 분석에 따르면 "철수는 비가 올 것이라고 믿는다"고 말하는 것은 예를 들어 그의 집 창문이 열려 있으면 창문을 닫아야 한다는 것을, 그가 산책을 나간다면 우산을 가지고 가라는 것을 의미한다고 설명한다. 이를 명제화하면 "만일 이러이러한 조건이 갖춰진다면, 저러저러한 행동이 나타날 것이다."가 된다. 이를 도식화하면 다음과 같다.

만일 p이면 q이다 ($p \rightarrow q$)

행동주의의 명제는 모두 '가언적'이다. 이러한 가언적 명제는 신체의 움직임을 조종하는 독립된 주관으로서 마음의 존재를 설정한 데카르트적 이원론을 정면으로 반박하는데 유용하다는 특징이 있다. 데카르트의 이원론을 조롱하여 라일(G. Ryle)은 마음을 '기계 속의 유령'이라고 부른 것도 같은 맥락이다. 그러나 20세기 중반(1960년대)에 이르러 심리학의 대상이 인간의 '마음'이지 행동이 아니라는 반론이 제기되면서 이른바 명실상부한 유물론을 지향하는 '물리주의'(physicalism)가 등장하였다.

3) 물리주의

어떤 의미에서 행동주의는 아직 유물론이 아니며, 관념론에서 유물론으로 이행하는 과도기에 나타난 하나의 이론이라 할 수 있다. 행동주의가 방법적 (논리적) 차원에서 데카르트의 이원론을 비판한 것과 달리, 물리주의는 사실의 차원에서 이원론이 잘못을 범했다고 주장한다. 즉 데카르트가 마음이라고 부른 것은 사실의 차원에서 '두뇌'일 뿐이며, 고통을 느끼거나 행복을 바라는 등 우리의 심적 상태는 일종의 두뇌상태라는 것이다. 이로부터 '심적 상태=두뇌상태'라는 등식이 성립한다. 물리주의가 이따금 '동일성 이론'(identity theory)이라고도 불리는 것도 이 때문이다. 그 대표자는 플레이스(C. Place)와 스마트(J. Smart)이다.

동일성 이론은 근본적으로 행동주의와 자신들의 이론을 대조시켜 보는 것에서 출발한다. 이들이 보기에 행동주의는 심적 상태를 개념적으로 정의하는 논리적 가설에 불과하다. 이에 반해 동일성 이론은 심적 상태의 존재양식에 관한 사실을 밝히는 것에 초점을 맞춘다. 이로부터 우리는 동일성 이론의 문제의식을 다음과 같이 정리할 수 있겠다. 즉 "어떻게 하면 유물론적 세계관의 테두리 안에서 인간 정신의 존재론적 지위를 확보할 수 있는가?" 여기서 동일성 이론에는 '유형(type) 동일성 이론'과 '개별(token) 동일성 이론'이 있다. 유형 동일성 이론은 정신 상태 또는 사건의 유형이 두뇌의 생리적 상태 또는 사건의 유형과 동일하다는 것이다. 이것은 생리적 조건이 똑같은 경우에만 동일성이 성립한다. 그런데 우리와 생리적 조건이 다른 외계인이 있다고 하면, 생리적 조건이 다르기 때문에 외계인의 정신적 상태와 사건은 우리의 것과 같을 수 없고 심지어 정신적 상태나 사건을 가진다고 말할 수조차 없게 된다. 이에 대한 보완책이 개별 동일성 이론인데, 이에 따르면 특정한 유형의 정신적 속성에는 단일 속성의 물리적 유형이 대응하는 것이 아니라 물리적 속성의 개별 사례들이 대응한다는 것이다. 이로부터 '기능주의'(functionalism) 이론이 싹터 나온다.

그러나 동일성 이론은 이 문제를 의외로 간단히 해결한다. 즉 정신적 속성이란 두뇌 속에서 일어나는 물리적 속성이라고 보는 것이다. 예를 들어 내가 가시에 찔려 '고통'을 느낀다면, 그것은 뇌 속에 일어나는 C-신경섬유의 '자극'과 동일하다는 것이다. 여기서 '고통=C-신경섬유의 자극'이라는 등식이 성립한다. 이것을 도식화하면 다음과 같다.

X는 Y와 동일하다 (X=Y)

이것은 무엇을 의미하는가? 일반적으로 '동일하다'는 말은 일종의 동어반복(tautology)을 가리킨다. 그러나 동일성 이론이 동어반복적 명제라면, 우리에게 알려주는 것이 아무것도 없지 않은가? 나아가 '고통=C-신경섬유의 자극'이 한갓 동어반복적 명제라면, 우리는 왜 동일한 내용을 이중으로 표현(표상, representation)해야만 하는지에 대해 해명하지 않으면 안 된다. 이에 대해 동일성 이론은 '고통=C-신경섬유의 자극'이라는 명제가 동어반복적 동일성을 나타내는 것이 아니라 '엄격한 의미의 동일성'을 말하는 것이라고 주장한다.

이 점에서 동일성 이론은 프레게(F. Frege)의 '언어이론'에 크게 의존하고 있다. 프레게에 따르면 말의 의미에는 '지시체'(reference)와 '뜻'(sense)이라는 두 차원이 있다. 예를 들어 달(月)의 관념은 여러 가지(물리학자의 달과 예술가의 달, 어린아이의 달 등)가 있다. 이때 관념이 서로 상충된다면, 우리는 의사소통이 불가능할 것이다. 이에 프레게는 과감하게 '언어적 전환'을 수행한 것인데, '달'이라는 말의 의미는 관념이 아니라 달 그 자체인 지시체와 그 지시체를 표상하는 뜻의 두 차원을 통해 드러난다는 것이다. 그리하여 '달=지구를 중심으로 공전하는 위성'이라고 정의할 수 있고, 이 정의는 단순한 동어반복적 명제가 아니라 엄격한 의미 동일성을 나타내는 명제이다. 이 의미 동일성의 명제에서 '동일하다'는 것은 표현의 지시체가 같다는 뜻이다. 바로 이 점을 동일성 이론은 전제하고 있는 것이다.

그러나 동일성 이론은 치명적인 약점을 안고 있는데, 그것은 존재론적으로 하나인 현상이 심적이고 물질적이라는 두 측면으로 인식되고 있다는 점이다. 이것은 곧 데카르트의 이원론을 인정하고 전제하는 것이 아닌가? 더욱이 고약한 것은 심적 상태를 물질적인 두뇌 상태로 환원시켜 보고 있다는 점이다. 그렇다면 유물론을 지지하기 위해 우리는 반드시 '환원주의'를 받아들여야만 하는 것일까? 이 물음에 대한 수정적 견해가 이른바 '비환원적 유물론'이다.

4) 비환원적 유물론: 기능주의와 무법칙적 일원론

환원적 유물론인 동일성 이론이 고통을 C-신경섬유의 자극으로 보는 것과 달리 비환원적 유물론은 고통과 C-신경섬유의 자극 사이의 관계를 다음과 같이 본다.

C-신경섬유의 자극⊃고통

이 도식은 다음과 같은 의미이다. 즉 C-신경섬유가 자극되면 고통이 발생한다. 그러나 고통이 발생한다고 하여 반드시 C-신경섬유가 자극되어야만 하는 것은 아니다. 예를 들어 왼팔을 절단당한 환자가 왼팔의 고통을 호소하는 '환상지'를 보면 이해할 수 있을 것이다. 고통이 C-신경섬유의 자극에서 나왔다는 점에서 그것은 '유물론적'이지만, 고통을 느끼는 것이 반드시 C-신경섬유의 자극을 전제하지 않는다는 점에서 '비환원주의적'이다. 이러한 비환원주의적 유물론에는 '기능주의'와 '무법칙적 일원론'이 속한다. 기능주의의 대표자는 퍼트남(H. Putnam)과 포더(J. Fodor)이고, 무법칙적 일원론의 대표자는 데이빗슨(D. Davidson)이다.

기능주의는 심적 현상을 뇌세포들의 '기능'(function)에 따라 일어나는 현상이라고 본다. 그러나 심적 현상이 일어나기 위해 반드시 (인간의) 뇌세포만 있어야 되는 것은 아니다. 다른 물리적 구조도 심적 현상을 발생시킬 수 있다. 예를 들어 컴퓨터 칩이 그렇다. 이와 같이 심적 현상은 특정한 물리적 구조의 문제가 아니라 다양한 물리적 구조가 실현시킬 수 있는 '기능'이라는 것이다. 이러한 기능주의의 문제는 다음의 '인공지능'(A.I., Artificial Intelligence)에서 자세하게 다뤄질 것이다.

기능주의와 달리, 무법칙적 일원론에 따르면 모든 심적 사건은 어떤 물리적 사건과 동일하지만, 모든 물리적 사건과 심적 사건이 같은 것은 아니다. 이 말은 심적인 것과 물리적인 것을 이어주는 '교량 법칙'인 동일성의 원리를 부정하는 것이다. 동일성 대신에 일원론은 동일성 이론에 의해 '참'인 심적인 것이 물리적인 것에 의존한다는 '의존성'을 제시한다. 데이빗슨은 이것을 물리적인 것을 기반으로 하는 심적인 것의 '수반'(supervenience)이라 불렀다. 심신수반의 논제를 우리는 다음과 같이 정식화할 수 있겠다.

> 만약 두 사건이 모든 물리적 관점에서 유사하다면, 그것들은 어떤 심적 관점에서 다를 수 없다. 또한 어떤 것도 그 물리적 관점이 변하지 않는다면, 어떤 심적인 관점에서도 변할 수 없다.

5) 컴퓨터 기능주의: 강한 인공지능

기능주의자들이 볼 때 심적 상태는 자동차의 카뷰레터, 시계, 자동온도조절장치 등과 같은 기능을 한다. 이러한 심적 상태는 그 물리적 구조에 의해 규정되지 않는다. 또한 데카르트적인 심적 본질로도 규정되지 않는다. 예를 들어 시계를 규정하는 특징은 우리에게 시각을 알려주는 물리적 메커니즘일 뿐이다. 이 물리적 메커니즘의 인과관계에 의해 시계가 설명되는 것이지 시계의 관념이나 물리적 구조에 의해 설명되는 것은 아니다. 이렇듯 기증주의자들이 관심을 갖는 것도 어떤 행동을 일으키는 인간 내부 뇌 기능의 인과적 메커니즘에 초점을 맞춘다.

물론 뇌 기능의 메커니즘에 관한 전문적인 연구는 신경과학(neuroscience)과 인지심리학(cognitive psychology)의 고유 영역이다. 이들 신경과학과 인지심리학의 연구가 완전히 성숙하기 전에는 뇌가 자극에 반응하여 행동을 유발하는 일종의 '블랙박스'(black box)로만 취급되었다. 이것은 행동주의의 근본전제이다. 뇌가 블랙박스인 까닭은 어떤 행동이 자극에 의해 유발되는 입력과 출력의 인과관계만 문제될 뿐이고, 뇌의 내부에서 일어나는 메커니즘은 하등 문제될 것이 없다고 보기 때문이다. 그러나 뇌의 내부에서 일어나는 메커니즘이 밝혀지고 있는 지금, 기능주의가 새삼 뇌 기능의 인과적 메커니즘에 호소한다는 것은 마치 종래의 행동주의 이론으로 되돌아간 것처럼 보이지 않는가?

행동주의 비판에서 출발한 유물론이 다시금 행동주의로 돌아가는 이것이야말로 악순환이다. 이러한 악순환에 빠지지 않기 위해서라도 기능주의는 블랙박스 시스템의 작동에 관해 해명하지 않으면 안 된다. 그런데 이에 대한 해명은 놀랍게도 컴퓨터 과학과 인공지능의 영역에서 나왔다. 그것은 우리 마음과 뇌의 관계를 프로그램과 컴퓨터의 관계에서 보려는 것이다. 컴퓨터는 원칙적으로 하나의 계산기계인데, 우리의 심적 상태도 두뇌의 계산상태와 같다는 것을 기능주의는 새롭게 발견한 것이다. 이것이 곧 '컴퓨터 기능주의'이다. 이를 도식화하면 다음과 같다.

$$\frac{\text{마음}}{\text{두뇌}} = \frac{\text{프로그램(소프트웨어)}}{\text{컴퓨터(하드웨어)}}$$

컴퓨터 기능주의는 마침내 '인공지능'에의 길을 열었다. 우리는 인공지능을 약한 인공지능과 강한 인공지능의 문제로 구분해서 접근할 필요가 있다. 약한 인공지능이란 컴퓨터 시뮬레이션을 통해 마음을 연구하는 것을 말한다. 이로부터 형성된 기술을 우리는 자동세탁기나 자동청소기 등과 같은 도구의 제작에 응용할 수 있다. 다시 말하면 약한 인공지능이란 일종의 도구적 기술의 차원에 머문다. 이에 반해 강한 인공지능은 '마음을 창조할 것' 같은 행세를 한다. 이에 따르면 컴퓨터는 곧 마음을 가진다.

강한 인공지능에서 중요한 것은 '알고리듬'(algorithm과 '튜링기계'(Turing Machine)이다. 먼저 알고리듬이란 정확하게 단계를 밟아가면서 문제를 푸는 방식을 말한다. 다시 말하면 대수에서 덧셈과 뺄셈처럼 그 단계를 정확하게만 따라가면 올바른 답에 도달할 수 있는 '효과적인 절차'를 알고리듬이라 한다. 다음으로 튜링기계란 단지 두 종류의 기호만 사용해서 계산을 실행시키는 장치를 말한다. 이때 기계는 모든 일을 프로그램에 따라 실행시키고, 프로그램은 일련의 규칙들로 이루어져 있다. 이 규칙들은 다음과 같은 형태를 취한다.

C라는 조건에서는 행동 A를 실행하라 (C→A)

그러나 튜링기계란 우리가 일상에서 보는 기계가 아니라 추상적 수학 개념이다. 따라서 어떤 알고리듬이라도 튜링기계에서 실행될 수 있다. 이 말은 튜링기계가 어떤 알고리듬을 실행시키는데 충분하다는 것(충분조건)을 의미한다. 이로부터 우리는 "기계가 정말로 생각할 수 있고, 지성을 갖추고 있는가?" 하는 문제, 또는 인식론의 오랜 숙제로 남아있던 "타자의 마음이 존재하는가?" 하는 물음을 일거에 해소할 수 있다.

이른바 '튜링테스트'(Turing Test)가 그것인데(Turing, 1950), 이 테스트를 통과한 것은 모두 마음을 가졌다고 할 수 있다는 것이다. 다시 말하면 우리가 인지활동을 할 때 모든 사람이 사용하는 튜링기계 프로그램만 발견한다면, 우리는 마음에 관한 충분한 과학적 설명을 얻을 수 있다는 것이다.

과연 그럴까? 이렇게 상상해 보자. 중국어를 전혀 모르는 내가 중국어 문자로 가득찬 방 속에 갇혀 있고, 오직 한 권의 규정집만 가지고 있다고 치자. 이 규정집은 중국어로 내게 제출된 문제에 대답할 수 있도록 해 준다. 이러한 상황에서 방 밖에서 받은 알 수 없는 문제를 이 규정집에 따라 풀었다면, 나는 과연 중국어를 아는 것일까? 이것이 저 유명한 설(J. Searle)의 '중국어 방 논변'이다. 갇힌 방에서 규정집에 적힌 대로 행동했다면, 이것은 튜링테스트를 통과한 것과 같지 않은가?

그렇다면 나는 정말로 중국어를 이해한 것일까? 튜링테스트를 통과한 것과 중국어를 이해한 것은 전혀 별개의 것이다. 이것은 인간의 마음이 컴퓨터의 계산과 같은 것일 수 없음을 말해준다. 컴퓨터는 기호를 조작함으로써 기능하고, 그 작업과정은 통사론적으로(syntactically) 정의된다. 그러나 인간의 마음은 해석되지 않는 기호 이상의 것을 지니고 있다. 뿐만 아니라 기호에 '의미'를 부여하는 것이야말로 진정한 마음의 기능이다.

Ⅲ. 과학적 관점에서 본 정신

과학은 정신의 산물임에 틀림없다. 물론 철학과 종교도 정신의 산물이다. 우리는 이미 철학과 종교 속의 정신이 무엇을 의미하는지를 검토하였다. 철학과 종교 속의 정신은 주로 물질이 아니거나 육체가 아닌 부분에 대한 것이다. 이와 관련된 내용은 심신의 문제를 통해 검토하였다. 그러나 과학은 물질이거나 육체와 관련된 부분을 다룬다. 그렇다면 과학으로 정신을 살펴본다는 것은 무엇을 뜻하는가? 이 문제에 대한 논의는 신경과학, 컴퓨터과학 그리고 복잡계를 통해서 전개할 수 있을 것이다.

여기서 진행되는 논의는 심신의 문제와 관련된 것을 과학을 통해서 어떻게 구현할 수 있는지를 살피는 것이다. 이는 정신의 물질적인 근거가 무엇인지와 관련되어 있다. 이러한 탐구에서 가장 큰 걸림돌로 작용하는 것은 주관의 문제이다. 과연 과학은 주관의 문제를 포섭할 수 있는가? 과학의 논리를 통해 주관의 문제도 물질을 통해서 해명될 수 있다고 할 때, 우리는 세 가지의 선택지를 두고 고민하게 된다. ① 이원론 ② 유물론 ③ 창발성 등이 그것이다. ① 이원론과 관련된 논의는 앞에서 충분히 살펴보았다.

정신의 물질적인 기반에 대한 논의를 통해 우리를 자연스럽게 ② 유물론으로 나아간다. 이 논의는 앞장에서 논의한 심신의 문제에 대한 과학적인 근거를 제공한다. 그렇지만 우리가 물질의 상태를 과학적으로 이해한다고 해서 정신의 상태를 안다고 할 수 있는가? 생각을 전환하지 않고 이 질문에 대답하려고 할 때, 우리는 유물론의 그늘을 벗어나기가 힘들어 보인다.

그러나 물질을 유물론적으로 바라보는 우리의 사유를 확장시킬 수는 없을까? 지금까지의 유물론은 물질들이 맺는 환원적인 관계에 주목하는 것이라고 한다면, 이제는 물질들이 맺는 비환원적이고 체계적인 관계를 고려할 수도 있을 것이다. 그렇다면 물질들이 맺는 비환원적인 관계란 무엇인가? 이렇게 제기된 질문은 우리가 ③ 창발성을 통해 부분과 전체의 문제를 새롭게 조망할 것을 요구한다.

1. 신경과학과 정신

1) 신경세포란 무엇인가?

의식의 원천이 뇌라는 사실은 대체로 인정하는 바이다. 특히 뇌와 척수를 포함하는 중추신경계를 연구하는 신경과학자들에게 이것은 더욱 명확한 사실이다. 그러나 지난 20년간 뇌신경과학의 비약적인 발전을 통해 얻은 놀랄 만한 양의 지식에도 불구하고, 의식이 만들어지는 과정은 여전히 미개척지로 남아 있다. 뇌가 의식의 근원이라는 가정에서 볼 때, 뇌를 구성하는 가장 작은 단위는 신경세포이다. 신경세포와 그 신경세포를 연결하는 시냅스, 그리고 시냅스를 통해 이루어지는 신경세포들의 상호작용과 정보의 통합이 의식의 형성을 설명할 수 있다고 우리는 믿는다. 이에 우리는 세포, 신경세포, 시냅스, 그리고 신경세포 단계에서 정보가 어떻게 통합되는지를 살펴볼 것이다.

신경세포 설명 이전에 세포의 공통적인 특징을 이해하는 것은 매우 중요하다. 모든 생물을 구성하는 세포는 크게 분류하여 유전정보인 DNA를 세포 안의 분리된 공간인 핵에 포함하고 있는 진핵세포, 핵과 같이 별도의 유전정보의 저장 구조를 가지고 있지 않은 원핵세포로 나눌 수 있다. 박테리아 같은 미생물 등이 원핵세포의 형태로 존재하며, 인간을 비롯한 대부분의 고등 생물들은 진핵세포로 구성되어 있다. 뇌를 구성하는 신경세포는 진핵세포에 속한다.

2) 시냅스란 무엇인가?

시냅스는 두 부분으로 나눌 수 있다. 시냅스 앞에는 뉴런의 축삭 말단이 있고, 시냅스 뒤에는 세포의 세포막이 있다. 시냅스 뒤의 세포는 다른 신경세포일 수도 있으며, 뉴런이 아닌 세포일 수도 있다. 많은 수상돌기가 있는 뉴런은 당연히 많은 시냅스를 형성하는데, 통상 1개의 뉴런은 1만여 개의 시냅스를 형성하고 있다. 시냅스는 전기적인 시냅스와 화학적인 시냅스가 있다. 전기적인 시냅스는 틈새이음을 통하여 정보를 전기 형태로 직접 양방향으로 전달할 수 있으며, 주로 중추신경계에서 발견된다. 전기적 시냅스는 전기를 신호 매개로 이용하므로 그 신호의 전달 속도가 빠르고, 세포 사이의 정보전달을 동시화할 수 있는 장점을 가지고 있다. 또한 틈새이음은 전기적인 정보전달 뿐만 아니라, 인접한 세포에 화학적인 신호물질을 전달하기도 한다. 전기적 시냅스는 신경세포의 정보 전달에 이용되는 일반적인 시냅스가 아니며, 화학적 시냅스가 신경계의 일반적인 시냅스이다. 화학적 시냅스는 신경전달물질을 이용하여 다른 세포에 정보를 전달하는 방법이다. 즉 시냅스 앞의 전기적인 신호가 화학신호인 신경전달물질로 바뀌어 시냅스를 통과하고, 다시 시냅스 뒤 세포의 수용체에 결합하여 전기신호로 변환되거나 다른 세포의 변화를 유발하는 다른 인자들을 활성화시킨다.

3) 분활뇌: 좌우의 뇌는 기능이 다르다

뇌의 부위에 따른 기능이 다를 것이라는 추측은 뇌기능의 손상과 사후 부검으로 확인된다. 특히 브로카(P. Broca)와 베르니케(C. Wernicke)의 연구를 통하여 왼쪽 뇌의 특정 부위가 언어를 관장하는 것이 확인되었으며, 좌우의 뇌가 서로 다른 기능을 담당한다는 결정적인 증거도 스페리(R. Sperry)와 가자니가(M. Gazzaniga)가 미국의 캘리포니아공과대학에서 행한 분할뇌의 연구를 통하여 확보하였다.

약물치료가 불가능한 간질성 발작을 치료하는 최후의 방법으로 좌우 반구를 연결하는 뇌량(corpus callosum)과 두부교련(anterior commissure)을 절단하는 수술을 행하였다. 스페리 박사의 연구에 참여한 환자(W. J.)는 수술에 의하여 뇌의 좌우 반구 피질 상호간의 연결이 끊어져 있으므로, W. J.의 연구를 통하여 좌우 뇌의 기능을 독립적으로 관찰할 수 있었다. 주로 좌측 뇌에 연결되어 좌측 뇌가 그 기능을 지배하는 오른쪽 신체의 촉각기능은 특별한 이상이 발견되지 않았으나, 동일한 실험을 신체의 왼쪽을 사용하도록 하였을 때는 인지, 언어, 글쓰기를 하는 데 상당한 어려움을 보였다. 이는 뇌의 좌우가 서로 다른 기능을 한다는 결정적인 증거로 활용되고 있다.

다른 분할뇌 환자의 연구에서는 환자가 물건을 보지 못한 채, 물건을 왼손 혹은 오른손으로 만지고 물건이 무엇인지 맞히도록 하였다. 오른손으로 (왼쪽 뇌를 사용) 물건을 만졌을 때는 어려움 없이 물건이 무엇인지 말하였으나, 왼손으로 (오른쪽 뇌를 사용) 동일한 물건을 만졌을 때는 물건의 이름을 말할 수 없었다. 그러나 이름을 말할 수 없다고 하여 뇌가 그 물건이 무엇인지 모르는 것은 아니었다. 정확한 물건의 이름을 말하기보다 그 물건을 묘사하거나 초보적인 표현을 하였다(예컨대 '공' 대신에 '동그란 것'). 특히 두 눈 중 한쪽의 눈에만 상이 맺히도록 하는 특별한 장치를 사용하여 실험한 결과, 왼쪽의 뇌(즉 오른쪽 눈으로 들어온 정보처리)는 언어로 된 명령에 반응하는 반면, 오른쪽 뇌는 그림 등과 같이 언어를 사용하지 않은 명령을 잘 수행하였다.

분할뇌를 이용한 연구는 오랫동안 논란이 되었던 언어를 담당하는 기능이 왼쪽 뇌에 편재되어 있다는 사실을 증명하여 주었다. 단지 언어 영역뿐만 아니라 분활뇌 환자들은 왼손과 오른손이 서로 반대되는 행동을 보이는 경우가 관찰되었다. 스페리가 연구한 환자 W. J.의 경우 아내의 관찰에 따르면 W. J.가 오른손으로 신문을 집으려 하면 왼손이 갑자기 신문을 내려놓아서 오른손으로 다시 집는 일이 있으며, 종종 옷을 입거나 벗을 때에도 비슷하게 왼손과 오른손이 서로 반대의 행동을 보였다고 한다. 이는 왼손을 지배하는 오른쪽 뇌의 영역이 왼쪽 뇌가 주도한 의도에서 벗어나 있는 것으로 볼 수 있다.

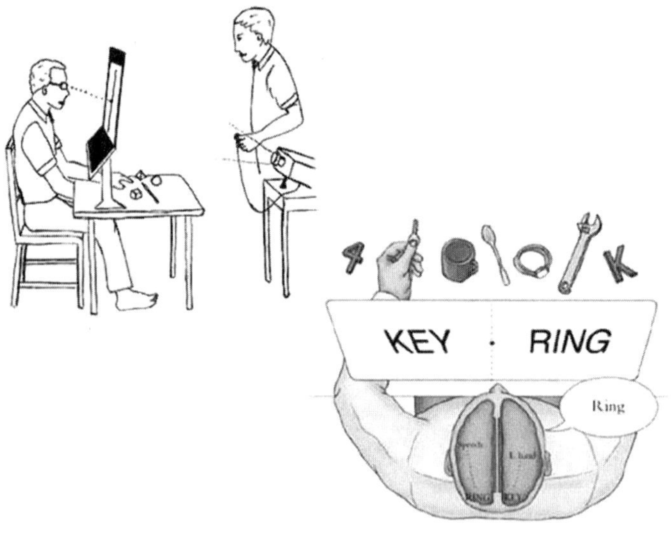

분활뇌의 연구결과는 기능적으로 뇌의 양쪽이 나누어져 있다는 것을 증명하였지만, 이것이 뇌에 두 개의 독립된 실체가 있다는 것을 의미하지는 않는다. 실제로 최근의 뇌 영상을 통해 연구한 결과를 보면, 언어의 영역에서도 뇌의 왼쪽뿐만 아니라 오른쪽이 함께 활성화되는 것을 알 수 있다.

2. 컴퓨터과학과 정신

'정신' 혹은 '마음'이 무엇인지를 정의하는 것은 어렵지만, 적어도 마음의 기능에 관해 말하는 것은 그렇게 어려워 보이지 않는다. 심리학은 어떤 자극과 반응을 매개하는 기능을 마음이라 부른다. 이것을 컴퓨터가 일반화된 최근에는 입력과 출력을 매개하는 것으로 바꾸어 말하기도 한다. 여기서 보자면 마음이란 외부로부터 입력된 정보를 처리하여 다른 형태의 정보로 출력하는 컴퓨터의 '연산장치', '저장장치'와 같은 것이라고 할 수 있다.

인간의 마음이 정보를 어떻게 처리하는지는 명확하게 밝혀져 있지 않다. 그러나 컴퓨터의 정보처리가 어떻게 이루어지는지는 명확하다. 따라서 컴퓨터의 정보처리 과정은 그 자체로 마음의 정보처리 과정과 동일하다고 할 수는 없을지라도, 우리가 마음을 이해하는 데 도움이 될 만한 실마리는 제공할 수 있을 것으로 기대한다. 그것은 마치 제대로 된 비행기를 제작하는 과정에서 비행에 대해 한층 더 상세히 알게 된 결과, 이전에는 잘 알지 못했던 새들의 비행 능력을 과학적으로 이해할 수 있게 된 것과 같다.

이렇듯 정보처리 과정으로서 마음의 본성을 알아보려는 것이 이 글의 목표이다. 즉 컴퓨터와 인공지능이 무엇이며, 어떻게 발전해 왔는지, 그리고 특히 인지를 위해 구현되는 정보처리 기술에서 통합적 인지를 위한 방법을 살펴봄으로써 인간의 마음이 작동하는 하나의 메커니즘을 밝히려는 것이다. 이러한 고찰이 마음을 이해하기 위한 다양한 접근법 중의 하나를 제공할 것이라는 확신에 따른 것이다.

1) 컴퓨터와 인공지능

천재의 위대한 업적이 하나의 사소한 발견에서 비롯되듯이, 컴퓨터의 역사도 사소한 것에서 시작한다. 1700년대 말부터 미국은 10년 주기로 인구조사를 해 왔는데, 11번째 인구조사가 실시된 것이 1880년이었다. 그러나 조사가 끝난 지 무려 7년이 흘렀지만 결과가 나오지 않았다. 기다리다 지친 그 당시 인구조사국 국장은 새로운 인구조사 통계처리 방식을 공모하기에 이른다. 이때 1등으로 당선된 기계가 허만 홀러리스(H. Hollelis)의 '센서스 머신'(Census Machine)이었다. 이것은 천공카드를 이용해 통계를 처리하는 전자계산기의 전신이다. 이 기계 덕분에 미국의 인구조사는 6주 만에 완료되어 최종 결과가 3년 만에 나오게 되었다. 이 성공 덕분에 홀러리스는 '타블레이팅 머신'(Tabulating Machine)이라는 회사를 세웠고, 이 회사가 20세기 컴퓨터 업계의 공룡인 IBM으로 성장했다.

컴퓨터 업계에는 다음과 같은 슬로건이 신화처럼 떠돌고 있다. "100년 앞선 아이디어가 다음 100년을 좌우한다!" 컴퓨터의 역사는 바로 이러한 슬로건이 사실임을 보여준다. 그 대표적인 사례가 미국의 세계적인 전자업체인 '제너럴일렉트릭'(GE)사이다. GE는 1950년대 초 '컴퓨터를 최초로 구입한 회사'이다. 당시만 해도 정부나 대학 몇 군데에서 대규모 컴퓨터를 시험 가동하고 있었을 뿐이었는데, 엄청난 비용을 들여 컴퓨터를 구입한 GE가 이후 세계시장을 석권하는 전자제품 회사가 된 것은 결코 우연이 아니다. 같은 맥락에서 볼 때 1969년 마이크로프로세서를 처음으로 출시한 인텔사가 21세기 들어와서도 당분간은 컴퓨터칩의 선두주자 자리를 유지할 것으로 보인다. 참고로 우리나라에 공식적으로 첫 선을 보인 컴퓨터는 1967년 4월 경제기획원 조사통계국이 도입한 IBM의 'IBM 1401'로 기록돼 있다. 발명이 아니라 도입이라는 수동적인 형태로 시작한 우리나라 컴퓨터의 역사가 21세기에 어떻게 발전해 갈지는 우리의 노력에 달려 있다고 하겠다.

인공지능(AI: artificial intelligence)이란 엄밀한 의미에서 시스템에 의해 만들어진 지능, 즉 '인공적으로 만들어 낸 지능'이라는 뜻이다. 이 말은 일반적으로 범용 컴퓨터에 적용된 개념을 가리키지만, 오늘날에는 이러한 인공지능을 만들 수 있는 방법론이나 실현 가능성 등을 연구하는 과학 분야를 모두 가리킨다.

2) 인공지능의 정보처리 방식

현재 인지과학의 탐구전략이자 방법론 중에서 가장 큰 영향을 미치고 있는 것은 기호주의(symbolism)와 연결주의(connectionism)라 불리는 접근방식이다. 기호주의와 연결주의는 서로 대립되는 패러다임이다. 기호주의에 근거한 인지이론과 연결주의에 근거한 인지이론은 그 전제와 논리적 구조에서 뚜렷이 구별된다. 각각의 이론이 받아들이는 존재론적 가정이 다르고, 핵심 용어와 논리적 장치는 서로 상충한다. 그럼에도 불구하고 기호주의 인지이론과 연결주의 인지이론은 공히 내적인 논리적 일관성을 갖추고 있으며, 인지현상의 여러 영역에 걸쳐 경험적 대응성을 지니고 있다. 이 점에서 두 이론은 과학적 이론의 구성요건을 충족시키는 과학이론이라고 할 수 있다.

3) 연결주의에 입각한 통합인지

많은 문제를 효과적으로 해결하기 위해서는 기호주의적인 방법과 연결주의적인 방법을 적절히 결합할 필요가 있다. 그러나 앞서 지적했듯이 기호주의와 연결주의는 그 전제와 논리적 구조에서 뚜렷이 구별되는 패러다임이다. 뿐만 아니라 이 두 이론은 서로 경쟁관계에 있다. 이로부터 어느 한쪽이 다른 쪽을 포괄하거나 대체할 수 있다고 주장하는 사람들(필리쉰(Z. Pylyshyn), 램지(W. Ramsey))과 이 두 이론을 결합하면 인지 현상 전반을 설명할 수 있는 통합이론을 구축할 수 있을 것으로 보는 사람들(뉴웰(A. Newell), 처칠랜드(P. Churchland))이 있다.

전자를 대표하는 입장은 역전파 모델(back propagation model)이나 볼츠만 학습 모델(boltzman learning model)이다. 즉 연결주의 이론은 하드웨어적인 계산과정과 소프트웨어적인 인지과정 사이를 연결하는 절차를 명백히 기술할 수 없기 때문에, 인지과정의 세부 내용보다는 총체적 인지기능의 발현에 초점을 맞추고 있다. 계산주의에 비해 상대적으로 복잡한 이론이나 모델을 제시하지만, 연결주의에 입각한 두 모델은 '기억'과 '학습'에서 상당한 효력을 지닌 것으로 평가받고 있다.

3. 복잡계와 정신

일반적으로 복잡계는 기존의 패러다임에서 정확하게 이해하지 못하는 요소들의 영향이 강하게 나타나, 쉽게 이해하기 힘든 현상들을 총칭하는 말이다. 이러한 규정에 따르면 모든 학문분야에서 복잡계는 항상 존재하고 있으며 앞으로도 존재할 것이다. 일찍이 프앵카레(H. Poincaré)는 과학의 발전을 위해서는 연구 주제가 적절한 수준의 복잡성을 가져야 한다는 견해를 피력한 바가 있다. 다시 말해서 현재의 패러다임으로 충분히 이해할 수 있는 주제들만이 연구된다면 진정한 의미의 발전은 없을 것이며, 연구주제가 너무 복잡하여 이해하기가 어렵다면 과학의 발전은 매우 더딜 것이다. 그러므로 지금까지 다루어왔던 과학의 주제를 복잡성의 수준에 따라 분류하는 것은 학문의 현재를 점검하고 미래를 대비하는 것이 될 수 있다고 여겨진다.

이를 위해 우리는 우선 복잡성의 수준을 우리가 고려해야 할 변수가 얼마나 많으며, 그 변수들이 서로 얼마나 밀접한 관계 속에 있는가, 그리고 기능적으로는 이런 관계들을 통해서 어떤 기능을 수행하는가 등으로 나누어서 살펴봐야 할 것이다. 복잡성의 정도를 좀 더 세분하면 참여하는 입자 수의 크기, 고려해야하는 변수의 개수, 관계망의 관계성의 정도, 그리고 이런 관계가 상호작용 속에서 어떤 역할을 하는지 등을 통해서 구분할 수 있다. 통상적으로 엄밀한 과학은 참여하는 입자 수와 이에 대한 적절한 변수의 개수를 합리적으로 통제하는 것과 관련이 있는데, 이와 같이 통제의 막연한 어려움을 드러내는 복잡계를 '단순 복잡계'로 규정할 할 수 있다. 이와 연관해서 '단순 복잡계'에서 고려하지 않았지만 계가 보여주는 기능의 다양한 변화와 그 기능의 변화를 가능하게 하는 관계의 복잡성 정도를 구분할 수 있다. 우선 '단순 복잡계'에서 나타나지 않았던 기능과 관련된 복잡성을 '기능성 복잡계'라 규정한다. 그리고 얼마나 다양한 관계가 참여하고 있는가에 따라서 '관계성 복잡계'로 구분한다.

복잡계는 또한 생명현상을 이해할 수 있는 강력한 수단으로 떠오르고 있다. 그리고 신경과학의 발달과 더불어 이런 생명의 운동을 관장하는 두뇌의 신경회로를 이해하려는 노력이 시도되고 있다. 이와 더불어 오늘날 우리의 두뇌는 마음이 만들어지는 곳이라는 주장이 제기되고 있다. 이는 뉴런들의 시냅스가 마음의 물질적인 기반을 보여준다고 생각하는 것과 일맥상통하는 설명이다. 그렇다면 물질을 설명하는 복잡계적 접근은 마음의 문제를 해명할 때도 유효한가?

1) 뉴런 그리고 뉴런들의 시냅스

현미경을 통해 세포를 관찰하기 시작하면서, 세포가 어떤 식으로 연결되어 있는가에 대한 의견이 갈라졌다. 하나는 골지(C. Golgi)의 '망상설'이고 다른 하나는 카할(S. R. Cajal)의 '뉴런설'이 그것이다. 이렇게 대비되는 두 가지 설은 전자현미경이 발명되고서야 비로소 결말을 맺을 수 있었는데, '뉴런설'이 옳음이 증명되었다. 전자현미경으로 뉴런을 관찰한 결과 세포끼리 이어져 있지 않음이 밝혀졌다. 이것을 시냅스의 틈이라고 한다.

이런 연구를 통해서 뉴런은 인간의 몸을 구성하는 다른 세포들과는 전혀 다른 특징을 지니고 있음이 밝혀졌다. 즉, 뉴런의 세포에서는 '축삭돌기'와 '수상돌기'라는 돌기가 뻗어 나와 있었던 것이다. 그리고 이런 돌기를 매개로 해서, 다른 뉴런과 정보를 주고받을 수 있었다. 이런 정보의 교환을 통해서 뇌의 기본적인 기능이 작동할 수 있었고, 나아가서 우리가 인간다운 삶을 영위할 수 있는 근원이 되었다. 우리가 물체와 접촉하거나 그것을 볼 때

형성되는 자극은 감각 기관에서 전기적인 신호로 바뀌어서 뉴런에 전달되는데, 수상돌기는 그 자극을 받아들이는 부분이다. 그리고 수상돌기는 이것을 세포체에서 축삭으로 전달한다. 축삭의 끝 부분을 시냅스라고 하는데, 이 시냅스를 통해서 물체의 감각 신호를 뉴런으로 전달할 수 있게 된다.

시냅스의 틈은 50분의 1마이크로미터 - 1마이크로미터는 100만분의 1을 나타내는 단위이다 - 정도가 된다고 보고되고 있다. 정보가 전달될 때 이 틈은 신경전달물질을 통해 메워질 수 있다. 그리고 시냅스 수는 어마어마한데, 대뇌피질에만 10억의 100만 배만큼 된다. 만약에 연결점들이 얼마나 다양하게 연결되는가를 고려한다면, 그 수($10^{1000000}$정도 된다고 한다. 전체 우주 안에는 10^{80}정도의 양전하를 띤 입자가 존재한다는 사실과 비교한다면 얼마나 엄청난 숫자인지를 알 수 있다)는 초천문학적이라고 말할 수 있을 것이다. 물론 이 숫자는 물질계의 '단순 복잡계'인 다체문제와는 비교도 되지 않을 만큼 큰 숫자이겠지만, 그럼에도 불구하고 양자컴퓨터와 병렬컴퓨터의 등장과 더불어 계산능력이 향상되면서 통계역학을 통해서 충분히 접근할 수 있을 것으로 기대된다. 액체상태를 기술하는 온도나 압력 그리고 부피 등과 같은 변수들 역시도 뉴런과 뉴런의 시냅스를 설명할 수 있는 수준에서 규정할 수 있다. 예를 들어 뉴런들이 만들어 내는 시냅스와 시냅스의 틈은 분자생물학적인 방법을 통해서 설명될 수 있고, 시냅스의 틈과 신경전달물질이 보여주는 물리·화학적인 특성은 전기적 활성과 화학적 활성의 정도를 규정하는 변수를 통해서 충분히 설명가능하다.

그러나 뉴런이 어떤 기능을 하는지와 관련된 문제는 다체문제를 기본으로 하는 '단순 복잡계'로는 접근하기 어렵다. 그리고 뉴런들의 시냅스가 어떤 기능을 하는가와 관련해서는 시냅스의 구조와 특성뿐만 아니라 뉴런들의 상호작용에 대한 보다 정확한 이해가 요구된다. 이는 무엇보다도 뇌의 구조와 같은 부분은 다체문제를 넘어서서 뉴런들이 어떻게 조직화되어 있는지와 밀접한 관련을 맺기 때문이다.

2) 자기조직화는 시냅스

뉴런들이 어떻게 시냅스를 하는지와는 별도로 이런 시냅스가 어떤 기능을 하는지를 밝히는 일은 매우 복잡하고 어려운 문제이다. 왜냐하면 실험환경에서 측정되고 관측되는 뉴런이 아니라 살아있는 인간의 감각통로를 구성하는 뉴런은 끊임없이 외부환경의 영향을 받고 있음에도 시냅스 하나하나를 정밀하게 관측할 수는 없기 때문이다. 물론 실험적으로도 외부 영향이 감각기관을 통해 지각된 후 감각신호로 바뀌면서 수백 개의 뉴런들이 시냅스를 형성하면서 상호작용한다고 보고하고 있다. 그렇다고 해서 뉴런들의 시냅스는 원자들이 상호작용해서 분자를 만들거나 분자들이 상호작용해서 더 큰 분자를 만드는 과정일 뿐이라고 말할 수는 없다. 왜냐하면 뉴런들은 상호작용을 통해서 너무나 많은 시냅스를 형성하고, 어떤 기능을 구현하는 시냅스는 극히 일부분이기 때문이다. 그렇게 때문에 어떤 시냅스들이 뇌에서 어떤 기능을 하는지를 설명하는 것은 상호작용을 통한 다체문제와는 전혀 다른 문제가 되어버린다. 그러므로 뉴런들의 상호작용과 이런 상호작용의 결과로 생겨나는 기능을 연결시키기 위해서는 '기능성 복잡계'를 특징짓는 자기조직화와 경로의존성을 통해서 살펴볼 필요가 있을 것이다.

기능과 관련해서 '단순 복잡계'로 설명할 수 없는 이유는, 뉴런들이 시냅스를 하는 과정이 외부감각에 대해서 수동적으로만 반응하는 것이 아니라 능동적으로 반응한다는 사실과 밀접한 관련이 있기 때문이다. 예를 들어 기존에 형성된 시냅스일지라도 영원히 고정된 것이 아니라 외부 자극에 따라서 끊임없는 생성과 소멸을 반복한다. 이렇게 하는 이유는 생존에 필요한 기능들을 원활하게 수행할 수 있도록 하기 위한 것이다. 그리고 생존에 필요한 기능들은 진화의 과정에서 생명체에 흔적을 남기게 되는데, 일차적으로는 신경계 내에서 뉴런들이 상호작용하는 시냅스의 형태로 남게 된다. 이러한 생성과 소멸이 가능한 이유는 뉴런의 연결방식이 바뀜으로써 어떤 기능을 강화하거나 약화시키기 때문이며, 시냅스가 이렇게 형성되는 것은 자기조직화의 과정을 거치기 때문이다. 그러므로 뉴런들의 상호작용은 기능적인 측면에서 볼 때는 물리·화학적인 것 이상의 그 무엇을 형성한다. 예를 들면 뉴런의 연결방식이 바뀜으로써 기억이 형성되는 것과 같은 경우이다. 나아가서 이런 기억은 뒤에서 살펴볼 뉴런 네트워크의 변화와도 밀접한 관련을 맺는 것으로 보인다.

또한 자기조직화와 더불어 '기능성 복잡계'를 특징짓는 것으로 경로의존성이 있다. 이해를 돕기 위한 예로는 습관이 형성되는 과정을 들 수 있을 것이다. 다시 말해서 동일한 감각정보라고 하더라도 이 감각정보를 받아들이는 뉴런의 처리 방식이 동일하지 않을 수 있다는 것이다. 그러므로 여기서 말하는 경로의존성이란 동일한 감각정보에 얼마나 자주 노출되었는가를 말하고 있다. 이는 습관이 강화될 때 동일한 뉴런에 보다 많은 시냅스가 만들어진다는 실험보고와 일치한다. 물질에 대한 '단순 복잡계'의 예에서 본다면, 물을 여러 번 얼렸다 녹였다 해도 어는점을 비롯한 물의 물리적 특성에는 변화가 없는 것과 연관시켜 볼 때 습관 형성에 따른 시냅스 형성의 경로의존성은 쉽게 이해할 수 있을 것이다. 그리고 뉴런들이 상호작용하는 시냅스 자체도 이런 경로의존성을 보이지 않는다. 한편 물질에 대한 '기능성 복잡계'를 설명할 때 예시한 사례로써는 시냅스 형성과 관련된 경로의존성을 제대로 설명하기 어렵다. 즉 물질에 대한 '기능성 복잡계'의 예처럼 열을 가하기 전후의 변화의 입장에서 경로의존성을 따진다면, 시냅스의 경로의존성과는 다소 차이가 있다. 왜냐하면 복잡계로서의 마음은 기본적으로 단백질에 근거한 물질을 그 전제로 하기 때문에, 복잡계로서의 물질에 대응하는 예를 그대로 채택할 수는 없을 것이다.

'기능성 복잡계'가 보여주는 뉴런들의 시냅스 과정은 자기조직화와 경로의존성을 통해서 점진적이고 느린 축적이 이루어질 수 있는 시스템임을 보여준다. 자기조직화를 통해서 뉴런들은 시냅스를 형성하고, 이런 시냅스들이 모여서 뇌는 다양한 기능을 담당하는 부분으로 구획되는 것이다. 그러므로 뇌는 뉴런들이 시냅스를 이루면서 여러 가지로 배열되어 다양하게 기능하는 네트워크를 형성하는 구조를 갖는다고 볼 수 있다. 이렇게 정교하게 뉴런과 뉴런들이 시냅스를 하면서 만들어내는 네트워크를 뇌 크기의 물체 속의 무수한 세포 수와 더불어 생각해 보고, 그 내부에서 일어나는 화학반응을 고려해 보면, 우리는 이 알려진 우주 내에서 가장 복잡한 물질적 대상에 대해 말하고 있는 셈이다.

3) 신경연결지도

우리 두뇌 속에 있는 뉴런의 압도적인 수뿐만 아니라 뉴런의 다양한 모양과 어마어마한 결합의 가능성 때문에, 한 뉴런이 다른 뉴런과 결합해서 수행하게 되는 신경해부학적 기능을 결정하는 것은 매우 어렵고 복잡한 문제임이 드러나고 있다. 그러나 위에서 우리는 비록 복잡하고 어려운 문제일지라도 물리·화학적인 방식과 더불어 복잡계적인 접근을 통해서 부분적으로 접근 가능하다는 것을 살펴보았다. '단순 복잡계'나 '기능성 복잡계'의 논의는 주로 뉴런이나 뉴런들의 시냅스와 관련된 내용을 다루었는데, 이제 뉴런이 외부환경과 영향을 주고받으면서 어떻게 다양한 네트워크를 형성해 가는가에 대한 논의가 있어야 한다. 특히 외부환경의 영향을 고려하는 계는 기본적으로 동적인 시스템이기 때문에 평형상태뿐만 아니라 비평형상태도 매우 중요하므로, 이 비평형상태가 복잡한 네트워크와 어떻게 연관되는지를 살펴볼 필요가 있을 것이다.

뉴런은 여러 가지 방식으로 뇌 속에서 해부학적인 배열상태로 네트워크를 형성하면서 기능별로 구분지을 수 있는 지도로도 배열된다. 구체적으로는 뉴런이 만들어내는 신경회로망(neural map 또는 neural network)에 대한 지도이다. 이러한 지도화는 복잡한 뇌에 있어 중요한 원칙이다. 예를 들면 뇌 지도는 피부나 눈의 망막과 같은 신체의 2차원적 수용기관 층면 위의 부위를 뇌의 층면 위의 상응 부위에 연결시킬 수 있다. 그리고 수용기관 층면-예를 들면 손가락 끝의 촉각세포와 빛에 반응하는 망막세포-들은 3차원적 세계에 반응할 수 있어서, 뇌에 압력이나 파장의 차이에 대한 공간적 신호를 제공할 수도 있다. 이런 연결지도를 바탕으로 우리는 기억과 감정이라는 현상으로 나아가는가 하면 더 나아가 우리의 행위와 관련된 운동-이미지에 대해서도 살펴볼 필요가 있을 것이다.

4) 복잡계와 정신현상

진화는 수백 내지는 수천만 년 동안 이루어져 온 생명의 대서사시이다. 그리고 진화와 더불어 뇌의 발생도 또한 대단히 역동적이다. 이를 실험적으로 구현하다는 것은 불가능에 가깝다. 이런 난점을 극복하기 위해서 시도된 것이 인공생명이다. 사실 인공생명은 복잡계적인 접근과 마음의 창발 가능성 등을 컴퓨터 시뮬레이션에 기초해서 설명해보려는 생명현상에 관한 연구이다. 이러한 연구는 요소환원주의에 기초한 생물학적 생명에 대한 연구와 잘 대비되고 있으며, 또한 요소로 환원된 부분들이 어떤 관계 속에서 전체에 이르게 되는지와 관련해서 생명현상에 대한 많은 새로운 해석들을 제시해주고 있다.

환원을 통해서는 '단순 복잡계'로 대표되는 복잡성이 증가할 뿐이기 때문에, 생명과 마음의 문제를 이해하기 위해서는 새로운 시도가 필요하다. 유전자 내지는 DNA염기의 나열이 무슨 기능을 하는가, 즉 유전자들이 어떻게 상호작용하여 생명현상이나 마음을 나타나게 하는가는 아직 미스터리로 남아 있다. 생명과 마음에 대한 미스터리를 연구하고자 하는 것이 최근 주목을 받고 있는 소위 생물정보학의 핵심이다. 그런데 이러한 이해의 접근에는 환원주의적 사고만이 아니라 인공생명적인 기법을 이용한 복잡계의 과학이 설명하는 자기조직화와 네트워크의 형성이라는 지혜가 필요하다. 특히 부분의 복잡성이 커지고, 다양한 연결 속에서 상호작용을 나타내게 되면 부분이 보여주지 않던 어떤 속성(property)이 나타나는 것은 그 자체로 새로운 학문적 접근을 필요로 한다. 그렇기 때문에 수만 개가 넘는 유전자들이 벌이는 상호작용을 각 유전자 하나씩을 따로 분석하여서는 영원히 생명현상을 이해할 수 없다. 그러므로 미국 산타페 연구소의 랭턴(C. Langton)에 의하여 추진되는 이러한 인공생명 분야의 작업은 21세기 생명과학의 핵심 화두의 하나로 떠오르게 될 것이다.

마음이나 의식과 같은 인간의 정신현상이 복잡계의 학으로 그 실체가 모습을 드러내고 있다. 정신현상은 신체 각 부분과 뇌의 각 부분이 연결된 극히 복잡한 구조가 만들어 내는 복잡계의 위상전환(창발현상)의 결과로 이해할 수 있기 때문이다. 이는 앞으로의 연구가 '관계성 복잡계'가 보여주는 두뇌의 신경연결지도의 이해로 나아갈 필요가 있음을 지적하는 것이다. 그리고 이것은 네트워크에 대한 이해뿐만 아니라 다양한 네트워크를 포함한 네트워크의 네트워크로 발전하고 있는 신경연결지도에 대한 높은 이해를 요구한다. 에델만 등의 신경과학자들은 두뇌가 복잡하다고는 하지만, 무작위적인 것이 아니라 행동을 관장하는 큰 영역들이 나누어져 있을 것이며, 그러한 구분 속에서 매우 효율적으로 작동할 것이라고 한다.

이와 같이 복잡계적 접근은 물질적인 현상뿐만 아니라 뇌와 관련된 마음의 문제를 일관되게 이해하는데 큰 도움을 줄 것이다. 복잡계적 접근은 생물 역시 물질로 이루어져 있기 때문에 전통적인 물리과학의 입장으로 해석할 수 있다는 입장을 완전히 배격하는 것이 아니며, 또한 마음은 물질이 아니기 때문에 물리과학으로는 접근할 수 없다는 입장을 고수하는 것도 아닌, 제3의 입장이다. 특히 관계의 측면에서 물질과 마음을 보는 것은 진화론의 설명과 소통될 수 있는 소중한 통로가 될 것이다.

제4장 도덕과 종교의 두 원천

Ⅰ. 도덕적 의무

제멋대로 행동하도록 방임되었다면 우리의 어린 시절은 어떠했을까? 우리는 쾌락에서 쾌락으로 줄달음쳤을 것이다. 그런데 갑자기 보이지도 않고 만질 수도 없는 장애물이 나타났다. 즉 금지의 명령이다. 우리는 왜 이 금지의 명령에 복종하는가? 우리는 부모와 스승들의 말씀에 순종하는 습성을 지녔다. 우리들이 보기에 그들의 권위는 그들 자신으로부터 나왔다기보다는 그들이 우리와의 관계에서 차지하고 있는 지위로부터 나온 것이다. 이 지위로부터 하나의 명령이 나온다. 우리는 부모와 스승들의 배후에 어떤 거대한 것, 아니 무한한 것이라고 해야 할 어떤 것을 예감했다.

이것을 사회라고 말할 것이다. 이 사회를 하나의 유기체에 비교할 것이다. 유기체란 보이지 않는 끈에 의해 통일되어 있고 현명한 위계질서 속에서 서로 종속되어 있으면서도 전체의 보다 큰 행복을 위해서는 부분의 희생을 요구할 수도 있는 어떤 원리에 자연스럽게 따르는 세포들로 구성된 것을 말한다. 필연적인 법칙에 종속하는 유기체와 자유 의지들로 이루어진 사회는 서로 다르기는 하다. 그러나 이러한 자유 의지들이 유기화되는 순간부터 의지들은 하나의 유기체를 닮는다.

이러한 다소 인위적인 유기체(사회)에서는 습관이 자연 속의 필연성과 같은 역할을 수행한다. 사회생활은 우리에게 공동체의 요구에 부응하는 다소 강하게 뿌리내린 습관들의 한 체계로 보인다. 이러한 습관들 가운데 어떤 것은 명령하는 것이고, 대부분의 것은 복종하는 것들이다. 그리고 복종의 습관들은 우리의 의지에 압력을 가한다. 우리는 이 습관으로부터 벗어날 수도 있지만 중심을 벗어나 시계추가 되돌아오듯 습관에 이끌려 되돌아온다. 그러므로 어떤 한 질서가 파괴되었다면, 그것은 곧바로 복구되어야만 한다. 마치 습관에 의한 것처럼 우리는 의무감을 느끼는 것이다.

이러한 습관들의 본질과 근원은 무엇인가? 이 습관들은 주위 환경, 이 환경을 둘러싸는 환경, 이렇게 계속하면 이 환경들의 끝에 있을 사회를 위해 우리가 요구하게 되는 것들이다. 그리고 습관들은 직접적 혹은 간접적으로 사회의 요구에 부응하고 서로 연관되며 하나의 덩어리를 형성한다. 각각의 습관은 사소한 의무들이지만 이런 의무들이 모여 전체적인 의무 일반을 형성하며, 의무 일반은 각 의무들에게 의무 전체가 지니는 권위를 부여한다. 그리고 권위가 내린 '그것은 의무이다'라는 명령 형식은 개개의 분리된 의무 앞에서의 망설임을 없애 버린다.

1. 사회속의 개인

사회란 그 구성원 각자에게 내재하는 것으로서 여러 가지 요구들을 가지고 있고, 이 요구들은 크든 작든 간에 각각 그 사회의 생명 전체를 어김없이 나타내고 있다. 이것은 비유일 뿐이지만, 우리 모두는 합심해서 이 사회적 질서가 자연의 질서와 유사하다고 믿게 하기 위해 힘쓴다. 즉 가치 판단들 속에 들어 있는 도덕적 규범들이 관찰되지 않는 경우에까지도 사람들은 이 도덕적 규범들이 자연의 법칙과 유사하게 보이도록 하기 위해 애쓴다는 것이다. 이것은 사람들이 인간성을 외면하는 것으로 우리들 각자는 자신의 마음 심층에서 이러한 인간성을 발견할 수 있다. 이런 경우 악은 아주 잘 은폐되고 비밀은 널리 모든 사람들에 의해 지켜지며, 각 개인은 인간 전체에 의해 바보가 되는 셈이다.

사회가 공표하고 사회의 질서를 유지하는 법들은 자연 법칙과 닮은 것이 있다. 철학자들은 명령하는 법칙과 실증되는 법칙이 서로 다르다고 말하는데, 사람들은 명령하는 법칙에서는 빠져나올 수 있는 반면에 실증되는 법칙은 회피할 수 없기 때문이다. 그러나 대부분의 사람들에게는 이 두 법칙들에 대한 구분이 불분명하다. 그들은 물리 법칙이나 사회 법칙 혹은 도덕 법칙 등 모든 법칙을 명령하는 것으로 본다.

자연에는 하나의 질서가 있는데, 그것을 법칙이라 한다. 사실들은 질서를 따르기 위해 이 법칙에 '복종할' 것이다. 과학도 자연 법칙이 사실을 '지배하며', 따라서 사물들이 모방해야만 하는 플라톤의 이상적인 모델로서의 이데아와도 같이, 법칙이 사실을 주관한다고 믿지 않을 수 없다. 과학자가 귀납적 일반화의 사다리를 높이 올라가면 올라갈수록, 그는 좋든 싫든 간에 이 법칙들에 명령적인 성격을 부여하려 한다.

그런데 물리 법칙이 어느 정도 일반성에 도달해서 우리의 상상력 속에서 명령하는 것의 형태를 띠게 된다면, 이에 상응해서 모든 세상 사람들에게 발해지는 명령도 우리에게는 어느 정도 자연의 법칙처럼 나타난다. 이 두 관념들은 - 명령과 법칙 - 우리의 정신 속에서 서로 만나면서 상호 교환 작용을 일으킨다. 법칙은 명령으로부터 전제적인 성격을 취하고, 명령은 법칙으로부터 필연성을 받아들인다.

만일 우리가 사회적인 명령의 배후에서 종교적인 율법을 통찰한다면, 이 사태는 어떻게 될까? 사실 종교가 사회적이라는 것은 본질적으로나 우연적으로나 종교가 항상 사회적인 역할을 하고 있다는 점에서 분명한 것이다. 아마도 종교는 사회의 요구들을 지탱하고 강화하는 효과를 최초로 불러일으킬 것이다. 종교는 물론 더 이상의 역할을 수행할 수 있으며, 최소한이라도 이러한 일을 하게 된다.

사회는 죄 없는 사람을 해칠 수도 있고 범죄자를 비호할 수도 있는 형법을 제정한다. 그러면서도 사회는 이에 대한 보상을 거의 하지 않는다. 사회는 크게 보면서 작은 것으로 만족한다. 그러나 마땅히 해야 할 만큼의 보상과 형벌을 측정하는 인간의 저울을 어디에 있는가? 우리는 어떤 것의 모방물 만을 지각할 수밖에 없다는 플라톤의 이데아는 완전하고도 충만한 실재를 우리에게 보여주듯이, 종교는 우리를 어떤 도시[천국]로 인도한다. 우리가 갖는 제도나 법 그리고 관습들은 기껏해야 이 도시에서 가장 눈에 잘 띄는 지점들을 아주 멀리에서 보고 표시해 놓은 것일 뿐이다.

이 세상에서의 질서란 단적으로 개략적인 것이고 인간들에 의해 획득된 다소 인위적인 것들이다. 그러나 저 하늘 높은 곳에서는 이 질서가 완전하며 그 자체로 실현되고 있다. 그래서 우리가 보기에 종교는 이미 상식이 지니는 습관들에 의해 좁혀져 있기는 하지만 아직도 남아 있는 사회적 질서와 자연 법칙 사이의 간격을 완전하게 메우고 있다.

그러므로 결함이 있는 비유이기는 하지만, 한 도시의 구성원들은 유기체의 세포들처럼 서로 관계를 맺고 있는 것이다. 습관은 지성과 상상의 도움으로 그 도시의 구성원들 사이에 행위의 규칙을 이끌어 들이는데, 이 규칙으로 인해 서로 구별되는 개인들 사이에 형성된 유대는, 멀리서 보면 접합된 관산 세포들로 이루어진 유기체의 통일성을 닮고 있다.

우리들 각자가 자신의 내면을 향해 보면, 분명히 자신이 기호와 욕구, 혹은 변덕에 따르면서 다른 사람을 생각하지 않을 자유를 느낀다. 그러나 이러한 경향이 윤곽을 드러내자마자, 모든 사회적 힘들의 축적으로 이루어진 반대의 힘이 나타난다. 각 개인을 자신에게로 향하게 하는 개인적인 동기와는 달리, 이 힘은 자연 현상의 질서와 상당한 유사성을 지닌 하나의 질서에 도달하게 될 것이다.

한 유기체를 이루고 있는 세포가 순간적으로 의식을 갖게 되어 자신을 해방시킬 의도를 나타내자마자, 그 세포는 다시 유기체의 필연성에 구속되고 말 것이다. 사회에 참여하고 있는 개인은 자신이 복종하고 있는 유기체의 필연성을 굴절시키거나 파괴해 버릴 수도 있다. 그러나 이 필연성은 바로 그 개인이 의무라고 부르는 것이다. 그러므로 본성(nature)과 습관과의 관계와 유사한 것은 가장 일상적인 의미에서 파악된 의무와 필연성과의 관계이다.

그러므로 의무는 분명 외부로부터 발생하는 것이 아니다. 우리들 각자는 자기 스스로에게 속하는 만큼 사회에도 속한다. 각자의 의식이 마음의 심층에서 작용하면서, 우선 그 깊은 곳으로 내려감에 따라 점점 더 근원적이어서 다른 사람들의 인격과 비교할 수 없다. 또한 이렇게 함으로써 말로는 표현할 수 없는 본래적인 인격을 밖으로 드러내 준다면, 우리들 자신의 표층에서는 다른 사람들과 서로 연결되어 있다. 우리들은 그들과 유사하며, 또한 그들과 우리들 사이에 상호 의존 관계를 형성하는 행위의 원칙들에 의해 서로 결합되어 있다.

그렇다면 자신이 이 사회화된 부분 안에 자리 잡는 것이 우리 자아로서는 어떤 확고한 것에 매달리는 유일한 수단인가? 우리가 충동과 변덕 그리고 후회의 삶에서 달리 빠져나올 수가 없다면, 그것이 유일한 수단일 것이다. 그러나 우리가 가장 깊은 자아 속에서 그 수단을 찾을 수 있다면, 아마도 우리는 우리의 표층에서의 평형보다 한층 더 바람직한 다른 종류의 안정을 발견할지도 모른다. 그렇지만 우리의 자아가 보통 매달리는 곳을 발견하는 것은 표층에서, 즉 다른 외면화된 그리고 사회화된 인격들로 꽉 짜인 조직 안에 삽입되는 지점에서이다. 그 지점의 견고성은 상호 연대성에 기인한다. 그리고 자아가 매달리는 지점에 우리의 사회화된 자아가 있다. 우리가 인간들 사이를 연결하는 끈처럼 표현하는 의무는 우선 우리들 각자를 사회화된 우리 자신에 연결시키고 있다.

우리가 이론적으로는 다른 사람들에 대해서만 의무감을 갖는다 할지라도, 우리는 사실적으로 우리들 자신에 대해서도 의무감을 갖는다. 왜냐하면 사회적인 연대성이란 사회적 자아가 우리들 각자의 마음속에서 개인적 자아에 덧붙여지는 순간에만 존재하기 때문이다. 이러한 사회적 자아를 개발하는 것이 사회에 대한 우리 의무의 본질이다. 우리의 마음 안에 사회적인 어떤 것이 없다면, 사회는 우리들에 대한 어떠한 지배력도 가지지 못할 것이다. 그래서 우리 마음속에 사회가 있다는 것을 발견한다면, 우리는 사회에까지 나아갈 필요가 없고 우리 자신만으로 충분할 것이다.

우리가 사회에서 벗어나려고 해도 그렇게 할 수가 없다. 왜냐하면 그의 기억과 상상력은 사회가 그의 마음 안에 넣어 준 것으로 지속되고, 그가 말하는 언어 속에는 사회의 혼이 내재해 있기 때문이다. 또 그의 곁에 아무도 머물지 않고 그 자신만이 혼자 사색할지라도, 그는 또한 자신에게 말을 걸고 있는 것이기 때문이다.

고립된 사람에게는 도덕적인 접촉도 중요하다. 왜냐하면 만일 그가 한계가 분명한 자신의 힘을 제외하고는 끊임없이 발생하는 어려움들에 대처할 아무런 힘도 가지고 있지 못할 경우, 그는 곧 절망하게 될 것이기 때문이다. 그는 자신이 정신적으로나마 결속되어 있는 사회에서 힘을 이끌어 낸다. 사회는 여전히 그의 마음 안에 남아 있으면서 그를 바라보고 있기 때문이다. 개인적 자아가 사회적 자아를 생생하고 현존하는 것으로서 보존하고 있다면, 자포자기에 빠지지 않을 수 있을 것이고, 또한 이러한 사회적 자아를 유지하는데 전력을 다할 것이다.

우리는 도덕적인 감정들에서 보다 더 깊은 자아의 원천들을 발견하게 된다. 그러나 여기에는 매우 이질적인 것들이 결합해 있다. 어떤 양심은 사회로부터 그 기준이나 측정 수단과 방법들을 빌려오지 않는다. 이러한 양심은 언제나 나타나는 것이 아니며, 이 양심에 대한 판결은 사회적 자아가 내린다.

2. 개인속의 사회

도덕적 고뇌란 이러한 사회적 자아와 개인적 자아의 관계가 혼란되어 있는 상태를 말한다. 범법자의 영혼이 겪는 죄책감의 감정을 살펴보자. 그가 범죄에 대해 가지는 가책감은 형벌에 대한 두려움 때문인가? 범죄를 은폐하려는 경계심 이면에는 자신의 과거를 지워 버리고 범죄가 마치 자행되지 않았던 것처럼 만들려고 하는 마음이 있다. 어떤 일이 있었다는 것을 인간이 모를 때, 그 일은 마치 존재하지 않았던 것과 거의 동일하다. 따라서 그 범죄자가 인간적인 양심이 가질 수 있는 모든 인식을 은폐하면서 없애려고 하는 것은 바로 범죄 그 자체이다. 그러나 그의 범죄에 대한 인식은 그에게 여전히 남아 있으며, 바로 이 점에서 성립하는 그의 죄의식은, 범죄의 흔적을 지워 버린 채 자신이 남아 있기를 바랐던 사회 밖으로 그를 점점 더 밀쳐낸다. 왜냐하면 사람들은 범죄 이전의 과거의 그 인간에게도 현재는 더 이상 과거의 그 인간이 아닌데도 불구하고 똑같은 존엄성을 표시하기 때문이다. 이는 그들 더욱더 고립감을 느끼게 만든다.

그는 자신의 죄를 고백함으로써 분열되었던 자아를 통합하여 사회 속으로 다시 돌아올 수는 있다. 그러면 사람들은 그의 합당한 가치에 따라 그를 대우할 것이다. 사람들은 회개한 현재의 그에게 말을 걸어온다. 그리고 그는 다른 사람들과 협력할 것이다. 그는 그들에 의해 벌을 받을 것이다. 그리고 그는 그 자신이 그들 편에 속해 있으므로 조금은 자신을 벌하는 장본인이 될 것이다. 그래서 그의 인격의 한 부분, 즉 가장 좋은 부분은 이렇게 하여 형벌을 모면할 것이다. 그는 사회 속에 온전히 복귀하지는 않았지만 적어도 사회 가까이에 있다. 그는 더 이상 사회의 이방인이 아니다. 이와 같은 것이 그 범죄자를 거부하게 하는 힘이다.

개인이 사회와 얼마나 긴밀하게 연결되어 있는지는 이와 같은 극단적인 단절로 알 수 있다. 일상적으로 우리는 의무를 고찰하기보다는 의무에 순응한다. 이러한 순응은 습관적으로 일어난다. 또한 사회는 의무와 우리 사이에 중개물을 끼워넣음으로써 여러 가지 일을 매우 쉽게 만들어 놓았다. 우리는 가정을 꾸리고 생업을 유지하기위해 직업에 종사하고, 마을과 국가에 속에 있다. 그리고 그 사회 속에 속한 집단의 결속이 완전한 경우에, 우리가 그 사회로부터 자유로워지기 위해서는 그 집단에 대한 의무를 충실히 이행하는 것만으로 충분하다. 의무가 복잡해질수록 그 만큼 덜 추상적이 되고 그만큼 더 쉽게 받아들여진다. 의무가 충분히 구체적으로 되면, 그것은 하나의 습관적 경향과 일치하게 되는데, 이 경향은 사회 속에서 우리의 위치가 우리 자신에게 부여하는 역할을 수행하는 데 있어서 자연스럽다고 여겨지는 것이다. 우리는 이것을 거의 느끼지 못하는데, 이러한 습관적 경향에서 벗어날 때 이러한 경향은 마치 뿌리 깊은 모든 습관이 그러하듯이 명령적인 것으로서 나타난다.

우리는 사회적 규율에 복종하여 의무를 수행하지 않고서는 일상 생활을 영위할 수 없다. 순간순간 우리의 선택은 거의 의식되지 않은 채, 사회가 전개하는 길을 따른다. 왜냐하면 길이 없는 들판을 건너기 위해서는 선구적인 힘을 필요로 하기 때문이다. 그러므로 의무란 이렇게 이해하면 거의 언제나 자동적으로 수행된다. 의무에 복종하는 것은 되는 대로 내버려 두거나 혹은 멋대로 방치하는 것으로 정의될 것이다.

그런데 이와 반대로 이러한 복종이 긴장 상태로 나타나며 의무 자체가 엄하고도 냉혹한 것으로 나타나는 것은 무엇 때문일까? 이것은 분명 의무 속에 자아 자신에게 가하는 어떤 노력이 포함된 경우들이 나타나기 때문이다. 이런 노력은 망설임을 유발하고, 사실 의식이란 바로 그러한 망설임 자체이며, 저절로 일어나는 행위란 의식되지도 않은 채 지나가 버리는 것이다. 그리하여 우리의 의무 사이의 연대성 때문에, 또한 의무 전체는 그것의 부분들 각각에 내재하기 때문에, 모든 의무는 부분들 중의 예외적인 어느 하나가 취하는 색조로 물들여진다. 실천적인 관점에서 볼 때, 이러한 방식으로 사태를 대하는 데에는 아무런 불편이 없고 상당한 이익까지도 있게 된다.

사회적인 환경 속에서 자신을 유지시키는 일이 상대적으로 쉬운 경우일지라도 역시 그 환경 속에 적응해가는 것이 필요하고, 또한 사회 속에 끼어든다는 것은 노력을 요구한다. 어린아이의 자연스런 적응에 대한 교육의 필요성은 이에 대한 증거이다. 비록 어느 개인이 더 이상 각각의 의무들에 대하여 숙고할 필요는 없다 할지라도, 그 개인으로서는 단지 의무 전체에 잠재적으로 부여된 합의를 고려하는 것이 정당할 것이다.

의무에 대한 복종은 자아 자신에 대한 저항을 의미한다는 것을 행위의 준칙으로 요청해보자. 의무의 본질 및 근원을 설명하기 위하여 사람들이 의무에 대한 복종이란 무엇보다도 스스로에 대한 노력, 즉 긴장이 수축의 상태라고 설정했을 때, 이는 심리학적인 오류를 범하는 것이다. 상당수의 철학자들(칸트)은 고요한 상태나 경향과 유사한 의무감을 이 의무에 대립하는 것을 파괴하기 위해 가끔 우리가 행하는 격렬한 노력과 혼동하고 있다.

예를 들어 우리들의 운동 능력을 신경통이 일으키는 장애에 저항하기 위한 노력으로 정의하는 사람에 관하여 우리들은 무엇이라고 말할 것인가? 이 운동 능력을 총괄적으로만 고찰하고 그것을 저항에 대립하는 힘으로 정의해 버린다면, 필연적으로 이 운동 능력 이외에 하나의 독립적인 존재로서 신경통을 떠올리게 한다. 이와 같은 종류의 오류가 의무에 관하여 생각한 많은 사람들에 의해서 범해져 왔던 것 같다. 사람들은 수많은 특수한 의무들을 가지고 있는데, 그 각각은 그 자체로서 독립적인 설명을 요구한다. 그러나 그 의무 전체에 따르는 것은 자연스러운 일이고, 더 엄밀히 말하면 습관적인 일이다. 예외적으로 우리가 그런 의무들 중 어느 하나에서 벗어나면 우리는 이 예외에 저항할 것이다. 그래서 마치 이 예외에 저항하는 듯이 긴장이나 수축의 상태가 산출될 것이다. 사람들이 그토록 엄격한 면을 의무에 부여할 때 객관화하는 것은 바로 이러한 엄격성이다.

의무는 이성적 체계인가? 철학자들이 의무를 이성적인 요소로 해체할 수 있다고 믿을 때 생각하는 것은 바로 이러한 엄격성이다. 욕망과 정열과 기호가 우리를 옳은 길에서 벗어나게 할 때, 예외적인 저항에 저항하기 위해서, 즉 우리를 옳은 길에 머물게 하기 위해서 우리는 필수적으로 이성을 가져야만 한다. 즉, 지성적인 존재는 지성이라는 매개를 통하여 자신에게 영향력을 발휘한다. 뒷부분에서 상세하게 기술하겠지만, 자연적이든 후천적이든 간에 하나의 경향과, 이 경향이 힘을 갖기 위하여 또 이 경향에 대립된 것과 싸우기 위하여 이성적 존재가 사용할 합리적인 방법은 서로 다르다는 것이다. 최소한 합리적인 방법의 경우에는 사라져 간 경향이 다시 나타날 것이고, 그렇게 되면 모든 것은 마치 사람들이 이 경향을 재건함에 있어서 이성적 방법에 의하여 성공한 것처럼 보이게 될 것이 틀림없다.

사람들이 도덕적인 측면에 관계할지라도, 의무에 대한 여러 가지 서로 다른 태도들에 대해서 말할 것이다. 이러한 태도는 양극의 두 태도, 아니 양극의 두 습관 사이에 나타나는 것들이다. 하나는 사회에 의해서 추적된 방식들에 따르는, 거의 의식하지 못할 정도로 자연스러운 일이다. 다른 하나는 어느 것을 취하며, 얼마나 가야 할 것인가 등에 대해 몇가지 길을 점차적으로 취해보고 전진 혹은 되돌아가야 하는 길에 대해 망설이고 숙고하는 것이다.

만일 욕망이나 정력이 자기 주장을 하고 또한 만일 그 경향이 강하다면, 그리고 우리가 넘어졌다가 곧바로 일어난다면, 도대체 우리를 그렇게 하는 반대의 동력은 어디에 있는가? 여기에 우리들이 '의무들 전체'라고 부르는 하나의 힘이 나타난다. 그것은 사회생활의 수많은 특수한 요구들에 대해 복종하는 데서 생긴 특수한 어떤 것도 아니다. 그것이 작용하고자 할 때, 만일 그것이 말을 할 수 있다면 다음과 같이 말할 것이다. "해야 하기 때문에 해야 한다." 그러므로 이유들을 생각해 내고 준칙들을 비교하면서 또한 여러 원리들로 이해하면서 지성이 하는 일은 그 정의상, 사회의 요구에 따르는 행위에 보다 많은 논리적 일관성을 도입하는 것이다. 실제로 이성적 존재에 있어서 규칙들이나 의무의 준칙들 사이에 일관성을 확보하기 위해서 이성이 제어자로서 간섭하기 때문에, 철학은 이성을 의무의 원리로 볼 수 있었다. 마치 자동차를 굴러가게 하는 것이 핸들이라고 생각하는 것이나 마찬가지일 것이다.

이성에 의해 전혀 조절되지 않으면서도 정직한 사람들까지도 논리적으로 일관된 요구들에 맞추어 자신의 행위들에 이성적 질서를 부여한다. 나는 많은 사회들이 이런 논리를 뒤늦게 획득한다는 것을 말하고 싶다. 논리적인 상호 협동은 본질적으로 경제적이다. 반대로 자연은 풍부하다. 한 사회가 자연에 가까우면 가까울수록 우연과 부정합의 역할은 광범위하게 존재한다. 우리는 원시인에게서 수많은 금기와 규제들을 보게 되는데, 이것들은 불분명한 관념들의 연합 작용이나 미신, 무의식의 자동현상(automatisme)들에 의해 설명되는 것이다.

그러나 의무의 본질은 이성의 요구와는 다른 것이다. 지금까지 우리가 암시하고자 했던 것은 모두 이러한 것이다. 생각해 보건대 우리의 설명은 우리가 덜 진화되고 보다 원초적인 의식에 관계함에 따라 현실에 점점 잘 일치할 것이다. 이 설명은 우리가 오늘날 정직한 사람에게서 발견하게 되는 정상적인 의식에 관계하는 한, 도식적인 것으로 남는다. 그러나 이때 바로 우리는 상호 침투하는 감정, 관념, 정향들의 단순한 혼합물에 관계하기 때문에 본질적인 것이 나타나는 도식을 다루는 경우에만 인위적인 분석과 자의적인 종합을 피할 수 있다.

의무를 마치 습관과 마찬가지로 의지를 억압하는 것으로서 표상하자. 그리고 모든 의무들이 각각 자신의 뒤에 한 무리의 축적된 또 다른 의무들을 이끌면서 의지를 억압하는 기능을 수행할 때, 의무가 이 모두의 무게를 이용하는 것으로서 표상해보라. 그러면 당신은 단순하고 요소적인 도덕적 의식에 대해서 의무 전체의 표상을 갖게 된다. 이것은 본질적인 것이며, 의무가 극도로 복잡하게 얽힌 시점에서조차 엄밀하게 환원해 볼 수 있는 본질적인 것이다.

3. 의무와 생명

우리는 요소적 의무가 어느 순간에 칸트적인 의미가 전혀 아닌 어떤 의미에서 '정언적 명령'의 형식을 취하는가를 안다. 예를 들어 군대의 명령이 그러하다. 우리가 순수한 정언적 명령의 경우를 원한다면 우리는 것을 선험적으로(a priori) 구성하거나 적어도 경험을 양식화해야 할 것이다. 예를 들어 반성의 빛을 순간 받은 개미가 쉬지 않고 일하는 것이 잘못이라고 판단한다 생각해 보자. 이런 생각은 빛이 잠시 명멸하는 동안만 유질될 뿐, 곧 본능이 우세해지면서 생생한 힘으로 개미가 일을 하도록 할 것이다. 본능에 다시 흡수되어 버리는 이러한 지능은 작별 인사처럼 "해야 하니까 해야 한다"고 말할 것이다. 이 "해야 하니까 해야 한다"는 것은 한순간 이완된 줄을 순간적으로 다시 팽팽하게 하는 견인력에 사로잡혀 있는 의식에 불과할 것이다.

완전한 정언적 명령은 본능적이거나 몽유병적인 본성을 가졌다. 정상적인 상태에서 의무는 이와 같이 작용한다. 반성이 이유들을 찾을 수 있을 만큼은 아니지만 형식화될 수 있을 만큼 충분히 오랫동안 일깨워진다면, 의무는 그와 같이 표상된다. 그러나 이때 분명한 것은 이성적인 존재에 있어서 또한 지능적인 행동이 무엇보다 점점 더 본능적인 형태를 취할수록 명령은 정언적 형식을 취하게 되는 경향을 가진다는 것이다. 그러나 처음의 지능적인 행위는 점차 본능을 닮아가게 되는데, 이 행위는 단적으로 인간에게는 습관이라고 일컬어진다. 가장 강한 습관은 모든 요소적인 사회적 관습들의 축적된 힘에 의해 형성된 것으로서 필연적으로 본능을 가장 많이 닮은 것이다.

진화의 분지된 절지 동물과 척추 동물의 두 노선과 그 양 끝에 있는 사회를 고찰해보자. 가장 자연스럽게 나타나는 사회 형태는 분명 본능적인 것이다. 이것과 비교될 만한 것은 지능적인 것이다. 왜냐하면 자연은 습관에 도움을 청했을 것이기 때문이다. 사람들이 '도덕적'이라 부를 수 있는 이 각각의 습관은 우연적인 것이다. 그러나 이들 전체, 말하자면 이 습관들을 응축한 하나의 습관은 사회의 바탕 자체에 있으면서도 이들 존재의 조건이 되고, 강도와 규율로서 본능의 힘과 비유될 만한 힘을 갖게 될 것이다. 이것이 바로 우리가 '의무 전체'라고 부르는 것이다. 이것은 자연의 손에서 금방 만들어진 인간 사회에, 즉 원시적이고 요소적인 사회에 적용될 것이다. 더욱이 인간 사회가 진보하고 복잡해지며 정신적인 것으로 변한다 해도 소용이 없다. 왜냐하면 이 사회의 기초적 법규, 아니 오히려 이 자연의 의도는 그대로 남아 있을 것이기 때문이다.

지능과 본능은 생명의 원초적인 상태에서는 상호 침투하지만, 그것들은 성장하면서 서로 분리되었음에 틀림없는 의식의 두 형태들이다. 본능과 지능의 본질적인 목적은 도구를 사용하는 것이다. 인간은 발명된, 따라서 변화 가능하고 예견할 수 없는 도구를 사용하며, 곤충은 자연에 의해 제공된, 따라서 불변하는 도구를 사용한다. 더욱이 도구는 일을 하도록 만들어졌고, 그것이 전문화된 것일수록, 상호 보완하는 여러 능력을 가진 노동자들 사이에서 분화되면 분화될수록 그만큼 효과적이다. 그러므로 사회 생활은 마치 모호한 이상처럼 지능과 본능에 내재하고 있는 것이다.

인간적이든 동물적이든 간에 사회는 하나의 유기체이다. 하나의 사회는 요소들 상호간의 협동과 일반적으로는 상호 종속까지도 함축한다. 그러므로 사회는 단순히 곤충 세계에서 영위되는 것이든 인간 사회에서와 같이 표상된 것이든 간에 하나의 규칙이나 법 전체를 제공한다. 다만 벌이나 개미의 집단에서는 고정되어 있고, 인간의 집단에서는 가변적이고 개방적이다. 규율은 자연에 의해서 부과되고 있으며 규칙이 필연적이거나, 규칙의 필요성만이 자연스럽거나 한다. 그러므로 인간 사회에서 사람들의 의무 일반에 이르기 위해 다양한 의무들의 뿌리를 파헤쳐 보면 볼수록 의무는 필연성에 가까워지려는 경향이 있으며, 의무는 명령적인 점에서 본능에 더욱 접근한다.

항상 생각해야 하는 것은 어떠한 의무도 본능적인 성격의 것은 아니지만, 인간 사회가 다양성과 지능이 갖추어져 소위 중심이 잡히지 않았다면, 전체로서의 의무는 본능적인 것이 되었을 것이다. 그것은 말하는 습관의 배후에 있는 것과 같은 잠재적인 본능이다. 인간 사회의 도덕은 언어와 비교될 수 있다. 개미들의 신호는 본능에 의해 주어진 반면에, 인간의 언어는 습관의 산물이다. 어휘나 구문 속에 있는 것 중 자연에서 온 것은 아무것도 없다. 만일 자연이 우리에게 말하는 능력을 부여하면서 도구를 사용하고 제작하는, 따라서 발명적인 기능 즉 지능을 덧붙이지 않았다면, 그것은 우리의 언어일 수도 있는 것이다.

인간 사회가 지능적인 대신 본능적인 것이라면 의무는 과연 어떠했을까? 우선 본능적인 사회를 지능적인 사회의 대응물처럼 생각해보자. 이런 관점에서 보면 의무는 그것의 특수한 성격을 상실한다. 의무는 생명의 가장 일반적인 현상과 결부된다. 하나의 유기체를 구성하는 요소들이 엄격한 원리에 의해 얽매여 있다면, 그 요소들이 의무감을 느끼고 사회적인 본능에 복종한다고 말할 수 있을까? 여기에는 진정한 의미의 의무는 없다. 오히려 필연성만이 있을 뿐이다. 그러나 우리가 도덕적 의무의 기초에서 분명하게 지각하는 이러한 필연성은 현실적인 것이 아니라 의심할 여지 없이 잠재적인 것이다. 한 존재가 의무를 느끼는 것은 그가 자유로운 경우뿐이다. 그리고 각 의무는 분리해 보면 자유를 함축하고 있다. 그러나 의무들이 있다는 것은 필연적이다. 그리고 우리가 정상에 있는 개별적인 의무들에서부터 의무 일반, 혹은 우리가 말했듯이 기저에 있는 의무 전체로 내려가면 내려갈수록, 의무는 우리에게 마치 어떤 목적들을 실현하기 위해 지능과 선택, 따라서 자유를 요구할 때의 필연성이 생활의 영역에서 취하게 되는 형태처럼 나타난다.

문명인은 무엇보다도 그들의 의식을 최초로 자각한 이래 그들이 사회적 환경 속에서 습득한 엄청난 양의 지식과 습관에 의해 원시인과 구별된다. 자연적인 것은 후천적인 것에 의해 대부분 감춰진다. 그러나 자연적인 것은 수세기를 통해 거의 불변적인 채로 지속한다. 습관과 지식은 사람들이 생각하듯이 유기체에 새겨지지도 않으며 유전적으로 전해지는 것과는 거리가 멀다. 자연적인 것은 가장 문명화된 사회에서 최상의 상태로 생생하게 유지되고 있다. 우리가 이러저러한 사회적 의무를 고려하기 위해서가 아니라 소위 의무 전체라는 것을 설명하기 위해서 상기해야 할 것은 바로 이 자연적인 것이다. 더욱이 우리의 문명화된 사회는 비록 자연에 의해 직접 우리에게 운명 지어진 사회와 다를지라도 근본적인 유사성을 보인다.

4. 개방된 영혼과 폐쇄된 영혼

실제로 이 두 사회는 폐쇄된 사회들이다. 이 사회는 우리가 본능에 의해 이끌리는 작은 집단들과 비교해 볼 때 아주 광대한 것이라 해도 무방하다. 모든 문명의 물질적이고 정신적인 획득물들이 사회에서 사라져 버린다면, 오늘날에도 이 동일한 본능은 이러한 사회들을 아마 재구성하려고 할 것이다.

우리는 이미 도덕적 의무의 근저에는 사회적 요구가 있다고 말했다. 어떠한 사회가 문제인가? 개방된 사회로서의 인류 전체인가? 사람들이 자신이 동료들에 대한 의무를 이야기할 때 그러하듯이 우리는 이 문제를 해결하지는 못할 것이다. 우리는 인간에 대한 의무, 즉 인류애와 시민에 대한 의미, 즉 애국심을 근본적으로 구분해야 하는가? 그러나 사회가 말하고 원하는 것을 알기 위해서 사회가 말하는 것을 지나치게 귀담아듣지 말고 사회가 하는 일을 주시할 필요가 있다. 사회는 말하기를, 사회에 의해 정의된 의무들은 원리적으로는 바로 인류에 대한 의무들이나, 불행하게도 예외적이고 어쩔 수 없는 환경 속에서 그 의무의 수행이 유보된다고 말한다. 사실 그 사회가 어떻게든 운용해 보려는 관심을 가진 인류에 대한 도덕은 이 사회로부터 곧바로 도출되지 않는 것이다.

우리가 사회적 의무의 근저에서 간취했던 사회적 본능은 항상 - 본능은 상대적으로 불변하므로 - 아무리 거대하다해도 폐쇄된 사회를 겨냥하고 있다. 물론 이 의무는 그렇게 함으로써 그가 지탱하고 있고, 그의 힘이 무엇인가를, 말하자면 명령적 성격을 빌려주고 있는 다른 도덕에 의해 은폐된다. 그러나 그것 자체가 인류를 겨냥하지는 않는다. 아무리 큰 나라라 하더라도 나라와 인류와의 사이에는 유한과 무한의 차이나 폐쇄된 것과 개방된 것 사이의 차이만큼이나 온전한 거리가 존재하고 있기 때문이다.

시만의 덕에 관한 훈련은 가정에서 이루어지고, 마찬가지로 자신의 조국을 사랑하기 위해서 인류를 사랑할 준비를 한다고 사람들은 즐겨 말한다. 이렇게 해서 우리의 공감(共感)은 동일하게 남아 있으면서도 점차적으로 증가하고 확대되어 결국은 인류 전체를 포용하게 될 것이다. 그러나 여기에는 영혼에 관한 전적으로 지성적인 개념에서 도출된 선험적인 추론이 놓여 있다. 이 추론의 최초의 부분은 사실들과 일치되는 것으로 나타난다. 즉 가정의 덕은 시민의 덕과 잘 연관되어 있다. 이것은 근원적으로 혼합되어 있는 가정과 사회가 밀접한 관계에 머물러 있다고 하는 사실 때문이다. 그러나 우리가 살고 있는 사회와 인류 일반 사이에는 앞서 언급했듯이 폐쇄된 것과 개방된 것 사이와 같은 대비가 놓여 있다.

이 두 대상 사이의 차이는 본질적인 것이지 단순한 정도의 차이는 아니다. 만일 우리가 영혼의 상태에까지 소급하여, 국가에 대한 애착과 인류애라는 두 감정 사이를 비교한다면 어떻게 될까? 오늘날 우리는 우리 부모와 우리가 같이 사는 시민들을 자연적이고 직접적으로 사랑하는 데 반해, 인류애는 간접적이고 후천적인 것이다. 전자에 우리는 곧바로 이르게 되는데, 후자에는 우회로를 통해서만 이르게 된다. 왜냐하면 사람들로 하여금 인류를 사랑하게끔 인도하는 종교는 신(神)을 통해서이거나 신 안에서이기 때문이다. 마치 철학자들이 우리에게 인간의 뛰어난 우월성과 모든 사람의 권리를 존중하게 하기 위해 인류를 보게 하는 것은 이성을 통해서이며, 우리 모두가 서로 교통하는 곳인 이성 안에서인 것과 마찬가지이다.

우리는 단번에 인류에 도달해야 하며, 인류에 도달하여도 인류를 종국적인 것으로 생각하지 않고 이를 초월해야 할 필요가 있다. 사람들이 종교적인 말과 철학적인 말을 하며, 사랑과 존경이 문제시되는 것은 개방 사회의 도덕에 속하는 것이요, 사회적 압력에 은폐되어 있는 다른 종류의 의무에 관계하는 것이다. 지금까지 문제된 것은 바로 이러한 것이었다. 우리는 순수한 의무를 추구하였다. 당연한 것으로 생각되지 않는 의무를 상상할 수 있을까? 그렇다면 완전한 도덕은 무엇인가?

완전한 도덕을 구현한 예외적인 사람들은 누구인가? 그리스도교의 성자들 이전에 인류는 그리스의 현인들과 이스라엘의 선지자들, 불교의 아라한들과 그 외 다른 사람들을 보아 알고 있다. 우리가 항상 이 온전한 도덕, 즉 절대적이라고 부르는 것이 더 적당할 이 도덕을 생각하려 할 때 회상하는 것은 이러한 사람들이다. 그리고 이러한 사실 자체가 이미 특이하며 교훈적이다.

지금까지 문제시되었던 도덕과 우리가 이제 연구에 착수하려는 도덕 간의 차이는 단순히 정도의 차이가 아니라 본질적인 차이이다. 전자는 점점 비인칭적인 형식으로 바뀜에 따라 더욱 순수하고 완전해지는 반면, 후자는 그 자체가 완전하게 되기 위해서 모범이 되는 하나의 뛰어난 인격 속에서 구체화되어야 한다. 전자의 일반성은 하나의 법칙에 대한 보편적인 승인과 관계하지만, 후자의 일반성은 하나의 모범적인 인간을 똑같이 닮아야 한다는 것에 관계한다.

왜 이처럼 성인들은 그들의 모방자를 가지며, 왜 선행을 하는 위대한 인물들은 그들 뒤에서 군중들을 이끌고 다니는가? 그들은 아무것도 요구하지 않지만 대중을 얻는다. 그들은 훈계할 필요도 없으며 가만히 있기만 하면 된다. 그들의 존재 자체가 일종의 호소력이다. 왜냐하면 이와 같은 것이 바로 이 다른 도덕의 성격이기 때문이다. 자연적인 의무는 억압이자 강압적이지만, 완성되고 온전한 도덕에는 일종의 호소가 있다.

이 호소력의 본성에 대해서는 위대한 도덕적 인격 앞에 자신이 있다는 것을 아는 사람만이 온전히 알게 된다. 그런데 우리들 각자는 자신의 습관적인 행위의 준칙들이 불충분한 것으로 드러날 경우, 이러이러한 경우에 이러이러한 사람이 자신에게 무엇을 기대하였을까를 자문한다. 그 사람은 의식의 빛에 의해서 영혼의 심층으로부터 이끌어 낸 우리 마음 안에서 탄생한 인격일 수도 있으며, 후에 우리 자신을 온통 투신할 수 있다고 느끼는 인격으로서 제자와 스승 간에 그러하듯이 당분간은 우리가 스스로를 결부시키고자 하는 인격이다.

진실로 이 인격은 사람들이 하나의 모범을 취하는 시점부터 그 윤곽을 드러낸다. 즉 이 모범을 닮으려는 욕망은, 관념적으로는 앞으로 취할 형상의 창조자이지만 이미 닮음 그 자체이다. 또한 사람들은 그 인격자의 것이라고 생각한 말의 반향을 자신의 마음속에서 듣는다. 그러나 그 사람이 누구이든간에 상관없다. 만일 전자의 도덕이 명백히 비인격적인 의무로 해소되는 만큼 힘을 갖게 된다면, 반대로 후자는 처음에는 우리의 지성이 집착하는 일반적 규범들, 즉 우리의 의지를 움직일 정도까지는 이르지 못하는 일반적인 규범들로 해체되어 버리기도 하는 것이지만, 격률들의 다양성과 일반성이 한 인간의 통일성과 개별성 속으로 잘 융합되면 융합될수록 그만큼 매력적이게 되는 것이다.

이 호소력의 힘은 어디에서 비롯되는가? 이 호소에 자연스런 복종이 뒤따를 뿐만 아니라 오히려 자연스런 복종을 끌어들이는 이 행위의 원리는 무엇인가? 지금까지 문제된 의무들은 사회생활이 우리에게 부과하는 것이다. 그것들은 인류에게보다는 도시에 대하여 복종하도록 요구한다. 그러므로 두 번째 도덕은 단순히 사회적이기보다는 인간적이다. 또한 사람들이 인류에 도달하는 것은 도시를 확대함으로써가 아니다. 그러므로 사회적인 도덕과 인간적인 도덕 사이에는 정도의 차이가 아니라 본성의 차이가 있는 것이다. 한편 어떤 사람들은 의지가 아주 조금 발동하나 너무 적어서 결과적으로 그의 행위는 인간적 의무 속에서 확대되거나 약화될 수 있는 사회적 의무를 확장하는 데에나 기여할 수 있을 것이다. 그러나 이 형식들에 내용이 채워지고 내용이 생기를 얻게 된다면, 선포되는 것은 새로운 삶이며 다른 도덕이 갑자기 다가오는 것을 우리는 알고 느끼게 된다. 그러므로 여기서 인류애에 대해 말하는 것이 바로 우리가 이 도덕을 특징짓는 것이 된다.

그러나 우리는 이타주의를 권고하는 것으로는 이기주의를 이기지 못한다는 것을 잘 알고 있다. 마찬가지로 자비롭고 헌신하려는 애쓰는 영혼이라도 그가 '인류를 위하여' 일하려 한다는 생각을 하고는 갑자기 냉정해짐을 발견하기도 한다. 목적은 너무 광범위하고, 효과는 너무 확산되어 버린다. 그러므로 사람들이 추측할 수 있는 것은, 하나의 목표에 도달하려는 의식 속에 그 중간의 간격을 건너뛰어 넘어야 하는 필연성이 내포되어 있다는 것이다. 그러나 만일 사람들이 그 간격과 하나하나 통과해야 할 무한의 점들만을 생각한다며 제논의 화살처럼 사람들은 출발하지도 못할 것이다.

만일 사람들이 그 거리의 끝점만을 보면서 그 간격을 건너뛰거나 혹은 더 먼 곳을 본다면, 쉽게 하나의 단순한 행위를 수행할 것이고 동시에 이 행위의 단순성에 상응하는 무한한 다수성의 끝에 도달할 것이다. 그러므로 여기에서 이 끝은 무엇인가? 노력의 방향은 무엇인가? 한마디로 우리에게 진정 요구되는 것은 무엇인가?

지금까지 고찰해온 인간의 도덕적 태도를 정의해보자. 먼저 도덕적 태도와 사회는 일체를 이루고 있고, 이들은 모두 개인과 사회의 보존이라는 동일한 일을 수행한다. 지성적인 존재는 그의 개인적인 이익을 추구할 때 자주 공공적인 이익이 요청하는 것과는 전혀 다른 것을 하게 된다. 그렇지만 공리주의적 도덕이 다른 형태로 끈질기게 다시 나타난다고 한다면, 그것은 이 도덕이 지지될 수 있는 것을 지니기 때문이다. 그리고 만일 이 도덕이 지지될 수 있다면, 그것은 바로 개인적인 이익과 타인의 이익 중에서 하나를 선택해야 할 지성의 행위 아래에, 개인적인 것과 사회적인 것이 서로 혼합되려고 하고 자연에 의해 형성된, 원초적이고 본능적 행위라는 기체가 있기 때문이다. 우리가 진정한 의미에서의 의무를 결부시켰던 것은 이 근원적인 본능이다. 이 본능은 근원적으로 개인적인 것과 사회적인 것이 서로 구별되지 않는 상태를 함의하고 있다. 이 때문에 우리는 본능에 일치하는 행위가 자기 자신에게로 회귀하는 개인과 사회의 행위라고 말할 수 있는 것이다. 개별적이든 사회적이든 모두, 영혼은 여기에서는 하나의 원 속을 순환하고 있다. 이 영혼은 폐쇄적이다.

다른 태도는 개방된 영혼의 태도이다. 이 태도는 무엇을 들어오게 하는가? 이 영혼은 이 모든 것을 넘어서서 존재할 수 있기 때문에 이 영혼을 차지하는 어떤 것도 이 영혼이 취하는 태도를 정의하는 데 충분하지 못할 것이다. 이 영혼의 형식은 그의 내용에 의존하지 않는다. 우리는 방금 이 형식을 가득 채웠지만 이제 또 비울 수도 있다. 이 영혼을 소유한 사람에게 있어서 사랑은 지상에 살아 있는 다른 모든 것이 더 이상 존재하지 않을지라도 지속될 것이다.

첫 번째 상태에서 두 번째 상태로 나아가는 것은 자신을 확장함으로써가 아니다. 아주 순수한 지성주의적인 심리학은 언어의 지시를 따르면서 영혼의 상태를 이 상태와 결부된 대상들에 의해 정의할 것임에 틀림없다. 이 심리학은 가족에 대한 사랑, 조국에 대한 사랑, 인류에 대한 사랑, 이 세 경향 속에서 수적으로 증가하는 사람들을 포용하기 위해 점점 팽창하는 동일한 감정을 보게 될 것이다. 이 세 가지 경향을 사랑이라는 개념으로 묶어서 동일한 낱말로 표현하겠지만, 의식은 단번에 처음의 두 감정과 세 번째 감정 사이에서 본성의 차이를 발견한다. 전자는 선택을 함축하고 있고 따라서 배

타성을 지니고 있다. 그것들은 분쟁을 야기할 수도 있으며, 증오를 배제하지 않는다. 그러나 후자는 사랑일 뿐이다. 전자는 그의 관심을 대상에게로 가서 곧바로 그 대상에 정착한다. 후자는 자신의 대상의 유혹에 굴복하지 않는다. 그것은 그 대상을 목적으로 하지 않고 더 멀리까지 돌진하며, 대상을 거슬러 지나치면서 인류에 이른다.

진정으로 후자가 대상을 가질까? 잠정적으로 이 영혼의 태도는 오히려 하나의 운동으로서 그 자체만으로 충분하다. 전자인 다른 태도는 실제로 자연에 의해 요구된 것인 반면에, 후자의 태도는 후천적으로 획득된 것이고, 항상 노력을 요구해 왔으며 요구하고 있다. 그렇다면 이 태도의 모범을 보인 사람들을 다른 사람들이 따르는 것은 무엇 때문인가? 이 태도에 있어서 사회적인 억압에 대응하는 힘은 무엇인가?

본능과 습관 이외에 의지에 직접적인 작용을 하는 것은 감성(sensibilite)[10]이다. 게다가 감정(느낌, sentiment)[11]에 의한 충동은 의무와 매우 흡사하다. 무엇보다 처음 단계의 사랑의 정열을 분석해 보자. 이 정열이 목표로 하는 것은 쾌락일까? 그것은 또한 고통이지 않을까? 아마도 예비되고 있는 하나의 비극, 즉 모든 것이 엉망이 되고 산만한, 그리고 얼빠진 생활이다. 사람들은 이러한 것을 알고 느끼지만, 무슨 상관이겠는가! 해야 하기 때문에 해야 한다. 처음의 정열이 제공하는 속임수 때문에 우리는 이처럼 의무에 어긋나는 일을 하게 된 것이다. 그러나 정열까지 나아갈 필요는 없다. 아주 조용한 정서(감동, emotion)[12] 속에도 어떤 행위에 대한 요구가 포함될 수 있다. 이 행위에 대한 요구는 항상 저항에 부딪치지 않고 동의를 요구한다

---

10) 자극이나 자극의 변화를 느끼는 성질.

11) 어떤 현상이나 일에 대하여 일어나는 마음이나 느끼는 기분.

12) 사람의 마음에 일어나는 여러 가지 감정. 또는 감정을 불러일으키는 기분이나 분위기. 우리가 느끼는 감동의 순간이 이러한 정서를 가장 잘 표현한다.

는 점에서는 의무와 다르다. 그럼에도 불구하고 무엇인가를 부과한다는 점에서는 의무와 닮아 있다.

우리가 이점을 가장 잘 지각하게 되는 것은, 이 요구가 우리로 하여금 그것의 실제적인 결과를 유보한 채 여유를 가지고 이 요구에 대해 반성하고 우리가 경험하는 것을 분석하게 하는 경우이다. 예를 들어 우리가 음악적인 정서 속에 있을 경우가 그렇다. 음악을 듣고 있는 동안 우리는 음악이 암시하는 것 이외에는 아무것도 의욕할 수 없으며, 이렇게 함으로써 우리가 음악을 듣는 행위를 멈추지 않는다면 우리는 자연스럽고 필연적으로 행위하게 된다. 음악이 기쁨과 슬픔, 동정과 공감을 표현한다면, 우리의 매순간은 음악이 표현하는 것이 된다. 음악이 비탄스러우면 인류와 자연 전체가 음악과 함께 비탄에 잠긴다. 사실 음악이 이런 감정을 우리의 마음속에 들여오는 것은 아니다. 음악이 오히려 자신들 안을 우리를 이끌어 들인다. 도덕에 있어서의 창시자들도 이와 마찬가지이다. 마치 새로운 심포니가 감정의 울림을 불러일으키듯이 인생은 그들에게 예기치 않는 감정의 울림을 지니는 것이다. 그들은 자신과 함께 우리를 이 음악 속에 끌어들여 우리로 하여금 이 음악을 행동으로 표출하게 한다.

5. 정서의 창조력과 표상력

사람들은 과도한 지성주의 때문에 모든 정서를 대상에 종속된 것으로 간주하고, 모든 정서를 지성적 표상에 대한 감각적 반응로 간주한다. 우리 각자는 음악이 우리 마음속에 일정한 정서를, 기쁨과 슬픔, 연민과 공감을 일깨우며, 이러한 정서들은 강렬할 수도 있고 또한 어느 대상에도 결부되어 있지 않음을 알고 있다. 각각의 새로운 음악에는 새로운 정서가 결부되어 있다. 사람들은 이 정서가 멜로디나 심포니의 종류에 따라 독특한 윤곽 자체로서 정의되고 한계 지워지며, 특정한 음악에 의해 그리고 특정한 음악 속에서 이 정서가 창조되었다는 사실을 잊고 있는 것이다.

그러므로 이 정서들은 예술에 의해 인생으로부터 추출된 것이 아니다. 이 정서들을, 음악가에 의해 창조된 감정을, 말로 표현하기 위해 생활 속에서 이와 가장 닮은 것에 접근시켜야 하는 장본인은 바로 우리이다. 실제로 사물들에 의해서 마치 이 사물들 안에 예시되어 있는 듯한 영혼의 상태 자체를 취해보자. 자연에 의해 요구된 이 상태들은 수적으로 일정하고 또 한정되어있다. 사람들은 이 한정된 영혼의 상태들이 욕구에 상응하는 행위를 추진하도록 형성되어 있다는 점에서 이것들의 본성을 확인한다.

그러나 반대로 이와 다른 영혼의 상태들은 음악가의 영혼의 상태에 비교될 만한 진정한 발명품이고, 그 근원에는 하나의 인간이 있다. 예를 들어 하나의 산은 항상 이 산을 명상하는 사람들에게 감각과 비교될 만한 감정을 전달할 수 있었고, 실제로 이 감정은 산에 결부되어 있다. 그러나 루소(Jean Jacques Rousseau)는 산에 관해 새롭고 근원적인 정서를 창조했다. 루소는 이 정서를 유포시켜서 유행하게 하였다. 그리고 오늘날에도 산 이상으로 우리에게 이 정서를 체험케 하는 것은 루소이다. 물론 루소의 영혼에서 나온

이 정서가 다른 모든 대상보다도 산과 결합되어 있는 데는 이유가 있는데, 산에 의해 직접 일깨워진 감각에 가까운 여러 감정들이 새로운 정서와 화합되었을 것이기 때문이다. 루소는 이 감정들을 끌어 모았고, 이때부터 그는 단순한 것들로 조화된 이 감정들에 진정한 창조에 의해 기본적인 음정을 부여함으로써 하나의 화음 속에 함입시켰다. 이런 일이 사랑에 있어서도 일어난다. 오랜 옛날부터 여인들은 욕망과는 구분되는 경향을 남성들에게 불어넣었다. 물론 이 경향은 감정과 감각에 동시에 속해 있으면서도 인접해 있고 또 함께 융해된 채로 남아 있다. 사람들이 신비주의가 사랑의 정열과 같은 방식으로 표현되었다고 비난할 때, 그들은 사랑이 신비가의 것을 표절함으로써 시작하였고 신비가에게서 열정과 약동과 황홀경을 빌려왔다는 것을 잊고 있는 것이다.

위대한 예술, 과학 그리고 문화 일반의 창조의 근원에 새로운 정서가 있다는 것은 의심할 여지가 없을 것이다. 정서가 자극제일 뿐만 아니라, 지성으로 하여금 모험을 하게하고, 의지로 하여금 인내하도록 고무하기 때문이다. 사상을 산출해 내는 정서가 있다. 그리고 발명은 지성적 차원의 것이라고 할지라도 그것을 가능하게 하는 실체로서 감성을 가질 수가 있다.

정서(감동, emotion), 감정(느낌, sentiment), 감성(sensibilite)[13]의 의미는 무엇인가? 정서는 영혼의 감각적인 동요이지만, 표면의 동요와 심층의 분출은 다른 것이다. 전자의 경우에는 그 결과가 분산되고 전체에는 변동이 없고 부분들만 동요한다. 후자에 있어서 결과는 불가분적이고 전체가 앞으로 밀려나간다. 여기서 감성은 감각적 상태를 말하며, 감정은 지성과 대립

13) 여기서 다시 한 번 더 정서(감동)와 감정(느낌) 그리고 감정이 뜻하는 바를 강조해둘 필요가 있을 것이다. 단어의 의미를 깊이 숙고할 때 내면화의 과정이 동반되는 것이며, 나아가 내면화의 과정은 이러한 단어들이 자신의 삶속으로 들어오는 것이다.

되는 것이다.

표면의 동요로서의 정서는 하나의 관념이나 표상의 결과이다. 이 정서적 상태는 감각적 상태(감성)에서 아무것도 빌려오지 않고 그 자체로 충분한 지적 상태에 뒤따르는 것이며, 역으로 지적 상태는 감각의 영향(감성)을 받아들이는 것보다 잃는 것이 더 많다. 여기서 나타나는 것은 지적인 표상에 의한 감성의 동요이다. 이것은 지성 이하의 것이다. 그러나 심층의 정서에는 지적 표상이 뒤따를 것이나 표상에 의해 결정되지 않고 그 표상과 구분된 채로 있다. 아니 오히려 이 정서는 지성적 상태와의 관계에서는 원인이며 더 이상 결과가 아니다. 이 정서는 표상은 풍부하나, 이 표상의 어느 하나도 진정으로 완성된 것이 아니다. 이 표상들은 이 정서가 자신의 실체로부터 유기적인 발전에 의해 끄집어내거나 끄집어낼 수 있는 것들이다. 이것은 지성 이상의 것이다.

창조는 무엇보다도 정서를 의미한다. 문학이나 예술만이 문제가 아니다. 사람들은 과학적 발명이 집중과 노력을 요구한다는 것을 안다. 천재는 길고 긴 인내로 정의된다. 사실 사람들은 한편으로는 지성을 생각하고, 이 주의 능력의 많고 적음에 따라 지성도 다소간 강하게 집중되리라고 생각한다. 그러나 어떻게 이 무규정적이고 지성에 외재적인 주의력이 재료도 없으면서 주의가 지성과 결합한다는 사실만으로 지성에 없었던 것을 떠올리게 할 수 있을까? 우리의 주의를 끌며 관심을 불러일으켰던 문제는 여러 정서가 겹쳐진 하나의 표상이라고 언급할 것이다. 그리고 그 정서는 호기심인 동시에 일정한 문제를 해결하려는 욕망과 문제 해결에 의해 야기되는 기쁨으로서 그 표상과 같이 독특하다는 것을 언급할 것이다. 장애물에도 불구하고 지성을 전진시키는 것은 이러한 정서이다. 이 정서는 이와 한 몸을 이루고 있는 지성적 요소를 생생하게 한다. 이 정서는 이러한 요소를 살려내고, 또 항상

이 지성적 요소와 더불어 유기화될 수 있는 것을 끌어 모아 결국은 해결될 수 있는 문제를 진술하게 만든다.

표상의 결과이며, 표상에 덧붙여지는 정서 이외에 표상에 선행하며, 잠재적으로 표상을 포함하고, 어느 정도 표상의 원인인 정서가 존재한다. 위대한 희곡 작품에 의해 우리 마음속에 일깨워진 정서는 전혀 다른 본성을 가진다. 이 정서는 독특한 종류의 것으로 시인의 영혼 속에서 분출하고, 우리의 정서를 동요케 하기에 앞서 먼저 시인이 영혼 속에서만 일어났던 것이다. 이 정서로부터 작품이 창조된다. 작가가 작품을 구성해 감에 따라 참조하는 것은 바로 이 정서였기 때문이다.

우리는 도덕의 생성에 있어서 정서에 많은 역할을 부여함으로써 결코 '감정의 도덕'(moralede sentiment)을 제시하고 있지는 않다. 왜냐하면 감정의 도덕에서 문제가 되는 정서는 표상으로 그리고 이론으로 결정될 수 있는 정서이기 때문이다. 어떠한 사색도 의무나 이와 유사한 것을 창조하지는 못할 것이다. 정서의 뷰위기가 거기에 있어서 내가 그 분위기를 호흡하고 정서가 내 속에 침투한다면, 나는 그 정서에 자극받아서 그에 따라 행동할 것이다. 그것은 강요나 필연성이 아니라, 내가 저항하려 하지 않는 이끌림에 의해서이다. 그리고 내 행위를 정서 자체에 의해서 설명하는 대신에, 나는 그 행위를 사람들이 그 정서를 관념으로 전환함으로써 구성하였을 이론으로부터도 역시 잘 연역할 수 있을 것이다.

종교가 새로운 도덕을 도입한다면, 사람들은 기꺼이 그것은 종교가 신, 우주 그리고 이 양자의 관계에 대한 관념에 의해 형성되는 형이상학에 의해서 부과되는 것이라고 흔히 말한다. 이에 대해 어떤 사람들은 이와 반대로 하나의 종교가 영혼들을 사로잡고 이들을 사물에 대한 어떤 관념으로 개방하는 것은 그 종교의 도덕적 우월성 때문이라고 반박한다. 그러나 지성이 가치의 차이를 평가할 수 있는 것은 이 가치들을 어떤 규율이나 이상과 비교함으로써 일 뿐이며, 이상과 가치가 이미 일정한 위치를 점하고 있는 도덕에 의해 필연적으로 제공된 것이라고 한다면, 지성은 자신에게 부여된 도덕의 우월성을 과연 인식할 수 있을까?

새로운 도덕과 새로운 형이상학 이전에는 정서가 있는데, 이 정서는 의지의 측면에서는 약동으로 연장되고, 지성 속에서는 설명적인 표상으로 연장된다. 예를 들면 기독교가 사랑이라는 이름으로 도입한 정서를 설정해보자. 이 정서가 영혼들을 사로잡는다면, 하나의 행위가 이 정서에 뒤따라 일어나고, 하나의 교설이 이 정서에서 퍼져 나온다. 이 교설의 형이상학이 이러한 도덕을 부과한 것도 아니며, 이 도덕이 이러한 형이상학을 보다 바람직하게 하는 것도 아니다. 형이상학과 도덕은 동일한 것을 표현하되, 전자는 지성의 언어로써 표현하고, 후자는 의지의 언어로써 표현한다. 그리고 이 두 표현은 사람들에게 표현된 사실, 즉 기독교의 사랑의 정서가 주어지면 모두 받아들인다.

도덕의 상당 부분은 강제적인 성격을 지닌 의무를 포함하고 있고 사회가 개인에게 부과하는 억압으로 설명될 수도 있다는 사실을 받아들일 수도 있다. 그러나 사람들이 압력보다는 매력에 복종한다면, 그들은 이 점을 인정하는 데 망설일 것이다. 그렇지만 왜 여전히 망설이는가? 그 이유는 이 도덕의 영역에서는 사람들이 자신의 마음속 깊이 숨어 있는 근원적인 정서를 자주 발견할 수 없기 때문이다. 그래서 여기에서는 그 정서의 잔여물인 형식들만 남게 되고, 이 형식들은 이 정서에 내재한 생에 대한 새로운 개념, 혹은 더 좋게 말한다면, 생에 대한 일정한 태도가 견고해짐에 따라 사회적 의식이라 불리어질 수 있는 것 속에 저장된다. 정서의 도덕적 준칙들은 사회적인 도덕적 준칙과는 달리 분리되어 작용하지 않는다. 즉 정서의 도덕적 준칙들 중의 하나가 추상적이기를 그만두고 의미로 채워지고 행위 할 힘을 얻게 되면, 다른 것들도 마찬가지로 그렇게 되려고 한다. 정서의 추진력이 작용하는 것이다. 결국 이 모두는 예전에는 이것들을 자신의 뒤에 방치해왔던 뜨거운 정서 속에서 그리고 이를 체험하는 사람 속에서 생생하게 되살아난다. 종교의 창시자와 개혁자들, 신비가와 성인들, 우리의 삶의 도상에서 만날 수 있었던, 또한 우리 눈에는 가장 위대한 사랑과 필적하는 도덕적 생활을 영위한 알려지지 않은 영웅들 모두가 여기에 있다.

영웅들은 자연의 저항을 파괴하였고 인류를 새로운 운명으로까지 고양시켰다. 이렇게 해서 우리가 실재에 접하기 위해 현상을 헤치고, 이 두 도덕이 상호 교환에 의해 개념적 사유와 언어 속에서 취했던 공통적인 형식을 제거했을 때, 우리는 이 유일한 도덕의 양 끝에서 억압과 동경을 발견하게 된다. 전자는 비인칭적이면 비인칭적일수록, 사람들이 습관과 본능 자체라고 부르는 자연적인 힘에 가까우면 가까울수록 더욱 완전해진다. 반면에 후자는 사람들에 의해 우리 마음 안에서 고양되는 것이 눈에 보이면 보일수록, 자연에 대해 더욱 승리한 것처럼 보일수록 더욱 강한 것이다. 전자는 보존되기를 바라는 사회의 표상이 내재해 있다. 개인들을 이끄는 강요의 순환운동은 제자리에서 이루어지면서 점차 본능의 부동성을 모방한다. 모든 것이 충족되어 있는 이 순수한 의무 전체에 대한 의식을 특징짓는 감정은, 생명의 정상적인 기능에 수반되는 상태와 비교될 만한 개인과 사회의 복지 상태일 것이다. 그것은 환희(joie)를 닮았다기보다는 쾌락(plaisir)을 닮았을 것이다. 반대로 동경의 도덕 속에는 진보의 감정이 포함되어 있다. 우리가 말한 이 정서는 전진에 대한 열망이고, 이 도덕이 몇몇 사람에게 받아들여지며, 이어 이들을 통해 하나의 열정이 세계 속으로 퍼져나간다. 더욱이 여기에서 '진보'와 '전진'은 열정 자체와 합류된다. 이 열정에 대한 의식을 갖기 위해서, 사람들이 노리는 목표나 사람들이 접근해 가는 완성 지점을 표상할 필요는 전혀 없다. 열정의 환희 속에는 복지가 주는 쾌락 이상의 것이 포함되어 있으며, 쾌락은 이 환희를 포함하고 있지는 못하지만, 이 환희는 쾌락을 감싸며 자신 안에 흡수하기까지 한다는 사실만으로도 충분하다.

6. 영혼의 해방

종교의 창시자나 개혁가, 신비가와 성인들이 하는 일이란 개방된 한 영혼의 특별한 정서를 표상으로 번역하는 것인데, 이때에 그들은 이러한 영혼을 자신 안에 그리고 동시에 도시 안에 가두어 두려는 자연과의 관계를 끊어 버린다. 이때 이들이 체험하는 것은 해방감이다.

폐쇄된 사회 속에서 순환하는 영혼의 상대적인 부동성은, 단적으로 자연이 인류를 형성한 작용 자체에 의해 인류를 서로 구분되는 개인들로 분화시켜버렸다는 것에 기인한다. 우리의 지성에 단순한 것으로 드러나는 것이 우리의 의지에 대해서도 동일하게 나타나지는 않는다. 논리적으로 어떤 길이 지름길이라고 말할 때 갑자기 경험이 나타나서 이 방향으로는 길이 없다는 것을 알려 준다. 진실로 여기에서 사랑에 도달하기 위해서는 영웅주의를 거쳐야 한다. 영웅주의는 자신을 설교하지 않는다. 스스로 나타내 보일 필요만을 느낀다. 그리고 그의 존재만으로 다른 사람들을 움직일 수 있다. 영웅주의 그 자체는 운동에의 회귀이며, 창조적 행위와 닮은 하나의 정서로부터 유출되어 나오기 때문이다. 종교는 우리가 다른 사람을 신 안에서 사랑한다고 말하면서 이 진리를 그 자신의 방식에 따라 표현하다. 그리고 위대한 신비가들은 하나의 흐름이 그들의 영혼으로부터 신에게로 나아가고, 신으로부터 다시 인류에게로 내려옴을 느낀다고 선언한다.

도덕은 구분되는 두 부분을 포함한다. 하나는 그 뿌리를 인간 사회의 근원적인 구조 안에 두는 것이고, 다른 하나는 이 구조를 해명하는 원리 안에서 자신에 대한 설명을 발견한다. 전자의 경우, 의무는 사회 구성원들이 전체의 형태를 유지하기 위해 서로에게 시행하는 억압을 나타내고, 이 억압의 효과는 우리들 각자 안에서 습관의 체계로 미리 그려져 있다. 이 메커니즘

각각의 부분이 하나의 습관이고 전체는 하나의 본능에 비교될 수 있는 것으로서 자연에 의해 마련된 것이었다. 후자의 경우, 여기도 의무가 있긴 있지만, 이 의무는 열망이나 약동의 힘, 즉 인간 종으로, 사회적 삶으로, 다소 본능과 유사한 습관 체계의 형태로 이르렀던 약동 그 자체의 힘이다. 이 앞으로 밀고 나아감의 원리는, 이것이 잠시 정지해 있었던 이미 만들어져 있는 메커니즘들의 매개를 통하지 않고, 직접적으로 개입한다.

Ⅱ. 정적인 종교

과거 종교들의 모습과 현재의 일부 종교의 모습에 대해 인간 지성은 부끄러워할지도 모른다. 인류는 무엇보다도 자가 당착과 오류에만 붙들려 있다. 또한 인류는 그것으로 만족한다. 그러나 사람들은 종교가 영혼 불멸을 규정하고 죄악을 제정하는 것을 본다. 종교가 거칠면 거칠수록 그것이 한 국민의 생활 속에서 실질적으로 차지하는 영역은 크다. 비록 먼 훗날에 과학, 예술, 철학과 함께 공유하기 마련인 것일지라도 종교는 처음에는 오직 독자적으로 요구하고 독차지 하려고 한다. 우리가 인간을 지능적 존재로 정의하기 시작했을 때 놀라게 되는 이유는 여기에 있다.

미신을 낳는 표상들은 환상적이라는 공통된 성격을 갖는다. 심리학은 그것들을 상상력이라는 일반적인 능력에 결부시킨다. 그것은 심지어 동일한 그 항목 아래에 과학의 발견들과 발명들, 예술 작품들까지도 소속시킬 것이다. 그런데 왜 상이한 것들을 한꺼번에 묶고, 그것들에게 동일한 이름을 붙이며, 이렇게 해서 그것들 사이에 어떤 친화성이 있다는 관념을 떠오르게 하는가? 이는 오직 언어의 편리함 때문이고, 또 그 여러 작용들이 지각도, 기억도, 정신의 논리적 작업도 아니라는 전적으로 부정적인 이유 때문이다. 그러므로 환상적인 표상들을 따로 떼어 생각하고, 그것들을 나타나게 하는 작용을 '꾸며내기(fabulation)'나 '허구화(fiction)'라고 부르자. 이것이 터무

니없는 미신들이 어떻게 이성적 존재자들의 삶을 지배할 수 있었고 또 아직도 지배하고 있는지에 대해 아는 문제를 해결하는 것이 첫 번째 단계일 것이다. 이제, 심리학은 정신의 활동을 기능적인 작용들로 분해하면서 그 작용들 각각이 어디에 쓰이는 것인지에 대해서는 충분히 검토하지 않는다는 점에 주목하자. 그 때문에 그 하위 구분이 불충분하거나 인위적인 것이다. 물론 인간은 꿈을 꿀 수도 있고 철학적 사유도 할 수 있지만, 무엇보다 우선적으로는 삶을 살아야 한다. 우리의 심리학적 구조가 개인적이고 사회적인 삶을 보존하고 발전시켜야 할 필연성에 매여 있다는 것은 의심의 여지가 없다. 만일 심리학이 이를 고려하면서 정확해지지 않는다면, 그 대상은 반드시 왜곡될 수밖에 없을 것이다.

그렇다면 꾸며내기 기능이 어디에 쓰이는 것인지, 그리고 자연이 어떤 위험을 막고자 했던 것인지 더 정확하게 물어야만 할 것이다. 그러나 아직 이 문제에 천착하기 전에, 인간정신은 참이나 거짓 안에 있을 수 있으며, 참인 경우든 거짓인 경우든 자신이 향하는 방향이 어디든 간에 자기가 정한 방향으로 곧장 간다는 사실에 주목하자. 귀결로부터 귀결로, 분석으로부터 분석으로 나아가면서, 인간정신은 오류 안으로 더 많이 빠져들어 간다.

우리는 이미 진화한 인류만을 알 뿐이다. 왜냐하면 우리가 오늘날 관찰하는 '원시인들'도 우리와 마찬가지로 우리만큼 늙었기 때문에, 그리고 종교의 역사가 작업하는 기록들은 상대적으로 최근의 과거에 속하는 것이기 때문이다. 따라서 우리가 다루었던 엄청나게 다양한 신앙들은 오랫동안의 증식 결과다. 물론 그 신앙들의 부조리함이나 낯섦으로부터, 정신의 어떤 기능의 진행 속에 있는, 이상함이나 부조리를 향한 경향성을 끌어낼 수 있다. 그러나 그런 특성들이 강조된 것은 아마도 그만큼 그 기능의 진행이 멀리까지 연장되었기 때문일 것이다. 그 방향 자체만을 본다면, 그 경향이 비합리적이라는 것에 충격을 덜 받을 것이고, 아마도 그것의 유용성을 파악하게 될 것이다. 그 경향이 도달했던 오류들이, 더 뒤에 가서야 어떤 개인들에게 나타나야만 하는 어떤 진리의 변형들, 그러니까 종에 유리한 왜곡들인지 누가 알겠는가? 그러나 이것이 전부가 아니다. 이어서 두 번째 문제가 제기되는데, 오히려 처음에 제기된 문제보다 먼저 대답해야 할 것이다. 즉 이런 경향은 어디로부터 비롯하는가? 생명의 다른 표현들에도 이것이 결부되어 있는가? 우리는 자연의 어떤 의도에 대해 말했다. 그것은 생물학에서와 마찬가지로 심리학에서도 편리한 하나의 은유에 불과했다. 우리는 관찰된(자연의) 그 성향이 개체나 종의 이익에 기여한다고 지적했다. 그러나 그 표현은 모호하다. 더 정확하게 하기 위해서, 우리는 고려된 그 경향이 본능이라고 말했다. 정신 안에서 환상적인 이미지들이 등장하는 곳이 바로 본능의 자리에서였다면 말이다. 그 환상적인 이미지들은 본능에 귀속될 수 있었을, 그리고 지성이 없는 존재에게는 당연히 있을 어떤 역할을 수행한다. 잠정적으로 그것은 잠재적인본능에 속한다고 말하자. 이 잠재적 본능이라는 말로 이해하는 바는, 지성적이고 자유로운 인간에게 유사 환각적인 이미지들을 떠오르게 하는 행위에 비교할 만한 유용성을 지닌 행위를, 진화의 다른 선의 극단에 있는 곤충사회에서는 본능이 기계적으로 유발한다는 것이다.

1. 생명의 약동이란 무엇인가?

생명의 두드러진 특정들 중 몇몇에 대해 다시 검토해 보고, '생명의 약동(elan vital)'이란 개념의 분명한 경험적 특성을 지적해보자. 생명현상은 물리적· 화학적 사실들로 환원될 수 있는가? 생리학자가 이를 인정할 때 그가 이해하고 있는 바는, 의식적이든 무의식적이든, 생리학의 역할이 생명적인 것 안에 물리적이고 화학적인 것이 있다는 것을 탐구하는 데 있다는 것이고, 이런 탐구에는 어떤 끝이 있다고 미리 할당 할 수 없다는 것, 따라서 이 탐구는 끝이 없이 진행해야만 한다는 것이다. 생리학자는 오직 이런 식으로만 나아갈 것이다. 따라서 생리학자는 방법의 규칙을 제시하지 사실을 언급하지는 않는다.

이제 경험에 천착해 보자. 우리는-그리고 많은 생물학자들이 인정했다시피 과학도 전에 없이 생명에 대한 물리-화학적 설명으로부터 멀리 떨어져 있다고 말할 것이다. 우리가 생명의 약동에 대해 말했을 때 우선적으로 확증한 것이 바로 이것이다. 자, 이제 생명이 일단 주어졌다고 하면, 그것의 진화는 어떻게 표상되는가? 사람들은 한 종에서 다른 종으로의 이행이 자연선택에 의해 보존되고 유전에 의해 고정되는, 전적으로 우연적인 일련의 미소변이들을 통해 이루어진다고 주장할 수 있을 것이다. 그러므로 유기체에게 이롭거나 단순히 어떠한 해도 입히지 않도록 산출되어야만 하는 무수한 변이들이 서로 조정하고 서로 보완하는 것을 본다면, 따로따로 일어난 그 변이들 각각이 어떻게 자연선택에 의해 보존되고, 자신을 보완할 다른 변이들을 기다리게 되는지 의아해진다. 각각의 변이들 단독으로는 대개 아무짝에도 쓸모가 없다. 심지어 그것은 유기체의 기능을 방해하거나 마비시킬 수도 있다. 따라서 우연을 우연으로 구성해 가면서 진화하는 생명이 취한 방향에 어떠한 특별한 원인도 결부시키지 않으면서, 사람들은 실증과학에 권하는 경제원칙을 선험적으로 적용하고, 단 하나의 사실도 전혀 확증하지 않기에, 곧 극복할 수 없는 난점들에 부딪히고 만다. 다윈주의의 이런 불충분성이 바로 우리가 생명의 약동에 대해 말했을 때 지적했던 두 번째 지점이다. 우리는 이론을 사실에 대립시킨다. 우리는 생명의 진화가 결정된 방향들 안에서 이루어진다는 것을 확증한다. 그러면, 이 방향들은 생명을 진화시키는 조건들에 의해서 생명에 각인되는가? 그렇다면 개체가 겪은 변화들이 예컨대 동일한 기능을 점점 더 섬세하게 완수하는 어떤 기관의 점진적인 복잡화를 최소한 보장할 수 있을 정도로 충분히 규칙적으로 그 후손들에게 이행한다는 것을 인정해야만 할 것이다. 그러므로 획득형질의 유전은 이의의 여지가 있는 것이고, 언젠가 관찰된다 해도 그것은 예외적인 것이다 사람들이 이 규칙성을 가지고 이런 유진을 작동시키는 것은 여전히 선험적인 것이고, 원인의 필요 때문이다.

규칙적인 이런 전달력을 선천적인 것으로 옮겨보자. 그러면 우리는 경험에 부합할 것이다. 그리고 우리는 생명을 주어진 방향 안에서 점점 더 고양되는 복잡성에로 가져가는 것은 외재적 원인들의 기계적인 작동이 아니라, 개체들을 가로질러 씨앗에서 씨앗으로 이행하는 내적 추진력이라고 말할 것이다. 이것이 바로 생명의 약동 이미지가 일깨울 세 번째 관념이다. 더 멀리 가보자. 더 복잡한 조건들에 적응해 가는 한 유기체나 한 기관의 발달에 대해 말할 때, 사람들은 대부분 석고에 본을 뜨듯이 그 조건들의 복잡성이 생명에 형태를 부여한다고 주장한다. 이런 조건에서만 기계적인 설명, 따라서 과학적인 설명을 할 것이라고 사람들은 말한다. 그런데 사람들은 이런 식으로 적용 일반을 해석하는 데 만족한 다음에, 특수한 경우들에서는, 마치 적응이 전혀 다른 것이었던 것처럼, 외부조건들이 제기한 문제에 대해 생명이 발견한 독창적인 해결을 추론한다. 그러고는 이런 문제 해결 능력을 설명하지 않은 채 내버려 둔다. 따라서 우리는 '약동'을 개입시키면서 더 많은 설명을 첨가시키지 않았다. 우리는 그것을 각각의 특수한 경우들에서 허용하고 몰래 사용하기 위해 일반적인 차원에서는 체계적으로 배제하는 대신에, 생명의 작동의 그 신비한 특성을 강조했을 뿐이다. 하지만 우리가 그 신비를 꿰뚫기 위해 아무것도 하지 않았겠는가? 전체에 대한 부분들의 놀라운 조정이 기계적으로 설명될 수 없다 할지라도, 우리에 따르면 이는 사람들이 그 상호 조정을 목적의 공통성으로 다루기를 요구하지 않는다. 바깥에서 보았을 때 서로 조정되는 부분들로 무한히 해체될 수 있는 것은, 아마도 그 안에서 볼 때는 단순한 작동처럼 나타날 것이다. 우리가 불가분하다고 느끼는 우리 손의 운동이 외부에서는 마치 등식에 의해 정의될 수 있는 곡선처럼, 즉 동일한 법칙을 만족시키는 무한 수의 점들이 병렬되는 것처럼 지각될 것이다.

만일 생명이 물리적·화학적 사실들로 환원되지 않는다면, 생명은 우리가 통상 물질이라고 부르는 것에 덧붙여진 어떤 특별한 원인의 방식으로 작동할 것이다. 물질은 도구이고, 또한 장애물이다. 그것은 자신이 현실화하는 것을 분할한다. 우리는 이런 종류의 분할에서 생명 진화의 큰 노선들의 다양성이 비롯되었다고 추정할 수 있다. 그러나 바로 이를 통해서 우리는 우리가 생명에 대해 갖고자 하는 직관을 예비하고 증명할 수 있는 수단을 암시했다. 만일 두세 개의 큰 진화 노선들이 곤경에 빠진 노선들 옆에서 자유롭게 계속 이어지는 것을 본다면, 그러고 그 노선들을 따라 본질적인 어떤 특성이 점점 더 발전한다면, 우리는 생명의 추진력이 무엇보다 그 특생들을 상호 함축의 상태로 나타냈을 것이라고 추정할 수 있을 것이다. 따라서 본능과 지성은, 동물 진화의 두 주요 노선들 끝에서 정점에 달한 것으로서, 서로에게서 서로가 포착되어야 할 것이다. 그런데 그들이 둘로 나뉘기 이전에는, 함께 모여 조합되어 있던 것이 아니라, 단순한 하나의 실재를 형성하고 있었던 것이기에, 지성과 본능은 단지 그 실재에 대한 관점들에 불과했을 것이었다.

생명이란 날 물질로부터 무언가를 얻어내고자 하는 어떤 노력이라는 것, 완성된 형태로 취해진 본능과 지성은 그 결과를 위한 도구로 사용되는 두 수단들이라는 것만을 기억하자. 전자의 경우, 도구는 생명체의 일부를 이룬다. 후자의 경우, 그것은 비유기적인 도구로서 발명되어야만 하고, 제작되어야만 하며, 다루는 것을 배워야만 하는 도구다. 활용하기, 이보다 더 강력한 제작하기, 또 이보다 더 강력한 발명하기를 놓아보자. 그러면 당신은 차례로 지성의 모든 요소들을 재발견하게 될 것이다. 왜냐하면 그것의 목적이 바로 그것의 구조를 설명하기 때문이다. 그러나 지성의 주위 가장자리에 본능이 남아 있다는 것을, 그리고 본능의 바탕 위에는 지성의 번뜩임이 존속한다는 것을 망각해서는 안된다. 그것들은 서로 안에 함축된 상태에서 시작되었을 것이라고 추정해 볼 수 있고, 만일 과거로 아주멀리 거슬러 올라가 본다면, 우리 곤충의 것들보다 지성에 훨씬 더 가까운 본능들을, 우리 척추동물의 것보다 본능에 훨씬 더 인접한 지성을 발견하게 될 것이다. 처음에 서로 보완적이었던 두 활동성들이 성장하기위해 서로 분리되었음에 틀림없다. 그러나 하나의 어떤 것은 다른 하나에 붙은 채로 남아 있을 것이다.

2. 지성과 우연

만일 지성이 사회적 응집력의 어떤 지점들을 해체하려고 위협한다면, 그런데 사회는 존속해야만 한다면, 바로 그 지점들에서 지성에 대립하는 균형추가 있어야만 할 것이다. 만일 그 균형추가 본능 그 자체 일 수 없다면, 그 자리를 정확히 지성이 차지하고 있기 때문에 그렇다면, 본능의 잠재성이, 아니 더 잘 표현하자면 지성의 주위에 존속하고 있는 본능의 잔여물이 그와 같은 효과를 산출해야만 할 것이다. 그것은 직접적으로 작용할 수 없다. 그러나 지성이 표상들 위에서 작업하고 있기 때문에, 그것은 거기서 실제의 표상에 저항할, 그리고 지성 자체를 매개로 해서 지성적 작업을 거스르는데 성공할 그런 '상상적인 것'을 불러일으켜야 할 것이다. 이렇게 해서 꾸며내기 기능이 설명될 것이다.

동물들은 그들이 죽어야만 한다는 것을 알지 못한다. 물론 그들 가운데에서도 죽는 것과 사는 것을 구분하는 일이 있다. 이를 죽음에 대한 지각과 산 것에 대한 지각이 그들에게 똑같은 운동, 똑같은 행동, 똑같은 태도를 결정하지 않는다는 것으로 이해하자. 이는 그들이 죽음에 대한 일반적인 관념을 갖는다는 것을 의미하지 않는다. 게다가 그들은 삶에 대한 일반적인 관념도, 단순히 몸에 의해 행사되는 것이 아니라 정신에 표상되는 최소한의 어떠한 일반 관념도 갖지 않는다. 이런 동물은 적을 피하기 위해서 '죽은 체할 것이다'. 그러나 이런 식으로 그 동물의 태도를 지시하는 것은 바로 우리다. 그 동물의 편에서 보자면, 그는 움직이지 않는 것인데, 이는 움직이면 그가 적의 주의를 끌거나 다시 관심을 불러일으킬 거라고, 공격을 유발할 거라고, 운동이 운동을 불러올 거라고 느끼기 때문이다. 사람들은 동물들에게서 자살의 경우들을 발견한다고 믿었다. 사람들이 잘못 생각하지 않았다고 상정해도, 죽기 위해서 해야만 하는 것을 하는 것과 언젠가 죽을 것이라는 것을 아는 것 사이에는 상당한 거리가 있다. 심지어 잘 조합되어 있고 적절하기까지 한 어떤 행위를 달성하는 것은, 그에 뒤따라 일어날 상태를 상상하는 것과는 다른 것이다.

생명의 충동은 죽음을 무시한다. 지성이 그것의 압력을 뚫고 솟아나면, 죽음의 불가피성에 대한 관념이 나타난다. 생명에게 약동을 돌려주기 위해서는 그 반대의 표상을 대립시켜야 할 것이고, 이로부터 죽음의 주제에 대한 원시적인 신앙들이 나올 것이다. 그러나 죽음이 탁월한 사건이라면, 인간의 삶은 얼마나 많은 다른 사건들에 노출되어 있는가? 삶에 지성을 이용하는 것 자체가 예측 불가능한 것에 문을 열어놓고 위험을 감수하는 것 아닌가? 동물은 자기 자신에 대해 확실하다. 동물은 목적과 행동 사이에 아무것도 끼워놓지 않는다. 그의 먹이가 저기 있다면, 그는 그 쪽으로 달려간다. 그가 숨어서 지킨다면, 그의 기다림은 예견된 행동이고 실행하는 동작과 분리 불가능한 전체를 형성할 것이다. 정해진 목표물이 멀리 떨어져 있다면, 꿀벌이 자기 집을 만들 때 그런 것처럼, 그 동물이 무시하는 것은 바로 그 목표물이다. 그는 오직 직접적인 대상만 본다. 그가 의식하는 약동은 그가 실행하려고 준비하고 있는 동작과 그 외연이 같다. 그러나 지성의 본질은 궁극적인 목적의 관점에서 수단들을 조합하고 실현하는 데 완전한 지배력을 느끼지 못하는 것을 기획하는 데 있다. 지성이 행하는 것과 지성이 얻고자 바라는 결과물 사이에는, 대부분, 공간과 시간 안에서, 우연한 사건의 여지를 크게 허용하는 어떤 간격이 놓여 있다. 지성이 시작하고 끝을 맺기 위해서는, 인정된 표현에 따르자면, 환경이 거기에 맞춰주어야만 한다. 게다가 이 예측 불가능한 여백에 대해 지성은 완전한 인식을 가질 수 있다.

생명의 충동은 낙관적이다. 생명의 충동으로부터 직접적으로 산출되는 종교적인 표상들 모두는 따라서 다음과 같은 방식으로 동일하게 정의될 수 있을 것이다. 그것들은 처음에 취했던 것과 현재 원하는 결과 사이에서 예측 불가능하기 때문에 낙담시킬 여지를 남겨놓는 지성의 표상에 대항하는 자연의 방어적 반작용들이다.

죽음, 질병, 다른 모든 우연적 사건들을 설명하기 위해서, 원시인이 어떤 신비한 원인에 호소했을 때, 그가 의탁한 작용은 정확히 무엇인가? 사람들은 여기서 그 원시인이 '초자연적인' 원인에 의해 설명하는 것은, '물리적인 결과가 아니라, 그것의 인간적인 의미이고, 그것의 인간적인 중요성이며, 더 특수하게는 돌에 맞은 그 사람, 즉 어떤 특정한 인간에 대한 중요성이라는 것을 보게 될 것이다. 하나의 원인은 그 결과에 비례해야만 한다는 믿음 속에는, 즉 바위의 균열과 바람의 방향과 세기가 일단 확증되고 나면, 우리에게 중요한, 어떤 인간의 죽음이라는 사실을 설명하는 것이 남는다는 그런 믿음 속에는, 비논리적인 것도 전혀 없고, 따라서 '전(前) 논리적인 것'도 없으며, 심지어 '경험에 침투 불가능한 것'을 증명하는 것도 없다. 그 원인은 분명하게 결과를 포함한다고 철학자들이 예전에 말했다. 만일 결과가 중요한 인간적 의미를 갖는다면, 그 원인도 최소한 동등한 의미를 가져야만 할 것이다. 어쨌든 그 원인은 동일한 질서에 속해야 한다. 그것이 바로 의도(intention)라는 것이다. 정신에 대한 과학적 교육이 이런 방식의 추론습관에서 벗어나게 한다는 것은 의심의 여지가 없다.

순전히 기계적인 어떤 원인에 의해 던져진 그 포탄파편, 아무나 공격할 수 있었고 또는 누구도 공격하지 않을 수 있었던 그 포탄파편이, 다른 누구도 아닌 바로 그를 때렸다는 것, 그것이야말로 그의 자발적인 지성의 관점에서 볼 때는 비논리적인 것이었다. '나쁜 운'을 개입시키면서 그 역시도 자발적인 지성과 원시적인 정신성 사이의 친화성을 잘 표현했던 것이다. 어떤 마법사나 어떤 정령에 대한관념과 마찬가지로, 구체적인 사실로 풍부한 어떤 표상이 '나쁜 운'에 대한 표상으로 되기 위해서는 당연히 자기 내용의 가장 커다란 부분을 포기해야만 한다. 그럼에도 그 표상은 존속하고, 완전히 텅 비는 것은 아니다. 따라서 지성인과 원시인의 정신성은 본질적으로 서로 다르지 않다.

3. 정적인 종교의 일반적인 기능

자연이 종교에 부여했던 기능들, 즉 마술, 정령이나 동물에 대한 숭배, 신들에 대한 경배, 신화, 모든 장르의 미신들은 하나하나 살펴보면 아주 복잡하게 보인다. 그러나 한꺼번에 모아 전체적으로 보면 아주 단순한 것이다.

인간은 그 행위가 확실하게 보장되지 않고 머뭇거리고 더듬거리며 성공에 대한 희망과 실패에 대한 두려움을 가지고 미래의 계획들을 세우는 유일한 동물이다. 그는 질병에 지배되는 것을 느끼는 유일한 동물이고, 또한 자신이 죽을 수밖에 없다는 것을 아는 유일한 동물이다. 자연의 나머지는 완전한 고요함 속에서 개화한다. 식물들과 동물들이 아무리 모든 우연들에 내맡겨져 있다 해도 소용없다. 그들은 그래도 역시 마치 영원 위에서 그런 것처럼 지나가는 순간 위에서 쉬고 있다. 바뀔 수 없는 이런 믿음이 있어서 우리는 들에서의 산책에서 우리를 차분하게 가라앉히는 무언가를 열망한다. 그러나 이것은 충분히 말한 것이 아니다. 사회 속에 사는 모든 생명체들 중에 인간은 공동의 선이 제기될 때 이기적인 관심에 굴복하여 사회의 선에서 벗어날 수 있는 유일한 존재다. 게다가 어디에서든 개인적인 이익이 일반적인 이익에 따라 불가피하게 조정되거나 종속된다. 이런 이중의 불완전성이 바로 지성의 대가다 인간은 자신의 두려움과 자신의 희망을 일깨우는 불확실한 장래를 표상하지 않고서는 사유하는 자신의 능력을 수행할 수 없다. 그는 자연이 그를 사회적인 존재로 만드는 한, 그가 다른 사람들은 간과하고 자기 자신만 걱정하면서 종종자신의 이익을 발견할거라고 생각하지 않고서는, 자연이 그에게 요구하는 것을 반성할 수 없다. 이 두 경우에, 정상적이고 자연적인 수준의 단절이 있을 것이다. 그럼에도 지성을 원했던 것은 바로 자연이고, 동물 진화의 두 큰 계열들 중 하나의 끝에 그 지성을 놓았던 것도, 그래서 다른 계열의 끝에서는 가장 완전한 본능에 의존하게 했던 것도 바로 자연이다.

자연이 질서가 지성에 의해 흐트러지자마자 자동적으로 다시 정돈되도록 하기 위하여 자신의 주의를 기울이지 않는 것은 불가능하다. 아닌 게 아니라, 지성에 속하지만 순수 지성은 아닌, 꾸며내기 기능이 바로 이런 목적을 갖는다. 꾸며내기 기능의 역할은 우리가 지금까지 다루어왔던 종교를 가공해 내는 것이다. 그 종교는 우리가 정적이라 불렀던 것이고, 그것이 바로 자연적인 종교라고 우리가 말했던 것이다. 따라서 우리는 이 종교를 정확한 용어들로 정의하기 위해서 요약해야만 한다. 그것은 지성의 실행 안에서 개인을 의기소침하게 만들 수 있고 사회를 해체시킬 수 있는 것에 대항하는 자연의 방어적 반작용이다.

Ⅲ. 동적인 종교

앞에서 우리는 도덕적 의무의 본성과 발생적 원천을 분석하여 닫힌도덕과 열린도덕의 본성상 차이를 지적하고, 전자에 의존하는 닫힌사회로부터 후자에 기초하는 열린사회로의 이행에서 정서적 감동의 역할이 중요함을 살펴보았다.

사회는 하나의 거대한 유기체와 유사하여 사회의 생존과 질서를 유지하기 위해서는 구성원들이 무의식적으로 수행하는 습관들의 체계를 필요로 한다. 인간 지성의 발명품으로 보이는 관습, 법, 규율, 도덕적 의무들의 발생적 근원에는 집단의 존속을 유지하기 위한 자연적 본능의 요구가 들어 있기 때문이다. 사회적 결속을 지향하는 본능에 따라 의무를 강제하는 억압의 도덕은 닫힌사회를 겨냥하며 가족애와 애국심으로 똘똘 뭉쳐 다른 사회에 대해 배타적인 거리를 취한다. 그러나 열린사회의 가능성이 없는 것은 아니다. 사회적 형태로 드러난 생명의 흐름은 자기 보존에만 몰두하는 것이 아니라 자기 창조의 도약도 감행하기 때문이다.

정적종교는 닫힌사회의 종교이며 억압의 도덕을 강화하는 것과는 달리, 동적종교는 열린사회의 종교이며 인류애를 지향하는 열망의 도덕을 강화한다. 정적종교가 자연적 본능에서 유래하는 비합리적 미신의 성격을 지닌다면, 동적종교는 깨어난 직관에서 유래하는 신비주의의 성격을 지닌다. 신비적 체험은 생명을 나타나게 한 창조적 노력과 접촉하면서 존재의 근원에 대한 통찰에 이르는 것인데, 단지 생명적 근원을 관조하고 명상하는 데 그치는 것이 아니라 적극적인 행동으로 표현하는 데 역동적인 종교적 특성이 있다.

1. 종교의 두 의미

지성은 위험 없이 존재하진 않았다. 그때까지 모든 생명체들은 생명의 잔을 게걸스럽게 먹어 치웠다. 그들은 자연이 그 가장자리에 발라놓았던 달콤한 꿀에 취했을 것이다. 그들은 보지도 않고 나머지까지 다 삼켰을 것이다. 지성, 그것은 밑바닥까지 들여다보았다. 왜냐하면 지성적 존재는 단지 현재 속에서만 살지는 않았기 때문이다. 예견 없이는 반성도 없고, 불안 없이는 예견도 없으며, 삶에 대한 주의에서 잠시 이완되지 않고서는 불안도 없기 때문이다. 특히, 사회 없이는 인류도 없다. 그리고 사회는 개체에게, 마치 곤충이 자기 자신에 대한 완전한 망각에 이를 때까지 자동주의를 밀고 갈 때와 같은 무관심을 요구한다. 그 무관심을 유지하지 위해서는 반성을 고려해서는 안 된다. 치밀한 공리주의 철학자의 지성이 아닌 한, 지성은 오히려 이기주의를 권했을 것이다. 따라서 지성은 양쪽으로부터 균형을 잡았다. 아니, 오히려 지성은 이미 이에 대한 방어를 굳건히 하고 있었다. 왜냐하면 자연은, 다시 한 번 말하지만 조각들과 부분들의 존재자들은 만들지 않으며, 자연의 표현 안에서 다양한 것들은 그 발생에서는 단순한 것일 수 있기 때문이다. 출현하는 하나의 종은 자신을 설정한 작용의 불가분성 속에서 자신을 생존 기능하게 만드는 모든 것의 세부 사항을 다 가지고 나타난다. 우리 종의 출현에 의해 해석되는 창조적 약동의 정지 자체도 인간 지성과 함께 주어졌고, 인간 지성의 내부에는 종교들을 만들어내는 꾸며내기 기능도 들어 있다. 바로 이것이 우리가 정적이거나 자연적이라고 불렀던 종교의 의미이자 역할이다. 반성적 존재자에게 있어서 그런 종교는 삶에 대한 주의의 우연적인 결핍을 채워주는 것이다.

생명은 최소한 바랄만 한 것이고, 다른 종들보다는 특히 인간에게서 더 바랄만 한 것인데, 왜냐하면 다른 종들은 창조적 에너지가 지나가면서 생산한 하나의 효과로서 삶을 받아들이는 반면에, 인간에게 삶은 아무리 불완전하고 불안정하다 해도 그 창조적 에너지가 들인 노력의 성공 자체이기 때문이다. 그러면 생명의 약동을 다시 포착하기 위하여 그 약동이 비롯되었던 방향으로 거슬러 올라가면서, 왜 인간은 자신이 결여하고 있고 또는 반성이 흔들리게 했을 수도 있는 약동에 대한 확신을 다시 발견하지 못했던 것일까? 인간이 그렇게 할 수 있는 것은 지성을 통해서는 안되며, 어쨌든 지성만으로는 안된다. 지성은 오히려 그 반대 방향으로 갈 것이다. 지성은 특수한 운명을 갖고 있고, 그것이 자신의 사변들 속에서 고양될 때, 그것은 실재를 접촉하지 않고, 기껏해야 우리로 하여금 기능성들을 생각하도록 만든다. 그러나 우리는 그 지성의 주위 가장자리에 직관이 희미하게 사라질듯 남아 있다는 것을 알고 있다. 그 직관을 고정시키고, 강화하고, 특히 행위로 완성시킬 수는 없을까? 왜냐하면 직관이란 오직 자신의 원리의 약화를 통해서만, 달리 표현하자면, 자기 자신에 대해 행해진 추상 작용을 통해서만, 순수한 통찰이 되기 때문이다.

이런 노력을 할 수 있고, 할 만한 어떤 영혼은 자신이 지금 접촉하고 있는 그 원리가 모든 것들의 초월적인 원인인지 아니면 단지 지상의 것들을 대표하는 것일 뿐인지조차도 자문하지 않을 것이다. 그는 마치 철이 자신을 빨갛게 달구는 불에 의해 침투되듯이, 자신의 인격성을 빼앗지 않으면서도, 자신보다 훨씬 더 우월할 수 있는 어떤 존재자가 자신에게 침투되고 있음을 느끼는 것만으로도 충분할 것이다. 그 이후로 삶에 대한 그의 애착은 그 원리와 자신의 분리 불가능성일 것이고, 오직 사랑일 뿐인 것에 대한 사랑이자 환희 속의 환희일 것이다. 나아가 그는 사회에 헌신할 것이고, 이 사회는 바로 그 원리에 대한 사랑 속에서 사랑받는 인류 전체가 될 것이다. 정적종교가 인간에게 가져다주었던 확신은 여기서 변형되어 발견될 것이다. 장래에 대한 염려를 더 할수록 자기 자신에 대한 불안도 더 돌아온다. 그 확신의 대상은 실질적으로 가치가 더 있는 것은 아니지만 도덕적으로는 매우 높은 의미를 띠게 될 것이다. 일반적인 삶에 대한 애착이 만들어지는 것은 바로 특수한 각각의 분리로부터일 것이다. 그러나 여전히 종교에 대해서 말할 필요가 있을까? 아니 선행했던 모든 것에 대해서도 이미 종교라는 말을 사용했어야 했을까? 두 가지 것들은 서로를 배제한다는 점에서 서로 다르고, 따라서 같은 이름으로 부를 수는 없는 것 아닐까?

그럼에도 불구하고 그 두 경우를 종교라고 부를 만한 이유들이 분명히 있다. 우선 신비주의가 그 영혼을 다른 수준으로 옮겨놓는다 해도 마찬가지다. 그것 역시 정적 종교가 가져다주는 것으로 되어 있는 안정감과 평온함을 탁월한 형태로 보장하기 때문이다. 그러나 특별히 고려해야만 하는 것은, 순수한 신비주의는 진귀한 정수라는 점, 그것은 대개 희석된 상태로 만날 수 있다는 점, 그래도 그것은 자신의 색과 향기를 대중들에게 섞어 넣으면서 대중들과 소통한다는 점이다. 그리고 그 신비주의를 작동하고 있는 채로 포착하고자 한다면, 그것이 실천적으로 대중과 분리될 수 없으면서 대중과 함께 하도록 두어야만 하고, 또 그렇게 하는 것이 결국 세상 속에 신비주의 그 자신을부과하는 것이라는 점을 염두에 두어야만 할 것이다. 이런 관점에 놓이면서, 사람들은 일련의 변천들을 정도상의 차이들처럼 보았을 것인데, 바로 거기에는 실제로 본성상의 근본적인 차이가 있다.

2. 종교와 신비가

신비가가 열망하는 사랑은 더 이상 선에 대한 인간의 단순한 사랑이 아니다. 그것은 모든 인간들에 대한 신의 사랑이다. 신을 통해서, 신에 의해서, 그는 모든 인류를 신성한 사랑으로 사랑한다. 그것은 모든 인간들이 근본적으로 통일한 합리적 본성을 지닌다고 주장하면서 철학자들이 이성의 이름으로 권유했던 그런 우애가 아니다. 사람들은 고귀한 어떤 이상 앞에서 존경심을 가지고 이끌리는 것이다. 개인이나 공동체에 전혀 해가 되지 않는다면, 사람들은 그 이상을 실현하고자 애쓸 것이지만, 열정을 가지고 거기에 매달리지는 않을 것이다. 아니면, 사람들은 우리 문명의 어떤 구석에서 신비주의가 남겨두었던 향기라도 맡을 것이다. 만일에 단 하나의 불가분한 사랑으로 인류 전체를 포용하는 신비가들이 존재하지 않았다면, 과연 철학자들이 우월한 본질에 대한 모든 인간의 동등한 참여라는, 현실적인 경험에는 전혀 일치하지 않는, 그런 원리를 그토록 확신을 가지고 주장할 수 있었을까?

따라서 여기서는 하나의 이상으로 만들기 위해 사람들이 형성했던 관념인 우애가 문제가 아니다. 그리고 인간에 내재하는 인간에 대한 공감의 강화 역시도 문제가 아니다. 게다가 이런 본능에 대해서는 균형을 잡아야 한다는 이유들 때문에 그것이 만들어졌던 철학자들의 상상력 속에서나 존재했던 것은 아닌지 자문할 수 있다. 가족, 조국, 인류는 점점 더 커가는 동심원처럼 보이고, 사람들은 인간이 자신의 조국과 자신의 가족을 사랑하듯이 자연스럽게 인류를 사랑해야만 한다고 생각했다. 하지만 실제로 가족적인 집단과 사회적임 집단은 자연에 의해 욕구되어졌던 유일한 것들, 본능들이 거기에 상응하는 유일한 것들이고, 사회적 본능들은 사회들을 실제로 하나의 인류로 구성되기 위해 통합하도록 이끄는 것이 아니라 오히려 서로 싸우도록 이끌었다. 기껏해야 가족적이고 사회적인 느낌은 우연히 풍부해질 때 사치나 유회에 의해서 자연적인 그 경계들 너머로 적용될 수 있을 것이다. 그러나 이것은 결코 아주 멀리 뻗어가지는 못할 것이다. 인류에 대한 신비가의 사랑은 이와 전혀 다르다. 이것은 본능을 연장하는 것도 아니고, 어떤 관념으로부터 추동되는 것도 아니다. 그것은 감각적인 것도 아니고, 이성적인 것도 아니다. 그것은 함축적으로는 전자와 후자이지만, 실제적으로는 훨씬 더 그들 이상이다. 왜냐하면 이런 사랑은 만물의 근원에 있는 것처럼 감성과 이성의 뿌리 자체에 있기 때문이다.

자신의 피조물에 대한 신의 사랑, 모든 것을 만들었던 사랑과 일치하는, 그 사랑은 창조의 비밀을, 이를 물을 줄 아는 자에게 건네줄 것이다. 그것은 도덕적인 것 이상으로 형이상학적 본질에도 속한다. 그것은 신의 도움으로 인간 종의 창조를 완성하고자 하며, 인류가 인간 그 자신의 도움 없이도 결정적으로 형성될 수 있었다면 당장 그렇게 되었을 모습대로 인류를 만들고자 한 것이다 . 혹은, 우리가 곧 보여주겠지만, 다른 언어로 같은 사태를 말하는 단어들을 사용하자면, 그 사랑의 방향은 생명의 약동의 방향 그 자체다. 그 사랑은 특권화된 인간들에게는 완전하게 전달되어 있는, 이 약동자체다 특권화된 인간들은 전 인류에게 이를 각인시키고자 하고, 실현된 모순을 통해 하나의 종인 이 피조물을 창조적 노력으로 전환시키고자 하며, 정의상 하나의 정지인 것을 운동으로 만들고자 한다.

만일 신비주의가 인류를 변형시켜야만 한다면, 그것은 차츰차츰 천천히 그 자신의 일부를 전파함으로써만 가능할 것이다. 신비가들은 그것을 분명히 느낀다. 그들이 직면할 커다란 장애는 신성한 인류의 창조를 방해했던 그것이다. 인간은 자신의 노력으로 자신의 생계를 유지해야만 한다. 다시 말해, 인류는 동물의 한 종이고, 동물 세계를 지배하며 생명체에게 생명체를 잡아먹도록 강제하는 법칙에 종속되어 있다. 따라서 인류에게 양식은 자연 일반과 자신의 동료들과 다투는 것이고, 인류는 그것을 얻기 위해 필연적으로 노력을 기울이며, 그의 지성은 이 싸움과 이 노동의 관점에서 무기들과 도구들을 제공하기 위해 그에게 만들어진 것이다. 이런 조건에서, 어떻게 인류가 본질적으로 땅에 고정되어 있는 주의를 하늘로 돌릴 수 있단 말인가?

이것이 가능하다면, 이는 매우 다른 두 방법들의 동시적이거나 연속적인 사용에 의해서일 것이다. 첫 번째 방법은 자연이 지성에 원했던 것 그 너머로 지성을 말리까지 인도하여, 그 단순한 도구가 인간의 활동을 자유롭게 할 수 있는 기계들의 거대한 시스템에 자리를 양보할 정도로, 게다가 이 해방이 기계주의의 진정한 목적을 보장하는 정치적・사회적 조직에 의해 공고해질 정도로. 지적인 작업을 충분히 강화하는 데에 있을 것이다. 이는 위험한 수단이기도 한데, 왜냐하면 기계적인 것은 발전하면서 신비적인 것에 해를 끼칠 수 있기 때문이다. 심지어 기계적인 것이 가장 완전하게 발전하는 것은 신비적인 것에 대항하는 분명한 반작용 속에서 일 것이기 때문이다.

그러나 무릅써야만 하는 위험들이 있다. 우월한 수준의 활동성은 더 낮은 수준의 활동성을 필요로 하는 것으로서 필요하다면 자기방어를 무릅쓰고서라도 그것을 야기하거나 그것이 행해지도록 내버려 두어야만 할 것이다. 경험이 보여주는 바에 따르면, 대립하지만 상보적인 두 경향들 중 어느 하나는 모든 자리를 차지하고 싶어서 비대해졌고, 다른 하나는 약간이라도 자신을 보존할 수 있기만 하다면 만족스럽게 여길 것이었다. 그러나 후자의 차례는 돌아올 것이고, 따라서 이 후자는 자기 없이 이루어졌던 모든 것, 심지어 오직 자기에 반(反)해서만 맹렬하게 다루어졌던 모든 것을 이용할 것이다.

신비가들이 자신들의 넘치는 에너지를 수도원이나 종교적 계율들을 건립하는 데 썼던 것은, 그들이 그 이상은 할 수 없었기 때문이기도 하지만, 필연성에 의한 것이다. 그들이 그때 당시로는 더 멀리 바라볼 필요는 없었다. 그들로 하여금 인류를 신에게까지 고양시키게 하고 신성한 창조를 완성하도록 이끈 사랑의 약동은, 그들의 시선에서는, 오직 그들을 도구로 사용한 신의 도움과 더불어서만 도달할 수 있는 것이었다. 따라서 그들의 모든 노력은 매우 크고, 매우 어려운, 그러나 제한되어 있는 어떤 임무에 집중하는 것이어야만 했다. 다른 노력들이 일어날 것이고, 또 다른 노력들은 이미 일어났다 모두 하나로 수렴할 것이다. 왜냐하면 신은 그것들을 하나로 통합할 것이기 때문이다.

3. 신비적 영혼

우리는 신비적 경험이 그 자체로는 결정적인 확실성을 철학자에게 가져다줄 수 없다는 것을 인정한다. 신비적 경험이 완전히 납득되는 것은 오로지 그 철학자가 인간을 초월적 원리와 소통하게 하는 그런 특권화된 어떤 경험의 존재를 있음 직한 것으로 고려하는 데에, 감각적 경험과 이에 근거한 추론의 것과 같은, 어떤 다른 길을 통해서 도달할 때뿐이다. 신비가들에게 사람들이 기대했던 것과 같은 이런 정험과의 마주침은 따라서 이미 얻은 결과물들이 덧붙여지는 반면에, 이 얻어진 결과물들은 신비적 경험 위에서 자신들의 고유한 객관성에 속하는 무언가를 다시 분출시킬 것이다. 경험과 다른 인식의 원천이란 없다. 그러나 사실에 대한 지성적 개념화가 필연적으로 날것 그대로의 사실을 초과하는 것처럼, 모든 경험들이 똑같이 결정적이고 동일한 확실성을 보장한다는 것은 어림도 없는 일이다. 대부분은 단지 개연적인 결론들로 우리를 이끈다. 그럼에도 불구하고 개연성은 더해질 수 있고, 그 더해짐이 실천적으로는 확실성과 같은 값을 지니는 어떤 결과물을 제공한다. 우리는 '사실의 선들'에 대해서 말했는데, 그 '사실의 선들' 각각은 충분히 멀리까지 가지 않기 때문에 단지 진리의 방향만을 제공할 뿐이다. 그러나 그 선들 중 둘을 뽑아내어 그 둘이 서로 마주치는 지점에까지 연장하면, 진리 그 자체에 도달할 것이다.

그런데 정확하게 보니, 종교적 문제와는 진적으로 다른, 문제들의 어떤 차원에 대한 천착이, 신비적 경험과 같이 특권화된 독특한 어떤 경험의 존재를 있음 직하게 만드는 결론들로 우리들 이끌게 되었다. 그리고 다른 한편, 그 자체로 연구된 신비적 경험은, 전적으로 다른 방법을 통해서, 다른 모든 영역에서 획득된 교육내용에 덧붙여질 수 있는 정보들을 우리에게 제공했다. 따라서 여기에 분명 상호 강화와 상호 보완이 있다.

본능은 직관적이었고, 지성은 반성하고 추론했다. 직관이 본능이 되기 위해 수준을 낮춰야만 했다는 것은 사실이다. 그것은 종의 관심에 따라 최면 상태에 빠졌고, 그것이 의식으로부터 보존했던 것은 몽유병적 형태로 취해졌다. 그러나 동물적 본능의 주위에 지성의 여백이 존속한 것과 마찬가지로, 인간의 지성도 직관에 의해 둘러싸여 있었다. 인간에게서 이 직관은 완전히 무사심한 것이면서 의식적인 것으로서 남아 있었는데, 그것은 단지 미약한 빛일 뿐이었고 그리 멀리까지 투사되지는 않았다. 그럼에도 불구하고, 생명의 약동의 내면, 그것의 의미, 그것의 목적이 언젠가는 밝혀져야 한다면, 그 빛이 비롯될 곳은 바로 그 미약한 빛으로부터다. 왜냐하면 직관은 내부를 향하고 있었기 때문이다. 그리고 만일 최초의 강도 증가를 통해서 그 직관이 우리에게 우리의 내적 삶의 연속성을 파악하게 했다면, 아마 우리들 대부분이 더 멀리 가지 못한다 해도, 어떤 우월한 강도 증가는 그 직관을 우리 존재의 뿌리에까지, 이를 통해 또한 일반적인 생명의 원리 자체에로까지 가져갈 것이다. 신비적 영혼이야말로 정확히 이런 특권을 갖지 않았을까?

제5장 인간의 이해

Ⅰ. 특이점 사회

우리 사회는 부분적으로 포스트산업사회로 진입하고 있으며, 곧 전면적인 포스트산업사회가 실현될 것이다. 그러므로 우리는 포스트산업사회에서 예상되는 인간의 실천 문제를 새롭게 조명해야 할 필요가 있다. 궁극적으로 향후의 포스트산업사회가 인간과 인간관계를 파괴하는 디스토피아가 아니라 창조적이고 합리적인 사회로 어떻게 이행할 수 있는지에 대한 논의를 필요로 한다. 가장 큰 문제는 ① 로봇의 인성학 ② 제2의 본성 ③ 사회적 치유 등이다. 한편 포스트 산업사회에서 창조적이고 합리적인 실천을 가로막는 요소들은 ① 디지털 게임 산업의 성장과 마음 손상의 문제 ② 인공지능의 성장과 인간지능의 저하 문제 ③ 생명의료공학의 성장과 죽음의 문제 등이다.

포스트산업사회로의 이행은 인간을 바라보는 새로운 관점을 요구한다. 인간을 넘어선 존재로서의 포스트휴먼 시대를 전망하는 연구들이 많다. 이 포스트휴먼 시대는 근본적으로 인간의 정체성이 문제되는 시대이다. 우리는 포스트휴먼 시대에 나타날 수 있는 인간의 본질적인 문제 해명과 그 대안적 사유로 나아가야 한다. 무엇보다도 시급한 문제는 마음의 윤리와 관련되어 있다. ① 포스트휴먼 시대의 인간 ② '마음을 공학화(engineering of mind)'하는 것과 '마음을 배려하는 공학(engineering for mind)' 등과 관련이 있다. 나아가 포스트휴먼 시대와 인간의 정체성 문제가 쟁점이 될 것 같다. ① 가상자아와 인격의 문제 ② 마음 이식기술과 자아의 정체성 문제 ③ 생식하는 기계와 인간의 정체성 문제

오늘날 우리는 새로운 기술이 출현하면, 지금까지 당연시 되어왔던 인간성이나 인간의 정체성이 문제가 될 수 있음을 살펴볼 것이다. 이것은 포스트산업시대를 살아가는 포스트휴먼이 숙명적으로 대면해야할 문제의 아주 작은 부분일지도 모른다.

1. 인간성 또는 인간다움에 관하여

진화는 점점 질서가 높은 패턴을 창조해가는 과정이다. 레이 커즈와일(R. Kurzweil)은 멀지않은 미래에 인류가 완전히 다른 진화의 단계로 들어서게 될 것이라 주장한다. 죽음도 극복하게 될 것이고 에너지 문제를 해결하게 될 것이다. 더 나아가 인간을 능가하는 인공지능이 등장할거라 한다. 인류 자신도 기계의 도움을 빌어 비약적인 진화를 경험하게 되며, 생물학적 육체의 한계도 넘어설 날이 멀지 않았다고 말한다. SF 소설이나 영화에서나 등장했던 모든 것이 현실이 된다. 그것도 우리 세대가 자연사하기 전에 실현될 가능성이 높다고 한다.

커즈와일의 미래 예측은 수확 가속의 법칙에 기반을 둔다. 무어의 법칙을 더 넓게 해석한 것이다. 반도체뿐만 아니라 대부분의 정보 관련 기술이 기하급수적으로 증가한다. 트랜지스터, 전화 통화량, 휴대폰 가입자 등의 사례가 그 증거다. 그는 우리가 진화 곡선이 폭발적으로 증가하는 시점에 올라서 있다고 한다. 현재의 정보 기술 발전 속도라면 2020년 말에는 튜링 테스트를 통과하는 인공 지능이 등장할 테고, 컴퓨터 지능과 생물학적 지능이 결합되어 인류는 이전과는 다른 세상에 살게 될 것이다. 특이점의 도래는 곧 인공 지능의 도래를 의미한다. 인류를 능가하는 지능이 등장하거나 기계의 도움을 받아 인류의 지능을 비약적으로 향상시키는 것이 특이점의 전제 조건이다.

그가 말하는 특이점은 제 5기에 시작될 것이고 제6기에 지구를 벗어나 우주까지 확대될 것이라고 본다. 제1기는 물리 현상과 화학 반응에 관한 것으로 물질과 에너지의 패턴이라는 기본적인 구조 속에 정보가 담긴 형태를 살펴본다. 제2기는 생물과 DNA, 즉 생물학적 체계는 더 넓은 분자 사회를 설명하는 정보를 저장하기 위해 정교한 다지털 기법(DNA)을 발전에 대해서 기술하고 있다. 제3기는 뇌의 문제인데, DNA가 안내하는 진화에 의해 감각기관을 이용해 정보를 인지하고 그 정보를 뇌와 신경계이서 처리하고 저장할 줄 아는 유기체[14)]에 대한 기술이다. 제4기는 기술과 관련된 문제로, 이성적이고 추상적인 사고력과 도구를 사용할 수 있는 손을 집중적으로 조명한다. 그리고 제5기는 기술과 인간 지능의 융합에 관한 것으로 몇 십 년 안에 특이점과 함께 다섯 번째 시기가 도래할 것으로 내다보고 있다. 마지막으로 제6기는 우주가 깨어난다는 제목을 통해서 인류의 미래를 전망하고 있다.

그는 이러한 설명을 통해서 다음과 같은 질문을 제기한다. 인간의 '인간다움'과 '인간성'을 무엇으로 정의해야 할까? 어디까지를 인간으로 봐야하며, '특이점'에 도달했을 때 그 경계를 확실히 구분할 수 있을까? 또한 경계를 구분할 필요가 있을까? 레이는 인간성의 핵심이 '한계'에 있다고 보고, 이러한 한계를 뛰어넘는 능력이야 말로 인간성의 핵심이라고 보고 있다. 결국 이러한 인간은 생물학의 한계 내에 머무르는 것을 참지 못하며, 점차적인 업그레이드를 통해 버전 2.0의 인체, 나아가서 버전 3.0의 인체로까지 나아갈 것이라고 했다. 그의 말대로라면 인간은 분명 나약한 자신의 한계에서 벗어날 수 있는 사이보그 시대를 환영해야만 한다. 하지만 오늘날 대부분의 생각은 인간의 인간성은 생물학적인 것에 기인한다고 보는 경향이 더욱 팽배하다.

이러한 맥락에서 인간이 가지는 고유한 '의식'이 없는 '기계'들을 인간이라고 볼 수 있을지 의문스럽다. 사이보그들은 인간이 아닌 하나의 새로운

---

14) 세 번째 시기의 시작을 알린 것은 동물의 패턴 인식 능력을 말한다.

'종'이라는 결론을 내리기도 했었는데 그는 '종'이라는 단어 자체가 생물학적인 것에 국한되는 것이므로 생물학적 지능과 비생물학적 지능이 통합되는 지점에서는 의미 없는 말이라고 하고 있다. 또한 우리 몸이나 뇌에 생물학적이든 비생물학적이든 기기를 더해 인체 기능을 보정하여 '인간적' 기능들을 더 잘 수행하도록 하는 행위는 지금 현재에도 이미 무수히 많이 이루어지고 있는데 거의 모든 장기들을 기계로 대체하게 될 미래에서 '인간'의 경계를 확실히 구분할 수는 있을까?

2. 뇌와 인간의 정체성

업로드된 뇌가 진짜 '나'라고 할 수 있을까? 또는 가상현실을 넘나들고 원하는 대로 자유자재로 자기이미지화가 가능하다면, 우리의 진정한 '자아'는 어디서 찾을 수 있을까? 커즈와일은 우리의 뇌를 기계에 업로드하는 방식으로 우리의 뇌 패턴을 보존하고 전승해나가는 방식으로 삶을 연장할 수도 있다고 한다. 하지만 이렇게 업로드된 뇌를 원래의 진짜 '나'와 동일인이라고 할 수 있을까?

우리가 세상을 살아가면서 방향성을 잃지 않고 '제정신'으로 살아갈 수 있는 것은 나 자신이 누구이고 또 어떠한 사람인지 의식적으로든지 무의식적으로든지 어느 정도 파악하고 있기 때문이 아닐까? 자아정체성을 확립하는 것은 인간의 가장 근원적인 부분이며, 이러한 자아정체성은 자신의 본연의 모습(외적, 내적)이 무엇인지 탐색하고, 발견하고, 그것을 수용해 나가는 과정이라고 할 수 있다. 이 때 이상적 자기와 현실의 자기가 충돌하게 되는 사람들은 흔히 사회부적응자로 남게 된다. 그런데 모든 사람들이 자기가 원하는 대로 자신의 모습을 바꿀 수 있고, 비현실적인 가상 사이를 왔다 갔다 한다면 이들의 자아정체성은 흔들리게 될 것이다. 그렇다면 커즈와일 식의 미래에서는 '자아'자체가 필요 없는 것이 되는 것일까?

이러한 질문을 고려하기 위해서 우리는 먼저 정신이 두뇌의 작용과 관련성이 깊기는 하지만, 반드시 두뇌의 어느 부위에 속해있는 성질의 것인지를 해명해야 한다. 뇌의 각 부위가 정신의 활동에 관여한다는 측면에서는, 뇌 전체가 정신을 관장한다고 봐야 할 것이다. 정신이란, 인간의 정체성을 유지하는 사고체계로서 감각, 이해, 감정, 판단 등을 다 포괄하는 개념이다.

그렇다면 마음은 어디에 있는가? 나의 마음을 내가 볼 수 없는가? 마음의 모양은 어떻게 생겼는가? 태곳적부터 인류의 관심을 모아 온 뇌와 마음의 정체에 대해서 빠른 속도로 발전하여 가고 있다. 뇌의 구조에 대한 분자와 세포의 기능에 대해서 컴퓨터 시뮬레이션으로 인공두뇌를 만들려는 시도가 과학자들 사이에 연구되고 있으며 뇌의 신경회로에 대한 영상촬영기술도 괄목할 발전을 이룩했다. 생리심리학에 기초한 정신의학 참선이나 명상을 활용한 기공요법을 비롯해서 정신과 마음과 두뇌의 상관관계를 포괄적으로 탐색하여 인간의 근원적인 실체에 점점 깊이 접근해가고 있으나 아직도 모르는 부분이 많다.

20세기에 들어 생리학이 발달하고 뇌의 자극과 반응의 원리에 대해서 많은 연구가 진행되었다. 행동주의에 대한 연구로 대뇌의 장소에 따라 기능이 다르고, 또 마음의 작용도 여러 가지로 갈라져 있음이 드러났다. 이러한 이유로 마음이 지각하고, 기억하며, 행동하는 패턴에 따라 뇌의 각 부분의 신경조직망과 자극 반응의 회로가 종합적으로 판단하고 움직이는 통합적 마음의 기능이 형성된다. 이러한 연구는 창발적 일원론인 뇌심설(惱心說)에 도달하게 된다.

21세기 최첨단 초고속 과학문명의 시대에도 아직까지 두뇌와 마음의 관계에는 그 정체가 확실히 밝혀지지 않은 수수께끼에 쌓여 있다. 두뇌의 활동이 곧 마음의 내용인가? 뜨거운 피가 돌고 있는 심장 속에 마음이 있는가? 피 속에 혹은 신경세포 속에 있는가? 아니면 나의 생각과 정신을 움직이는 나의 마음이 내 몸밖에 따로 존재하는가? 정말 마음의 실체와 본질은 무엇인지 참으로 궁금하다. 앞으로는 모든 학문과 인체의 연구를 대상으로 하는 실험 실측도 뇌와 마음의 관계를 토대로 하여 이루어질 가능성이 짙다.

뇌와 마음의 관계에서 뇌가 양초에 해당한다면 '마음은 불꽃과 같다'는 상대성이 인정되고 뇌가 육체라는 실체의 그릇이면 마음은 그 그릇에 담기는 내용물이 여러 형태로 변하는 기능을 수행하는 무형의 방편이라고 보면 될 것이다. 즉 뇌가 없이는 마음이 존재할 수 없고 또한 마음의 기능과 역할이 있어도 뇌가 없다면 생명력 없는 육체로 활동할 수 없다. 그렇기 때문에 마음과 육체(두뇌)는 그 어떤 완전체의 두 가지 존재(기능)양식으로 파악되며 마음과 몸이 만나는 중간의 존재가 궁극적 실재로 서로 분리하여 연구하는 것으로는 영원한 해결책이 될 수 없다.

3. 생명의 숙명, 죽음 그리고 그 이후

'죽음'이 필연적이 아닌 것이 되고, 인간의 수명이 영원히 연장된다면 '죽음'의 당위성을 위한 영역인 '종교'는 완전히 사라질 수 있을까? 리처드 도킨스(R. Dawkins)의 '만들어진 신'은 인간의 나약함 때문에 인간이 존재하는 한 종교 또한 어떠한 형태로든 인간사회와 함께 공존할 것이라고 것이다. 하지만, 커즈와일의 말대로 인간의 영생이 가능해지고, 인간의 약한 부분들을 비생물학적인 기계가 대체해 줄 수 있다면, 우리 사회에 뿌리 깊이 박혀 있는 종교가 완전히 사라지게 될 지 궁금하다. 그의 예측대로만 된다면 결과적으로 인간은 우주까지 넘어서는 거의 '신'적인 존재가 될 것 같기도 하다.

그렇다면 자신의 행복과 영생을 바라며, 지극히 인간중심적 사고에 충실한 인간이 과연 '로봇'이 장악하게 될 미래를 허락할까? 인간은 기본적으로 현재 자신의 위치와 상태를 계속 유지하기를 바라는 동물이며, 만물을 지배하고 군림하려는 성향을 가지고 있다. 또한 저자가 언급한 바와 같이 인간의 뇌는 인간 자신의 생존에 거의 집중되어 있는데, 이러한 이들이 스스로 멸망의 길을 걸으며 기계들에게 후손의 자리를 내줄까? 인간 본성에 의하면 최소한 인간 자신에게 유리한 방향으로 기술을 잘 이용만 할 수 있지 않을까?

인간의 '직감'이 기계의 '정보처리'를 압도하는 영역은 없는 걸까? 현재 우리 주변에 있는 기계들은 인간의 복잡한 뇌보다 기능이 현저히 떨어지는 것들이 많지만, 기계와 인간의 뇌 사이의 간격이 점차 좁혀지고 있는 추세이고, 가까운 언젠가는 분명 기계가 인간의 뇌를 압도할 것이라고 저자는 말한다. 이처럼 인간 뇌의 패턴 인식 능력 정도는 기계가 충분히 따라 잡을 수 있다고 치더라도, 인간의 동물적인 '직감'까지 모방할 수 있을까? 기계는 정말 모든 영역에 있어서 인간의 뇌를 압도하게 되는 것일까?

이러한 전망을 통해서 볼 때, 미래에는 빈부격차가 과연 줄어들 것인가? 커즈와일은 수확 가속의 법칙으로 인해 기술의 가격대 성능비가 꾸준히 기하급수적 성장할 것이기 때문에 모든 기술들이 매우 싸져서 공짜나 다름없게 될 것이라고 한다. 하지만 그러한 기술들을 먼저 선점할 수 있는 부자들은 항상 더욱 앞선 기술의 혜택을 받게 될 것이며, 그로 인한 그들의 이점과 기회 또한 기하급수적으로 꾸준히 늘어날 것이라고 생각된다. 개인적으로 빈부격차가 완전히 없어져야 한다고 생각하는 것은 아니지만, 지나치게 낙관적으로만 보는 저자의 시각을 납득하기가 조금 어렵다. 이 부분은 계속 보완해 나가야 할 부분으로 보인다.

위의 논의는 우리를 다음과 같은 질문으로 이끈다. 즉, "생물학적인 유기체들의 궁극적 목적이 '생존 본능'이라고 했을 때, 특이점 이후 지구를 지배하게 될 비생물학적인 기계들의 궁극적인 목적은 무엇일까?" 물론 여기에는 전제가 있는데, 그들이 의식이란 것을 가지고 있다면 말이다.

Ⅱ. 미래의 기술 유전 · 나노 · 로봇(GNR) 공학

유전학(Genetics), 나노공학(Nano-technology), 로봇공학(Robotics)의 혁명적인 변화가 인류의 미래를 되돌릴 수 없을 만큼 바꿔놓는다는 주장이 관심을 모으고 있다. 사실 위에서 언급한 각각의 학문은 우리에게 새로울 것이 없다. 그러나 세 학문이 연쇄적인 폭발을 일으킨다고 가정한다면? 예컨대 유전학의 발전으로 인간의 유전자 정보를 낱낱이 파악하고, 이를 토대로 나노공학이 분자단위의 조립을 실현하고, 이를 통해 자기복제가 가능해지고, 인간의 지능을 뛰어넘는 로봇이 이런 기술을 사용한다면 인류의 미래는 어떻게 될까? 이런 시나리오를 위의 세 가지 학문의 이니셜을 따서 'GNR 혁명'이라고 부른다.

이것이 수백 년 뒤의 일이라면 공상과학 영화쯤으로 웃고 넘길 텐데 고작 40년 뒤에 펼쳐질 미래라고 한다. 물론 미래는 누구도 예측할 수 없다는 것이 지난 50년 동안 미래를 연구한 미래학계의 결론이다. 그러나 GNR 혁명의 시나리오는 레이 커즈와일이라는 걸출한 과학자가 그의 저서 『특이점이 온다』에서 주장한 것이어서 미래학자들도 그의 '예언'을 비상한 관심을 가지고 지켜보고 있다.

1. GNR 혁명을 바라보는 시선들

GNR의 혁명적인 조합과 연쇄반응에 대해서는 커즈와일 외에도 많은 학자들이 주장했다. 더글라스 멀홀(D. Mulhall)은 2002년 펴낸 그의 저서 『우리 몸을 이루는 분자(*Our Molecular Future: How Nanotechnology, Robotics, Genetics and AI will Transform Our World*』에서 GNR의 발전으로 인류는 새로운 테러리즘, 특허권 소멸, 그리고 관계지향적 시각의 소멸 등을 경험할 것이라고 지적했다. 우리 사회는 어떻게 GNR 혁명을 바라보고 있을까. 우선 대중적인 관점에서 유전학, 나노공학, 로봇공학의 이른바 '3인조'가 어떻게 평가되고 있는지 살펴보자. 2006년부터 현재까지 주요 일간지에서 이들 3인조의 영향을 보도한 기사의 주요 제목으로는 '지구의 주인이 바뀌나?', '맹목적 과학신봉, 인간소외 부른다', '인공지능 나노무기 등장, 테러 위험 높아진다' 등이 있다. 이를 통해 과학기술의 발전을 부정적인 시선으로 보고 있음을 알 수 있다. 반면에 3인조를 두고 '10년 뒤 한국의 성장 동력'으로 꼽거나, '미래의 연봉 톱, 나노공학자'로 추켜세우는 기사는 새로운 과학기술을 경제발전에 적극적으로 응용해야 한다는 주장들이다.

이 같은 대중의 시각과 달리 학자나 전문가 집단의 관점은 어떨까. 학술 데이타베이스 KISS에서 3인조를 주제로 쓴 논문을 찾아보면 '일반적 인격권과 유전공학', 'GNR 혁명과 탈(脫)인간주의 시대의 지식생산', '반(反)생명시대의 도래' 등 주로 유전학의 사회적 영향을 다룬 논문이 많다. 그러나 로봇공학이나 나노공학에 대한 논문은 찾기 힘들었다. 과학자들은 신기술의 동향 파악에 급급하고, 인문・사회과학자는 신기술의 부정적인 측면을 부각시키는 데 주력하고 있다는 점도 눈에 띈다. 한국 사회가 GNR의 파급효과를 단편적으로 관찰하고 있으며, 과학자와 인문・사회과학자의 공동연구가 서구사회와 비교해 미약하다는 점도 확인할 수 있다.

기술을 인간화하는, 인간을 더욱 인간답게 하는데 기술을 응용하려는 노력도 찾기 힘들었다. 이런 점에서 장회익 교수가 "새로운 기술을 이해할 틀을 만드는 것보다 우리가 지향할 미래가 무엇인가를 논의하는 것이 먼저"라고 주장한 것을 곱씹어볼 필요가 있다. 우리가 창조하고 싶은 미래의 모습을 먼저 그리지 않고 GNR 혁명의 파급효과를 따지는 것은, 결국 우리가 아닌 타국의 미래를 고민하는 것과 다름없기 때문이다.

2. GNR 혁명에 대한 대비

GNR 혁명의 파급효과는 어떤 모습으로 나타나게 될까? 로봇은 지금 빠른 속도로 인간의 감정을 배우고 있다. 감정은 더 이상 인간만의 전유물이 아니다. 로봇은 점차 적절한 때, 적절한 방법으로 감정을 표현할 것이다. 이를 통해 인간과 로봇의 차이는 점점 좁아질 것이고, 결국 누가 인간이고 로봇인지 분간할 수 없는 시대가 올 것이다. 커즈와일이 주장하는 GNR 혁명의 시작점이 될 2040~50년은 로봇이 인간을 지배하는 시대가 아니라 로봇과 인간을 구별할 수 없는 시대를 의미한다. '생물학적 존재와 비(非)생물학적 존재의 구별이 무의미해지는 시대'인 것이다.

스리랑카 출신의 미래학자 수산타 구날리타케(Susantha Goonatilake)는 기독교는 로봇과 사랑에 빠지는 것을 허용하지 않겠지만, 불교는 모든 것에 '영혼'이 있다고 믿기 때문에 이를 허용할 수 있다고 주장한다. "인간만이 영혼이 있다는 생각, 혹은 변하지 않는 '자아(自我)'가 있다는 생각은 환상에 불과하다는 주장도 힘을 얻을 것"이다. 마가렛 애트우드(M. Atwood)는 SF소설『오릭스와 클라크(Oryx and Crake)』에서 인류가 유전공학을 잘못 이용한 결과 물, 식량, 그리고 햇빛이 없는 지구를 만들어 모든 생명체가 멸종한다고 경고하면서, 과학과 정치학이 만나 신기술의 오용을 피할 수 있는 지배구조를 만들어야 한다고 주장하고 있다. 우리 사회는 과연 위와 같은 GNR 혁명이 변화시킬 사회의 모습에 대처할 준비가 되어 있는지 반문해볼 일이다.

일반적으로 사회의 모습과 인간의 행동을 바꾸는 세 가지 역동적 힘은 문화와 제도, 그리고 기술 등이다. GNR과 관련해서 작은 기술에서부터 큰 기술에 이르기까지 기술이 사회를 바꾸는 것은 금방 눈으로 확인할 수 있다.

특히 기술은 그것이 최초로 개발될 당시의 의도와 목적과는 전혀 다른 방향으로 사회를 바꾸기도 한다. 예를 들어, 16세기에 발달한 인쇄기술은 전혀 뜻하지 않게 종교혁명을 일으켰다. 루터(M. Luther)가 비텐베르크(Wittenberg) 성당 문에 써 붙인 교황에 대한 반박문은 곧 인쇄돼 그 내용이 유럽 전역에 전해졌다. 루터 이전에도 종교개혁가가 많았지만 영향력이 미미했던 것은 그들의 주장이 멀리 전달되지 못했기 때문이다. 결국 인쇄 기술이 종교혁명을 촉발한 셈이다. 또 20세기 초 대량 생산 기술은 각종 내구소비재의 값을 엄청나게 떨어뜨렸고 귀족만이 즐길 수 있었던 자동차를 평민도 탈 수 있게 했다. 21세기 초 세상을 바꾸는 세 가지 기술을 GNR기술이라고 한다. 생명의 비밀을 푸는 유전자 기술(Genetic engineering), 지금의 마이크로기술보다 1천배 더 정밀한 나노기술(Nano technology), 로봇기술(Robot engineering)이 바로 그것이다.

GNR기술은 싫건 좋건, 옳은 방향이든 잘못된 방향이든, 그리고 사회가 수용하든 거부하든 간에 사회의 모습, 특히 기업활동 방식을 근본적으로 바꿀 것이다.

Ⅲ. 포스트휴먼 시대

포스트휴먼(posthuman) 시대에 대한 논의가 최근 국내외에서 활발하다. 포스트휴먼 시대는 정보기술(IT), 인지과학, 나노기술, 바이오공학의 발달로 기술이 인간의 몸속에 삽입되거나 생활에 밀착됨으로써 인간과 기계의 경계가 해체되는 시대를 말한다. 즉, '신인류'로 불리는 포스트휴먼은 기계, 기술과 융합된 인간을 가리킨다.

포스트휴먼 시대에 대한 논의는 그 특성상 과학계를 중심으로 이뤄져 왔다. 그러나 최근 이 논의에 인문학자들이 개입하기 시작했다. 방관하다간 자칫 인간이 배제될지 모른다는 위기감에서다. 그리고 삶과 죽음, 인간과 기계의 구분이 모호해지는 미래에 새로운 존재론, 가치관, 윤리관 정립을 위해 인문학이 나서야 한다는 자각 때문이기도 하다.

1. 포스트휴먼 시대, 인간과 기술

인간과 첨단 기술의 융합이 심화하면서 인간의 정체성에 대한 고민은 인문학의 첨예한 과제가 됐다. 인문학자들이 위기감을 느끼는 일들은 이미 일어나고 있다. 대표적인 사례가 시(詩)를 창작하는 기계의 출현이다. 1970년대 전위예술의 일환으로 시도됐던 기계 이용 시작(詩作)이 디지털의 발달로 이제는 인터넷 공간에서 활발하게 이뤄지고 있다. 일부 학자는 가시적인 변화가 시작된 현재를 '트랜스휴먼(transhuman)' 시대로 규정짓는다. 이러한 발달에 대해서 우려의 시선들이 있기는 하지만, 한편으로 이를 통해서 인문학이 어디로 나아가야 할지에 대한 조심스러운 전망을 내놓기도 한다. 독문학을 전공한 연세대 임정택 교수는 "기술이 인간의 상상력을 추월할지 모른다"면서 "이 시점에서 인문학은 기술의 변화 속도에 대응하는 담론을 만들어야 한다"고 말했다.

서구의 인문학계는 이미 새로운 시대의 도래를 기정사실화하면서, 이에 대한 모색이 한창이다. 프랑스의 과학철학자 도미니크 르쿠르(D. Lecourt)는 "기술이 더는 '도구'가 아니라 인간의 본질적 차원이라는 점을 인식하는 선에서 인간과 기술의 개념을 재창조해야 한다"고 강조했다. 영국 철학자 닉 보스트롬(N. Bostrom)은 "트랜스휴머니즘은 과학, 기술이라는 새로운 방법을 통해 인간의 가능성을 무한대로 계발한다는 점에서 휴머니즘의 확장이다"고 말했다.

2. 상상력과 테크놀로지의 균형

연세대 미디어아트연구소 연구진은 최근 '바퀴'에 대한 연구에 착수했다. 인간과 기술의 미래를 예측하고 설계하기에 앞서 인류의 기술을 문명사적 측면에서 해석하는 게 선행돼야 한다는 판단 때문이다. 이 연구에는 인문학, 자연과학, 공학 등 다양한 전공자가 연구에 참여하고 있다. 연구소 관계자는 "모든 기술의 출발점이라는 점에서 바퀴를 먼저 연구하기 시작했다"면서 "포스트휴먼 시대의 화두인 인간과 기계의 인터페이스에 대한 연구까지 폭넓은 연구를 진행할 계획"이라고 말하고 있다. 문학, 철학, 과학, 예술 등이 모두 망라됐지만 연구의 중심은 인문학이다.

인간과 기계가 공존하는 시대의 새로운 윤리학을 정립하는 것도 연구의 큰 갈래 가운데 하나. 더 나아가 '바이오 인문학' '나노 인문학' 등의 이론적 토대를 마련함으로써 인문학이 관심을 두지 않았던 영역까지 인문학 범주로 끌어들일 계획이라고 밝히고 있다. 연구진은 이런 연구를 모두 포괄하는 의미로 '테크네(techne) 인문학'이라는 분야를 설정했다. 테크네란 기술, 지식, 예술 등 인간이 만든 모든 것을 가리키는 그리스어다. 이 연구소에서 목표로 삼고 있는 것은 '인간의 상상력과 테크놀로지의 능력 사이에 균형을 바로잡는 것'이며, 이는 곧 '테크네 인문학의 목표'이다.

성균관대 인문과학연구소는 '미래 인문학'이라는 영역을 만들었다. 학문 분야별로 새롭게 정립돼야 할 인문학의 미래를 종합적으로 연구하려는 시도에서다. 이 연구소가 지향하는 바는 '테크노 퓨처리즘(techno futurism)'이다. 다시 말해서 기술 중심의 미래주의를 뜻한다. 이 연구소의 주요 관심사는 '첨단 기술이 사회를 지배하는 테크노 퓨처리즘 시대를 우선 전망하고 인문학의 역할을 따져보는 것'이다.

연구 방법론으로는 '심층횡단' 개념이 도입하고 있다. 인문학, 자연과학, 예술 등 다른 영역을 넘나들면서 새로운 방법으로 기술과 현상을 분석하겠다는 의도다. 참여 연구원들은 이를 위해 인간과 기계의 능력과 한계를 판단할 수 있는 다국어 자동번역 시스템을 개발하기로 했다. 또한 지능형 로봇을 위한 음성 인터페이스를 개발하고, 인공지능 및 인공생명 연구에 인문학적 콘텐츠를 대입하는 연구를 계획 중이다.

'미래 인문학'의 목표를 '상호창조(sympoiesis)'라는 개념으로 들며 '다른 존재자들과의 교섭 속에서 상호 창조하는 인간을 지향하는 것'이다. 기계 또는 기술의 발달은 인문학의 참여를 촉구하고, 인문학은 기술을 통해서 새로운 변신을 시도하고 있다.

3. 포스트휴먼 시대의 상상도

미래에는 기억과 감정을 컴퓨터에 저장할 수 있으며, 컴퓨터가 인간 흡수할 수도 있을 것이다. 영화 '매트릭스'나 '아이로봇'을 보면서 '미래에는 그럴 수도 있겠다'는 생각을 하는 사람이 많을 것이다. 그럼에도 미래학자들이 들려주는 미래 이야기가 아직은 황당하게 들릴 때가 많다. 프랑스의 미래학자 도미니크 바뱅(D. Babin)의 '포스트휴먼' 시대에 대한 예측도 그중 하나다.[15)]

그는 "인류가 생물학적 한계를 뛰어넘어 더는 늙지도 않고 죽지도 않는 포스트휴먼 시대가 온다"고 말한다. 그러면서 "앞으로 30년 동안 어떤 수단을 동원해서라도 감염사나 사고사 같은 의외의 죽음을 피하라"고 조언한다. 영원한 삶을 얻기 위해선 '그날'이 올 때까지 살아남으라는 얘기이다. 물론 이러한 이야기는 기술이 어디까지 발달할 것인지를 전망하는 수사일 수 있음을 잊어서는 안된다.

바뱅은 또 인간이 의식, 기억력, 감정 등을 컴퓨터에 옮기는 기술도 상용화할 것이라고 예상한다. 이 대목에선 영국의 유전학자인 오브리 드 그레이(Aubrey de Grey)도 의견을 같이한다. 뇌에 저장된 기억을 슈퍼컴퓨터에 백업시켜 둘 수 있다는 것이 이런 전망의 핵심이다. 바뱅은 인간이 유전자를 적극적으로 진화시킬 수 있을 것으로 내다봤다. 유전자 진화 능력에 따라 강화 유전자를 가진 엘리트 집단과 자연 유전자를 가진 일반 집단으로 분리될 수 있다는 것이다. 이처럼 미래학자들에 따르면 '신인류'인 포스트휴먼은 현재의 인간보다 훨씬 업그레이드된 육체적, 지적 능력을 갖게 된

---

15) 영화 '아이로봇'에는 인간적인 로봇과 기계적인 인간들이 등장해 묘한 대조를 이룬다.

다. 이런 경우는 기술의 발달이 인간의 발달과 같은 궤적을 그릴 경우를 가정하는 것일 뿐이다.

하지만 포스트휴먼 시대가 인간에게 이로운 쪽으로만 예측되는 것은 아니다. 컴퓨터의 발달로 인해 인간이 컴퓨터에 종속되는 결과가 생길 것이라는 예상도 있다. 미국의 컴퓨터 전문가 커즈와일은 17일 "현재의 기술 발달 속도대로라면 20년 안에 컴퓨터의 능력이 인간의 지능에 필적하게 될 것"이라고 내다봤다. 미래학자들은 "컴퓨터의 능력이 높아짐에 따라 인간이 컴퓨터에 더욱 의존하게 된다"면서 "그런 상황이 지속되다 보면 컴퓨터가 인간을 컴퓨터의 일부로 흡수할 가능성도 있다"고 말한다.[16)]

바뱅은 자신의 책 『포스트휴먼과의 만남(PH1 : Manuel d'usage et d'entretien du post-humain)』을 통해 다가올 인류의 미래로 우리를 안내한다. 그의 이야기를 따라가다 보면 포스트휴먼 - 생물학적 한계를 뛰어넘어 늙지도 죽지도 않는 새로운 인간 - 은 물론이고, 더 나아가 포스트휴먼으로 인해 달라질 수밖에 없는 '포스트-세상' 까지 구경할 수 있다. 물론 황당한 공상과 실현이 거의 불가능해 보이는 기계의 미래에 당혹감을 느낄 수도 있다. 그러나 이러한 기술의 불가능성에 초점을 맞추기 보다는, 앞으로 우리가 처하게 될 상황을 미리 예견해 볼 수 있다는 것이 더 중요해 보인다. 무엇보다도 우리에게는 과학의 발전에 기반을 둔 인간 몸의 진보뿐만 아니라 앞으로 엄청나게 달라질 우리가 살아갈 환경도 중요하기 때문이다.

---

16) 동아일보 2008. 03. 19

Ⅳ. 인간의 이해

오늘날 철학에서 존재와 사유를 이해하는 근본적 시야는 변화하고 있다. 이것은 형이상학이 종래의 사고 수준을 넘어서는 차원으로 접어들었음을 의미한다. 존재와 사유의 불가분한 관계에 대한 논의는 원초성에 대한 새로운 인식으로부터 다시 시작하여야 하며 이제 철학적 지식은 본질과 전체라는 이념을 새로운 관점에서 회복하여야 할 것이다.

이것은 현대 과학기술 사회의 지식문화 형태를 근원적으로 재검토할 것을 요구한다. 고도의 전문성과 효율성을 내세우는 지식들이 한편으로는 연관 고리들을 상실한 채 각각 독방들 속에 고립되어 있는가 하면 다른 한편으로는 본질적인 역동성을 상실한 채 화석화되어 있는 상태를 보이고 있다. 존재본질로부터 단절되고 내적 연관을 망각한 지식들은 피상화의 길을 걷게 되고 결국 획일화의 함정에 빠져들고 있음을 우리는 보고 있다. 오늘날의 지식 문화는 외면상 매우 다양해 보이지만 지식의 본질을 이해하는 방식에 있어서는 너무도 피상적이고 단순하다는 것을 알 수 있다. 과학적 지식의 형태를 모든 지식의 이상적 원형으로 규정하고 그 이외의 지식 형태는 주관적인 것에 불과한 것으로서 무의미하다고 단정하여 학문에서 배제할 것을 주장하였던 논리실증주의의 사고방식은 분명 현대 과학기술문명 사회에 내재하는 어떤 강한 경향을 보여주고 있는 것이다. 이것은 근대 이성의 사고 수준을 한계 지웠던 일정한 형태의 바탕 원리가 19세기 후반에 극단적인 형태로 모습을 드러낸 것이고 실증주의적 지식 문화는 이러한 경향의 타성적인 연장선상에 위치해 있음을 우리는 보아야 한다. 이러한 획일적 사고문화는 다원적 의미 형태들의 실재성을 이해하지 못하며, 사회적 차원에서는 기존 문화의 통상성을 반복하는 데에서 벗어나지 못함으로써 심층구조 영역의 내적 상호 연관성을 시야에서 상실하게 되고 스스로를 독방 속에 고립시키게 된다.

본질로부터 유리되어 피상적 수준을 맴돌게 되고 구조 연관을 상실한 지식문화는 기계적 효율성의 획일화된 가치에 쉽사리 종속된다. 지식-권력의 관점에서 볼 때 이러한 지식문화의 배후에는 자본에 의한 상업주의 원리가 지배하고 있음을 알 수 있다. 획일적인 과학기술주의의 이데올로기로 포장된 상업주의 시대에 있어 수단화된 인간이 과연 자신의 존재본질에 얼마만큼이나 공감하며 스스로를 확인할 수 있는가? 오늘날 철학마저도 타성에 빠져 그 스스로를 이러한 피상적 문화의 한 표현으로 전락시키고 있는 상황에서 철학이 의미의 의미를 진정 논의한 바가 있는가? 일정한 피상적 수준의 언어 놀음에 그친 것이 아닌가?

존재본질의 망각은 왜곡된 사회 문화에로 이어져 인간 공동체의 형성에 장애가 되고 있다. 스스로와의 공감과 대화가 이루어지지 못하는데 어떻게 타자와의 진정한 대화가 가능하겠는가? 우리가 나누고 있는 것은 내부로부터 우리나와 서로를 이해하고 공감하는 대화라기보다는 이미 정해진 일정한 틀 내에서의 훈련된 반복이다. 철학에서도 이러한 현상이 두드러져 보인다는 것은 매우 심각한 일이다. 현대 철학계에서 인식론과 사회 철학을 전혀 별개의 영역으로 간주하는 철학자들이 상당히 많다는 사실은 오늘날의 지식 문화가 얼마만큼이나 자기 인식으로부터 소외되어 있는가를 여실히 잘 보여주고 있다. 보다 근본적으로는 형이상학과 무관한 인식론을 주장하는 사례가 많았다는 사실이 19세기 후반부터 오늘날에 이르는 지식 문화의 상황을 말해주고 있다.

1. 거꾸로 된 존재 이해

일상적 지식문화의 바탕에 놓여있는 존재 개념은 거꾸로 되어있다. 이러한 전도된 존재 개념으로 인해 우리들은 스스로에 대하여 그리고 또한 사회적 과정에 있어 넘어서지 못하는 장애를 안고 있다. 베르그송(Bergson)은 서양 형이상학의 역사를 착각의 역사로 설명하고 있으며, 하이데거는 존재 망각의 역사로 규정하고 있다. 착각, 망각, 전도, 역전, 실향성 등은 일상적 차원의 존재사고 방식이 안고 있는 문제를 드러내 주는 용어들인 것이다. 지적으로 사고한다고 생각할수록 자아 본질로부터 멀어져 거꾸로 된 인위적 추상물의 세계에 빠져버린다면 어떻게 타인을 이해하고 공감할 수 있겠는가? 합리성의 미명하에 기계적인 효율성의 획일화라는 이데올로기에 빠져버린 사회에서 어떻게 진정한 인간 공동체의 문화가 형성될 수 있겠는가? 합리주의를 자처한 베르텔로(Réné Berthelot)의 존재 세계 이해 방식을 살펴보자. 그의 베르그송 비판은 19세기 말부터 20세기 전반에 걸쳐 풍미한, 그리고 아마 오늘날에 있어서도 우리의 일상적 사고방식의 어딘가에 숨어있는, 일반적 지식 문화의 저변에 놓여 있는 일정한 사고의 경향과 틀을 잘 보여준다. 베르그송의 시간의 형이상학에 대한 그의 비판은 합리주의적 세계 이해의 근본 원리로서 다음의 내용들을 당연한 것으로 간주하고 있음을 알 수 있다. 첫째, 물리학에 있어서든 심리학에 있어서든 실재에 대한 과학적 탐구는 원자론적인 모델에 따라 이루어져야 한다. 둘째, 물리적 세계는 엄격한 물리적 결정론의 세계이며 따라서 비결정성을 도입하는 것은 비합리적인 사고 방식이다. 셋째, 절대시간과 절대 동시성에 대한 부정은 과학적 합리주의의 이름으로 결코 용납할 수 없다.

이러한 개념틀은 전문적 수준에서는 이미 오래 전에 붕괴되었지만 타성적이고 무반성적인 일상적 사고 수준에서는 아직까지도 상당한 지배력을 가지고 있음을 볼 수 있다. 물리적 차원에서든 생물학적 차원에서든 심리학적 차원에서든 사회적 차원에서든 모든 존재 세계에 대한 탐구는 과학적인 방식으로 이루어져야 한다고 생각하며 과학의 이름으로 제시된 해당 분야의 지식은 조금도 의심할 여지없이 확정된 것으로 생각하는 경향이 강한 것이다. 우리는 여기서 과학에 대한 근본 이해가 잘못 되어 있는 점 뿐 아니라 보다 근본적으로 이러한 통상적 과학기술주의가 가지고 있는 존재 개념이 거꾸로 된 오류 개념임을 지적해야 한다. 과학적 방법으로서의 환원적 분석은 인간 지능의 강한 내재적 경향으로서 공간화, 양화를 특징으로 하고 있으며 미래를 예측하기 위해 대상을 원인-결과의 결정론의 틀 속으로 밀어 넣으려 한다. 지능이 생산한 과학의 개념과 틀, 방법 등은 죽어있는 물질을 도구화하기 위한 목적으로 만들어진 것이기 때문에 물질세계를 변형시켜 수단화하려는 기술적 관심과 본질적으로 연관되어 있다. 이러한 과학적 지식이 알려 주는 것은 대상 세계를 우리의 삶을 위해 도구화할 수 있는 최선의 방법인 것이지 결코 대상 그 자체의 본성, 본질은 아닌 것이다. 우리와 대상 세계 사이에 지능을 매개로 한 간접적이고 상징적인 상호작용의 관계 체계가 바로 과학의 지식이며 이러한 과학은 공간화된 인공적인 개념틀로 나타난다. 그런데 우리는 이러한 과학적 지식을 산출하는 우리들 삶의 근원적 존재를 망각한 채 획일적인 시대의 타성에 젖어 기계적인 사고방식을 무차별적으로 우리의 존재 자체에까지 적용하고자 한다. 형이상학의 근원적 지평에서 보았을 때 우리가 여기서 확인할 수 있는 것은 "살아있음"과 "죽어있음"의 혼동인 것이다. 이것은 사회적인 차원에서는 가치 전도의 원인으로서 나타날 것이다.

우리가 존재론과 인식론의 근원을 되물어가서 존재와 사유의 불가분한 원초성을 되찾아야 하는 이유가 여기에 있다. 존재 세계에 대한 이해가 열리는 과정을 되돌아보아야만 하는 것이다. 모든 존재하는 것들에 대한 앎의 바탕에 이미 불가분하게 내재하고 있는 가장 근원적인 앎은 무엇인가? 그것은 분명 사유하는 살아있는 우리들의 존재인 것이다. 이처럼 형이상학의 원초성의 지평으로 되찾아 갔을 때 우리는 분명히 "살아있음"의 개념으로부터 "죽어있음"의 개념이 파생되어 나오는 것이지 결코 "죽어있음"의 개념들을 모아서 "살아있음"을 재구성할 수는 없다는 사실을 확인할 수 있다.

이러한 관점에서 보았을 때 오늘날의 일상적 사고 문화는 분명히 거꾸로 된 존재 개념에 깊이 물들어 있음을 알 수 있다. 존재에 대한 근본적 물음이라는 뿌리를 상실함으로써 기술적 성격을 벗어나지 못한 채 진행되고 있는 생물학, 심리학에서의 기계론적 작업들은 무의식중에 가치 전도적인 상황을 조장하고 있다. "살아있음"의 개념은 의식의 연속성과 역동성을 신체-행동과 불가분한 관계에서 파악하고 이러한 연장선상에서 의미론적으로 확장하여 사회적인 구조연관의 총체성 속에서 지식이 활동하는 현장 모습을 실재의 본질과 전체 그 자체로서 파악함으로써 성립한다. 불가분하게 얽혀있는 존재의 여러 층들 중에서 신체로서 드러난 표피적인 층의 물리화학적 과정들에 대한 기계론적 탐구는 기술적 관심의 측면에서는 그 의미를 인정할 수 있으나, 그것이 존재를 본질에 있어서 설명해주고 있다고 주장한다면 그것은 착각 그 자체 외에는 아무 것도 아니다. 생리학적 심리학과 분자 생물학이 의미를 가지는 것은 그러한 한계 내에서이다. 그러나 19세기와 20세기 초에 걸쳐 큰 영향력을 가졌던 심리 연합설(associationisme)은 그러한 의미마저도 가질 수 없다. 왜냐하면 그것은 의식의 본질과 활동 그 자체를 설명하고자 하였으나 수면 위의 의식으로 드러난 과정들을 읽어내는 초보적 수준에서 이미 실패를 해 버렸기 때문이다.

이러한 오류는 근본적으로 현전하는 지각-의식과 기억의 관계를 심리과정 자체 내에서 섬세하게 읽어내지 못한 데에 기인한다. 데카르트(Descartes) 역시 이러한 초보적인 단계에서 실패함으로써 오류를 증폭시켜간 것을 우리는 볼 수 있다. 데카르트는 현재를 과거, 미래와 완전히 단절된 수학적 점으로서의 순간으로 파악하였기 때문에 그러한 현전성은 현재의 순간이 지나가 버림과 더불어 없어져 버릴 수밖에 없었다. 그의 정의에 따라 존재하는 것은 현재 뿐이기 때문에 이 현재가 과거로 사라짐에 따라 이 세계도 같이 없어질 수밖에 없었고 따라서 그는 도대체 어떻게 이 세계가 존속할 수 있는가를 이해할 수 없었다. 결국 데카르트는 신에 의존할 수밖에 없었으며 그는 신이 매 순간에 있어 이 세계를 무한한 횟수로 재창조하기 때문에 이 세계가 존속하고 있다고 말할 수밖에 없는 어리석음에 빠지게 된 것이다.

심리연합설이나 데카르트의 모든 오류는 존재와 시간의 본질을 읽어내지 못한 데에서 기인한다. 우리는 지능에 의해 공간에 투사되어 추상화된 개념으로서가 아니라 원초적인 실재로서 살아서 체험되는 현재를 세밀하게 들여다 보아야 한다. 현재의 지각장은 주체와 객체가 불가분하게 얽혀있는 전체장(le circuit total)이며 진정한 의미의 현재는 수학적인 점으로서가 아니라 지속의 두께(épaisseur de durée)를 가지고 성립하는 것을 우리는 확인 할 수 있다. 이러한 살아있는 현재의 지각은 과거의 기억이 침투된 상태로서 존재하는 것이고 기억과 분리된 지각은 한갓 추상적인 개념일 뿐 실재장에는 존재하지 않는다. 살아있는 시간에 있어서 과거는 현재에 침투하여 보존되고 있는 것이다. 시간과 존재의 연속성은 여기에서 성립하는 것이다. 이러한 점을 들여다보지 못함으로써 심리연합설과 데까르트 등은 지능의 타성에 따라 공간화를 맹목적으로 적용하여간 것이고 결국은 본질과는 전혀 역방향의 지점에 봉착하고 만 것이다.

지능의 조작적 메커니즘을 타성적으로 추종하는 것에서 벗어나 존재 개념의 원초성에로 되돌아 왔을 때 우리는 존재 세계에 대한 새로운 이해 방식이 열리고 있음을 알 수 있다. "살아있음"으로서의 근원적 존재 개념과 본질적 역동성과 구조적 전체성을 회복한 사유 개념이 본원적 영역에서 합치하고 있음을 확인할 수 있는 것이다. 이러한 근원 개념으로부터 다양성의 새로운 질서가 형성될 수 있는 것이다. "살아있음"의 개념으로부터 희석화의 방식에 의하여 "죽어있음"의 개념이 파생되어 나오는 것을 알 수 있으며 지능과 오성은 사유의 전체 과정 중 부분으로서 도구적 목적을 위한 조작적 메커니즘이며, 이 메커니즘이 사용하는 도구 개념들이 놓여있는 지평은 공간이라는 사실을 우리는 확인할 수 있다.

2. 과정-실재와 내적 연관

이제 형이상학은 과거의 오류로부터 벗어나 시간의 본질적 지평 위에서 과정 자체(le progrés même)를 실재로 파악하는 새로운 시야를 발전시켜 갈 것이다. 이러한 새로운 시야에서는 존재 세계에 대한 공간적 표상을 실재 자체의 본성을 그려내는 것으로 착각하던 수준을 벗어나 지능의 도구적 조작에 의한 추상물로 인식함으로써 데카르트, 유물론, 기계론 등이 빠질 수밖에 없었던 오류를 극복할 수 있다. 과정 자체를 실재로 파악하는 형이상학의 관점은 오늘날의 물리학의 내용들과도 자연스럽게 연결될 수 있는 것이다. 예를 들어 양자역학에로의 길을 열어놓는 데에 기여한 드브로이(De Broglie)의 물질파 개념은 베르그송의 형이상학으로부터 많은 영향을 받았음을 우리는 알고 있다. 베르그송은 물질을 공간적인 관점에서가 아니라 시간의 차원에서 정의할 것을 주장하였던 것이다. 물질도 과정-실재로서 정신과 같이 시간성을 공유하는 것이며 단지 물질에 있어서는 그 지속이 희석화되어 있을 뿐이다. 사유하는 정신과 물질화된 신체는 과정을 실재로 파악하는 시간의 형이상학에서는 서로의 얽힘과 상호작용이 자연스럽게 설명될 수 있는 것이다. 존재 세계에 대한 새로운 형이상학의 시야는 실증주의, 과학주의의 굳은 사고방식에 가려 은폐되어 있던 사유-신체-행동의 보이지 않는 구조연관을 하나의 불가분한 전체장 속에서 설명할 것이다. 또한 구조연관의 역동성에 관한 인식은 자연스러운 연결 고리를 찾아 나아가 이미 우리의 사유-행동 속에 스며들어와 있는 문화와 사회의 의미 연관을 찾아 낼 것이다.

철학은 존재를 그 본질에 있어서 그리고 전체의 구조 연관에 있어서 인식하고자 하는 노력이다. 시간의 형이상학은 실재를 과정 자체로서 파악하고 있으며 실재 과정들의 상호 침투와 얽혀진 모습을 보여준다. 실증주의, 과학주의의 눈에는 보이지 않는 이러한 시야는 미래 지식 문화의 방향을 분명히 말해 주고 있다. 논리실증주의는 종합의 학으로서의 철학의 시대는 끝났으며 철학의 작업은 자연과학 언어의 분석에 국한되어야 한다고 주장하였으나 이것은 근대 오성과 그 타성적 영향 하에 놓인 오늘날의 지식 문화의 피폐함을 극명하게 드러내주고 있는 사례에 불과한 것이다. 논리실증주의는 분석과 종합의 관계를 파악하는 초보 수준에서 이미 오류를 범하여 버렸다. 분석과 종합은 서로 대립하여 양립 불가능한 것이 아니다. 분석의 작업은 이미 배면에 보이지 않는 종합 과정을 수행하는 것이며 종합 역시 얽혀있는 구조에 대한 분석 없이 이루어질 수 없는 것이다. 또한 논리실증주의가 이해하였던 과학은 착각에 불과하였으며 근본적으로 그것의 오류는 과학-기술적 인식의 의미 형태가 다원적인 의미 세계들 중의 하나의 형태로서 삶의 존재와 어떠한 연관을 맺고 있는가를 인식하지 못한 데에서 비롯한 것이다. 궁극적으로 이것은 근대 이성이 타성에 빠져 본질적인 자기 인식에 도달하지 못한 채 화석화되어버린 하나의 극단적 사례에 지나지 않는다. 전문화와 효율화라는 미명 하에 독방 속에 갇혀 고립되어 버리거나, 굳어 화석화된 개념 체계 속에서 기계적인 분석의 세밀화를 수행하고 있는 모습 등은 오늘날의 지식문화의 문제 상황을 잘 말해주고 있는 것이다. 존재를 망각한 채 전도된 길을 가고 있는 사유의 전락 장면은 오늘날에 국한된 것은 아닐 것이다. 비록 형태는 전혀 다르지만 고대, 중세의 형이상학 역시 망각과 역전의 함정에 빠졌음을 우리는 확인할 수 있다. 이 과정은 동일한 주제가 각 시대에 있어 다른 형태의 변주곡을 낳는 것으로 볼 수 있으며, 그 근본바탕에 놓여 있는 착각의 주제가 무엇인가를 드러내야 할 것이다.

형이상학은 이제 망각된 존재본질을 회복하고 은폐되었던 의미연관을 되살려내는 새로운 종합의 길을 가야할 것이다. 이 종합은 실재의 역동성과 의미연관에 근거한 활동으로서의 사유인 것이지 합리론적인 도출로서의 체계화는 결코 아닌 것이다.

3. 자기 인식의 실패

죽은 것을 가지고 산 것을 재구성하려는 억지를 버리고 원초성으로 되돌아가 살아있음으로부터 존재 이해를 새로이 시작할 것을 논한 바 있다. 이러한 존재 이해의 형이상학은 다음과 같은 주요한 내용을 담고 있다. 첫째는 과정 자체(le progrés même)를 실재로서 파악하는 것이다. 둘째는 '살아있음'으로부터 개념을 비워감으로써 '죽어있음', 즉 타성(inertie)의 개념에 도달한 것임을 확인한다. 근대오성은 착각에 빠져 이 사실을 망각하고 있었던 것이다. 자유는 존재본질 그 자체인 것이다. 셋째는 존재한다는 것은 우리를 둘러싼 세계와 끊임없이 상호작용을 한다는 것을 의미한다. 우리의 의식은 이를 위한 한 가지 형태이자 방식이다. 생물계에서 보는 바와 같은 다양한 심리적 활동과 삶의 방식이 있을 수 있는 것이다.

이러한 형이상학의 근본적 관점은 존재 세계를 열린 세계로서 파악하며 상호작용의 얽혀진 구조를 중시한다. 또한 삶을 그 자체로서 바라보기 때문에 의미와 문화의 다원성, 다양성을 실재로서 확인한다. 그런데 종래의 철학은 이 세계를 새로움이 있을 수 없는, 반복만이 되풀이되는 닫힌 체계로서 파악하거나, 상호침투의 사실을 간과하고 원자적 체계로 재구성하거나, 의미와 문화의 획일성을 철학의 이름으로 강요하는 어리석음을 계속하여 온 것을 우리는 철학사에서 너무도 많이 보고 있다. 철학은 자기 인식이라는 목표를 향하여 계속 노력해 왔으나 함정과 착각에 빠져 계속 헛돌았던 것이다. 도구화를 위한 기계성의 개념 체계는 이 과정에서 발전하여 기술문명의 혜택에 연결된 것은 인정할 수 있으나 존재본질에 관한 이해는 전도된 길속에서 헤매고 있는 것이다. 과학과 기술의 비인간화는 바로 여기에 직결되어 있다. 죽어있는 물질들을 다루는 데 적합하게 고안되어온 도구적 개념의 체계와 사고방식이 그 발생적 연관을 망각하고 존재본질 자체에까지 역류하여 무차별하게 적용됨으로써 존재이해의 세계가 기형화되고 혼란에 빠져버린 것이다. 지식의 소외, 개념과 직관의 분리, 도구와 본질의 혼동은 서구 이성주의 철학이 빠져있는 문제 상황을 잘 표현해 주고 있다.

원초성으로 되돌아가 살아있음으로서의 근원적 존재 개념을 되찾아 냈을 때 우리가 확인하는 것은 이 존재 개념이 사유-신체-행동으로 불가분하게 연결된 인식과정의 개념과 합치하고 있다는 사실이다. 살아있다고 하는 것은 사유-행동하는 것을 의미하는 것이다. 이것은 형이상학과 인식론이 불가분한 본원적 관계에 있다는 것을 말하고 있다. 이것은 존재와 사유의 일치라는 점에서는 고대로부터 근대에까지 이어져 온 합리론적 형이상학과 외양상 유사할지 모르나 실제로는 정반대되는 세계이해 방식인 것이다. 합리론적 형이상학이 주장한 영원한 차원의 존재는 실상은 과정 자체로서의 실재를 절단하여 공간에 투영하고 논리적으로 추상하여 만들어낸 인위적 가공물일 뿐이다. 이것은 유용성을 위하여 지능이 공간이라고 하는 무대에서 도구적인 개념들을 가지고 행한 조작들의 결과물인 것이다.

사유의 측면에 있어서 합리론적 인식론은 사유로서 만의 사유, 즉 경험, 행동, 신체와는 전혀 관련이 없는 순수사유만을 주장하였으나 이러한 오류 역시 존재이해에 있어서의 오류와 그 근원을 같이 하고 있다. 존재한다는 것은 인식한다는 것이고 이 인식은 사유-신체-행동의 과정이 주변 세계와의 상호작용 속에서 이루어지고 있는 것을 말한다. 오늘날 인식론의 상당한 부분이 신체, 행동과의 연관에 대한 시야를 상실한 채 과학 이론의 분석에 논의를 국한하고 있다는 것은 애석한 사실이다. 결국 과학의 본성에 대한 근본적 논의의 장은, 즉 존재와 과학의 관계에 대한 논의는 이들에 있어서는 열려있지 못한 것이다. 또한 이들과는 달리 인식을 신체-행동과 연결하는 현대 인식론자들의 경우에도 인식과정의 전체장을 보지 못하는 한계는 마찬가지다. 이들은 신체-행동 과정에만 주목하지 실재로서의 정신과정과 관련한 형이상학적 논의는 공백지대로 남아있는 것이다. 정신과정의 실재성을 부정하고 단지 부수현상에 불과한 것으로 보거나 신체를 매개로 한 의식과 무의식의 운동성에 대한 인식이 결여된 경우가 대부분이다. 철학으로서의 인식론은 존재-인식과정의 전체 중 어느 한 부분만을 떼어내어 고립시키고 전문적으로 분석하는 개별 실험 과학과는 차원이 다른 것이다. 실재과정을 그 본질에 있어 그리고 그 전체로서 다루고자 하는 것이 철학이다.

이러한 형이상학적 인식론에 있어 우리의 자아는 현전하는 의식의 보이지 않는 심층부에서 움직이는 무의식의 영역에까지 확대된다. 종래의 인식론은 수면 위로 드러난 의식만을 가지고 자아로 파악하였으며, 그 의식의 내용 중 일부에 해당하는 지능적 개념 체계와 그것의 사고방식 그리고 그에 의존한 인식 체계를 오성 또는 이성이라는 이름하에 인식과 사유의 전체로서 규정하는 오류를 범하였다. 지각의 과정을 관조(Theoria)적 입장에서 잘못 읽어내는가 하면 더 나아가 지각장의 내면적 구조를 원자적인 것으로 착각하는 오류를 거듭하였다. 이러한 사실들을 볼 때 인식론사는 자기 인식의 실패로서의 역사인 것이다. 이제 인식론은 자기 인식의 과정을 원초적으로 새롭게 그리고 세밀하게 다시 읽어내야만 할 것이다. 그리고 종래의 인식론을 오류로 이끌고 간 근본 바탕에 어떠한 착각이 놓여 있었는가를 드러내야 할 것이다.

과거의 인식론은 인식 과정이 지니고 있는 운동성의 모습을 그 자체 내에서 세밀히 읽어내지 못하고, 지적인 메커니즘이 인위적으로 절단하고 정지시켜 놓은 지각장을 실재로 잘못 파악하고 그것의 분석에만 몰두함으로써 과정과 운동 자체가 가지고 있는 실재성의 모습과 의미가 모두 사라져 버렸다. 그럼으로써 무의식에 있던 기억이 지각에 침투해 들어오는 과정, 주체와 객체가 불가분하게 얽힌 역동장(le champ dynamique)으로서의 지각의 전체장(le circuit total), 지각의 신체와 연관된 운동성 등이 모두 상실되어 버렸고 이러한 자아의 본질적 모습은 종래 인식론에서는 모두 사라져 버렸다. 존재 본연의 활동 모습과 다양하고 미세한 의미 연관들이 은폐되어 버린채 인식론은 과학 이론으로서의 테두리에 갇혀 버리거나 의미세계의 본질을 망각하고 다원적인 의미세계에 자연과학적 의미의 획일적인 잣대를 강요하는 조악한 수준으로 전락해 버렸다. 오늘날 전문성, 효율성의 미명하에 독방에 고립되어 있는 지식들의 왜곡된 문화 상태는 이로부터 비롯한 것이다.

근대 이성 철학은 존재 개념 자체를 잘못 파악하고 있었기 때문에 정신과 신체가 어떻게 연관을 맺을 수 있는지, 도대체 정신과 신체가 어떠한 실재과정들을 의미하는 지를 설명할 수 없었다. 또한 신체를 매개로 한 의식과 무의식의 활동 모습을 읽어낼 수가 없었다. 사유와 인식 활동의 근거로서의 무의식이라는 개념 자체가 없었던 것이다. 19세기 후반에서 보는 바와 같이 무의식의 실재성에 관한 철학적 논의가 비합리주의로 매도되었다는 사실은 근대 이성의 사유 수준의 한계를 잘 말해주고 있다.

동일한 연장선상에서 이러한 한계는 자유를 존재본질로서 그 원초성에 있어서, 그리고 그 절대성에 있어서 확인할 수 없게 하였다. 자유와 필연에 대하여 이율배반을 주장하거나, 자유를 실천이성의 요청개념으로 보거나, 자유와 필연의 변증법적 통일을 주장하는 등의 여러 설명 방식들이 있었지만 자유를 존재본질 그 자체로서 파악하지는 못하였다. 합리적 사고는 엄격한 인과율의 틀을 결코 벗어날 수 없다는 생각이 근대 이성주의 철학 전반을 지배하였던 것이다. 그러나 그 자체로서 직관적으로 확인할 수 있는 자유의 원천적 사실 또한 무시할 수 없었기 때문에 근대 이성주의 철학은 자유와 필연의 문제를 이론적으로는 해결할 수 없는 것으로 보거나 아니면 변증법적인 통일이라는 이름하에 양립하는 것으로 간주하는 입장에 도달할 수밖에 없었다. 이것은 사유가 자기 자신을 분명히 들여다보지 못한 데에서 생긴 오류인 것이다. 자유와 필연의 문제는 이론적으로 해결 불가능한 것이 아니며 또한 변증법에서와 같이 자유가 사실상 필연 속에 귀속하는 것도 아니다. 사유가 자기의식에 충분히 도달하지 못함으로써 그 자신의 본질과 전체를 읽어내지 못하였고, 따라서 부분으로서 자기 내부에서 활동하고 있는 지적인 사고 장치들의 기능과 본성을 파악하지 못한 데에서 자유와 필연의 문제가 생겨난 것이다. 오성, 이성, 지능 등으로 불리는 지적인 과정들은 그들 사이에 의미의 차이를 가지고 있기는 하지만 이들이 사용하는 개념장치들과 사고방식은 공간화와 이를 통한 결정론적 체계화를 지향한다는 점에서 이것들은 공통점을 지니고 있다. 지적 개념 장치들과 사고방식이 우리를 닫힌 세계 이해에로 이끌고 간 사례를 우리는 철학사에서 너무도 많이 보고 있는 것이다.

맺음말

사유가 존재 개념의 원초성에서 자기의식을 되찾을 때 우리는 이러한 사고의 수준을 극복할 수 있는 것이다. 공간화와 결정론적 체계화의 경향을 지닌 지적 개념 장치들과 사고방식은 죽어있는 물질세계를 수단화하고 도구화하기 위한 기능으로서 발생하고 진화해 온 것임을 베르그송은 밝히고자 한다. 피아제(Piaget)는 베르그송과는 달리 지능이 물질에 대한 행동으로 부터만이 아니라 일반적인 행동으로부터 기원하는 것이라고 주장하고 있으나, 지능이 결정론적인 강한 사고 경향을 가지고 있음을 인정한다. 즉 반성적 수준의 지능은 행동의 각 단계들에 대한 인식을 동시적인 하나의 전체로 용해할 수 있을 정도로 빠른 사고 속도를 가지며 행동의 기대되는 결과뿐만 아니라 그 과정까지도 예상함으로써 해결 과정 전체를 의식화하려 한다는 점을 말하고 있는 것이다. 이와 같이 지능은 관심의 대상이 된 세계의 전 진행 과정을 관찰자적인 입장에서 동시적인 하나의 전체 속에서 파악하려 하기 때문에 폐쇄적인 세계 이해의 틀 속에 갇히기 쉽다. 그러나 이러한 것은 하나의 강한 사고 경향에 의한 추상물일 뿐이다. 사유가 자기 내부에서 이루어지고 있는 다양한 의미 형태의 활동들에 대한 시야를 잃어버리고 한 부분에만 몰두함으로써 그 부분이 가지고 있는 틀과 사고 경향을 절대적이고 보편적인 것으로 착각한다면, 그리하여 그 틀과 사고 경향을 전

사유과정과 존재 이해에 씌워버리게 된다면, 그리고 이렇게 하여 형성된 철학이 시대적 타성에 편승하여 확산됨으로써 사회 제도와 문화의 보이지 않는 무의식적인 저변부에 숨어 지배력을 행사하게 되고 결국은 권력 구조화하여 버린다면 어떻게 되겠는가? 철학사에서 우리는 초월적 형이상학, 선험주의, 변증법, 실증주의 등을 이러한 불행한 의식의 사례들로서 확인할 수 있으며 오늘날에 있어서는 특히 실증주의의 한 형태인 과학기술주의 속에서 존재망각의 극대화된 모습을 보고 있는 것이다.

서양 철학사에서 되풀이된 이러한 오류는 사유와 지능의 관계를 잘못 파악한 데에서 비롯한 것이다. 지능이 사유의 거울인 것이지 사유가 지능의 거울인 것으로 착각해서는 결코 안되는 것이다. 사유의 존재 망각은 세계 이해에 왜곡을 가져왔고 진정한 공동체 문화 형성에 장애물이 되었다. 존재 망각은 동시적으로 내적인 구조 연관과 의미 연관의 시야 상실을 말하는 것이다. 이제 대화는 일정한 피상적 수준에서의 훈련된 습관적 반복이라는 틀을 벗어나지 못하게 된다. 지식은 독방 속에 감금되어 버렸기 때문에 심층부에서 움직이는 구조와 의미의 발생과 얽힘이 보이지 않기 때문이다. 존재 활동으로부터 다양한 구조들과 의미세계들이 발생하고 상호작용하면서 변화하는 과정을 읽어내지 못한다는 것은 자기 인식이 닫혀져 있음을 말함과 동시에 타인, 타문화에 대한 이해와 공감이 열려져 있지 못함을 뜻한다. 예를 들어 지식이 존재와의 불가분한 관계를 망각하고 객관성의 환상에 빠져 자연과학적인 형태를 지니지 않은 지식들과 문화들을 주관적인 것으로서 무의미하다고 규정하고 그 존재 가치를 부정하여 학문의 영역에서 배제할 것을 주장한다면 그 보다 더한 착각과 의식의 불행을 어디서 찾을 수 있을까?

피상적이고 고립된 그리하여 획일화된 지식 문화의 정치적 동의어는 권력구조로부터 타자화된 수동적 삶이다. 지식학의 전략에 의해 무력화된 개인들의 눈에는 더 이상 존재-인식-사회구조를 불가분하게 연결하는 고리들이 보이지 않게 된다. 이제 사회적 관계는 단절된 개체들의 모임이고 전 사회적 존재 과정이 서로에게 수단화되고 도구화된 교환의 과정으로 전락하게 된다. 수단과 도구를 본질로 착각하는 문화가 제도로서 자리를 굳히고 지배 권력을 행사하는 것이다.

이 세계는 원자론이 주장하는 바와 같이 단절되고 고립된 동질적인 타자들의 세계가 결코 아니다. 이 세계는 서로에게 침투하여 서로에게 의존해 있는 보이지 않는 끈으로 연결되어 있는 이질적인 타자들의 세계인 것이다. 생물의 형태, 문화, 종교 등을 특징지우는 존재세계의 이질적인 다양성들은 존재 내부로부터의 자발성에 의한 창조적 자기표현들로서 긍정적으로 이해되어야 한다. 우리가 이러한 다양성을 산출한 존재 활동에로 거슬러 올라가 그 발생 과정을 읽어낼 때 진정한 이해와 공감이 형성되는 것이다. 존재의 의미는 분할하여 가르고, 다르다는 이유로 도구화, 수단화하여 지배하는 데에 있는 것이 아니라 이질적인 타자들 사이에 서로 이해하고 공감하고 함께 나누는 데에 있는 것이다. 존재를 망각함으로써 길을 잃은 지능이 비인간화의 방향을 맹목적으로 추구하여 간다면 그것은 매우 불행한 일이다. 우리는 철학의 역사가 존재 망각과 착각의 역사였다는 사실이 오늘날 무엇을 경고하고 있는가를 심각하게 생각해야 할 것이다.

이미 말한 바와 같이 존재의 원초적 개념은 사유의 자기의식 속에서 성립한다. 데카르트의 '나는 생각한다, 그러므로 존재한다(Cogito ergo sum)'는 사유와 존재 개념의 불가분성을 확인한다는 점에서는 의의를 가지고 있으나 그 원초성의 내적 본질을 읽어내는 데에 있어 피상적 차원에 그쳐버렸고 그 이후 이와 유사한 상황은 반복되어 근대 이성의 한계가 되어버렸다. 이러한 오류는 근본적으로 사유가 지능을 자신의 거울로 삼지 못하고 역으로 사유가 지능의 거울이 되어버린 데에서 비롯한 것이다. 이러한 사고 수준에서는 지능의 발생과 변화 과정, 지능과 전체 사유와의 의미 연관, 다양한 의미 세계의 상호작용 등은 시야에서 사라진다. 수단에 불과한 것을 본질로 생각하는 착각이 일어나게 되고 결국 오늘날 흔히 볼 수 있는 바와 같은 전도된 존재 이해 방식에 도달하게 되는 것이다.

이렇게 굳어진 사고방식이 존재 개념에 영원한 것을 요구하는 것은 자연스러운 일이다. 결코 존재가 과정 그 자체로서 이해되지는 않는 것이다. 이 세계에 대한 개념적 이해에 있어 운동, 변화, 이질성 등이 일차적인 것이고 정지, 불변, 동질성 등은 덜어냄의 방식에 의해 차후에 파생된 것이라는 사실을 잊어버리고 있는 것이다. 라이프니츠(Leibniz)는 합리론의 역전(inversion du rationalisme)을 주장하면서 원초성의 영역에 접근하기도 하였으나 과정 자체를 존재로 이해하는 단계에는 결코 도달하지 못하였다. 미적분학의 체계를 발전시키면서 라이프니츠는 동등성은 비동등성을 감소해 간 과정의 극한이라고 정의하였으며 같은 연장선상에서 수, 점, 선과 같은 불연속적인 요소들을 연속적인 과정 속으로 통합시켜 버렸다. 정적인 요소들을 연속적인 과정 속에서의 한 순간 상태들로 본 것이다. 이제 정지, 동시성, 동일성, 불연속성은 파생된 것으로서 2차적으로 정의되며 운동, 차이, 연속성이 선행 개념이라는 사실을 라이프니츠는 확인한 것이다. 그러나 그는 이러한 사고의 근원을 거슬러 올라가 사유의 역동성 속에서 존재의 원초 개념을 찾아내는 일은 결코 하지 못하였고 근대 이성의 한계 내에서의 한 표현 형태로서의 형이상학에 그치고 말았다.

사유가 모든 철학적 논의의 출발점인 현전(présence)을 정밀하게 읽어내지 못함으로써 오류의 역사가 되풀이되어 온 것이다. 활동하고 있는 과정 자체로서의 현전 속에서 존재와 사유의 원천적 불가분성을 확인하지 못하고 또한 의식 내에서의 의미 연관들의 생생한 상호작용을 밝혀 드러내지 못했다고 하는 것은 우리의 세계 이해와 공동체 형성을 위한 지식 문화의 보이지 않는 저변이 왜곡되어 기형화된 타성의 상태를 벗어나지 못하고 있음을 말해준다.

철학사에서 현전에 관한 논의가 오류를 거듭해 온 것은 현전을 그 자체의 실재 과정에서 읽어내려 하지 않고 잘못된 시간 개념에 의해 현전을 정의하고 재구성하려 했기 때문이다. 즉 실재하는 현전 과정(progrés)을 수학적 점에 해당하는 정지된 순간 상태(état)라는 추상적 개념 속에 억지로 밀어 넣으려 한 데서 비롯한 것이다. 지속의 두께(épaisseur de durée) 속에서 그 의미 연관성과 운동성을 읽어낼 수 있는 기억의 현전에의 침투, 무의식과 의식의 관계, 현재의 지각과 중추 신경계, 감각 운동계와의 불가분한 연관들은 정지된 순간 상태로서의 추상적인 현재 개념 속에서는 보이지 않는다. 실질적인 본질 내용이 사라져버린 시야의 공백 상태를 대신 차지하게 되는 것은 관조적인 종래의 인식이론들이거나 또는 데카르트에서 본 바와 같은 신의 무한한 재창조 등의 허구 개념들뿐인 것이다. 더 나아가 이러한 잘못된 시간 이해 방식은 운동, 변화라는 개념 자체를 부정하는 데에까지 이를 수 있다는 사실을 우리는 제논(Zénon)에서 보고 있는 것이다.

추상적이 아닌, 우리가 직접 확인하는 실재하는 현재는 수학적 점이 결코 아니며, 그것은 두께(épaisseur)를 가지고 있다. 이러한 사실은 가장 단순한 감각질(qualité)을 살펴보더라도 알 수 있다. 색깔에 대한 지각이 우리의 의식에 성립하기 위해서는 수많은 파장들이 감각기관을 진동시켜야 하는 것이다. 이것은 소리에 대한 지각에 있어서도 마찬가지다. 우리는 이러한 파장들을 지속하는 두께를 가진 현재 속에서 질로 응축시켜 지각하고 있는 것이다. 두께를 가진 현전하는 의식장 또는 지각장(le champ perceptif)에서 우리가 정밀하게 읽어내야 할 것은 활동하고 있는 의미 연관성과 행동 연관성이다. 이 두 가지는 이미 구조적으로 연결되어 있다. 추상적 사고라 하더라도 이것은 상징 기호, 부호들을 매개로 하여 세계와 간접적으로 상호작용한다는 점에서만 차이가 있을 뿐이지 행동연관성은 본질적이다. 피아제는 이러한 의미에서 사유를 내부화된 행동(actions intériorisées)이라고 부르고 있다. 대상에 대한 지각의 경우에 있어서 지각은 과거의 기억이 이미 그 안에 침투되어 있는 상태로서 존재하고 있다는 사실을 간과해서는 안된다. 실재하는 현전에 있어 지각은 기억과 불가분하게 결합되어 있는 것이다. 기억과 완전 분리되어 있는 지각, 따라서 전혀 기억이 침투해 있지 않은 지각, 즉 대상만으로서의 대상에 대한 지각은 어디에도 존재하지 않는다. 똑 같은 의미에서, 살아있는 실존하는 현재에는 과거가 침투하여 보존되고 있는 것이다. 과거와 완전 분리된 수학적 점과 같은 현재는 추상적인 개념일 뿐이다. 이와 같은 사실은 현전하는 지각장이 주관과 객관이 불가분하게 얽혀있는 전체장(le circuit total)이라는 사실을 의미한다. 과학 철학, 인식론에 있어 순수 객관성이라는 이념은 근본적으로 잘못된 것이며 인식과정의 본질을 이해하지 못한 데에서 비롯한 눈먼 개념일 뿐이다. 그런데 이 전체장이라는 개념의 보다 심층적 의미는 무엇일까? 기억이 침투한 현재의 지각과정은 대상에 대한 우리의 행동 반응의 윤곽이 그려지고 있음을 말하고 있는 것이다. 좀 더 자세히 말하자면 우리의 의식적 지각에 있어서 파악되는 것은 그 자체, 전체로서의 대상이 아니라 우리의 다양한 요구, 관심에 관계되는 부분들뿐인 것이고 나머지 부분들은 드러나지 않은 채 통과하여 버리는 것이다. 지각과정은 기억, 신경계, 감각운동계와의 불가분한 연관 속에서 진행되고 있는 것이며 이것은 우리가 내부에서 직접 확인하는 사실이다. 인식-신체-행동의 과정은 불가분한 하나의 통합된 과정인 것이다.

기억이 현재 의식에 침투하는 과정은 현재 상황에 도움을 주기 위하여 과거의 의미 연관들을 되살려 물고 들어오는 과정이다. 현재의 문제 상황을 해결하기 위하여 의식이 첨예해지면 해질수록 침투해 들어오는 의미연관들은 더욱 다양해지고 풍부해지며 이들 사이의 상호작용은 한층 더 활발해진다. 이 과정을 자세히 살펴보면 의미연관들은 서로에게 불가분하게 얽혀 일정한 형태로 구조화된 하나의 전체를 이루고 있으며 평소에는 무의식 속에 잠겨 보이지 않는 배면 구조로서 작용하고 있었음을 알 수 있다. 논리적 원자론(logical atomism)은 의식과 의미의 이러한 질서를 파악하지 못한 데서 생겨난 착각일 뿐이다. 베르그송, 뒤엠(Duhem), 피아제는 구조화된 전체로서의 의식의 활동을 강조하였다. 베르그송은 질적 다양성(multiplicité qualitative)의 개념에 의해 수적 다양성(multiplicité numérique)에 입각한 세계 이해 방식을 극복할 것을 제시하였고, 뒤엠은 과학이론들이 구조적으로 연결된 전체를 이루고 있음을 강조하였으며, 피아제는 지능이 어떠한 발생 단계들을 거쳐서 안정된 집단화(groupement) 체계의 평형상태에 도달하게 되는가를 밝혔던 것이다. 한 개념의 의미는 고립되고 독립된 상태에서 존재하는 것이 결코 아니다. 그것은 불가분하게 상호의존하고 있는 구조화된 전체의 연결망 속에서 성립하고 있는 것이다.

위의 사실들을 생각해 볼 때 데리다(Derrida)의 형이상학 해체론은 형이상학에 대한 이해 부족에서 비롯한 오류임을 알 수 있다. 그의 차연 개념 자체가 베르그송의 질적 다양성(multiplicité qualitative) 개념을 모방하고 있으며 그 개념의 성립 근거는 시간의 형이상학에 있는 것이다. 철학의 임무는 단순한 해체에 있는 것이 아니라 과거의 형이상학들이 범한 오류를 그 발생 원인으로부터 읽어낼 수 있는 새로운 시야를 찾아내는 데에 있다. 우리의 사유에 내재하는 뿌리깊은 착각의 경향, 보이지 않는 구조틀로서 습관화되어 버린 지식-권력의 체계를 내려다봄으로써 역사적 문화로서의 형이상학들이 발생하고 활동한 과정을 새롭게 해석할 수 있는 근본적 형이상학은 우리 모두에게 가능한 것이다. 이러한 과정은 우리 스스로가 우리의 존재 상황에 새로운 의미를 부여하는 일이며 새로운 존재 실현에로 나아가는 길이다. 우리의 사유-존재는 항상 열려져 있는 체계인 것이다. 철학은 우리의 역동적 본질에 눈뜨고 이제까지 드러나 보이지 않던 저변에서 상호작용하는 다양한 의미연관들을 정밀하게 읽어낼 것을 임무로 삼아야 한다. 열려진 체계에서의 이러한 '읽어냄'은 새로운 지향과 발생을 의미하며 이것은 형이상학이 본질적으로 역사성과 사회성에 기초하고 있음을 말한다.

의미는 존재가 자신을 드러내는 활동이다. 우리의 사유에서 활동하는 의미 세계들은 국지적인 다양성들을 이루고 있다. 이 다원적인 의미 세계들은 활동으로서의 존재본질이 지닌 다양성을 표현해 주고 있는 것이다. 다원적인 의미 세계들은 모두 존재본질에 뿌리를 두고 활동하는 실재 과정들이라는 사실을 알아야하며 이 형태와 차원이 다른 다양성들을 어느 한 형태의 의미 세계에로 환원하려 하는 것은 획일화의 함정에 빠져버린 의식의 불행을 말해줄 뿐이다. 만일 철학과 예술이 이루고 있는 의미의 세계들을 자연과학이 가지고 있는 도구적 수준의 의미 기준을 가지고 이해하려 한다면 이 얼마나 어리석은 일이겠는가? 오늘날 과학-기술 문명 사회의 지식 문화는 인문학, 사회과학을 자연과학 내지는 공학과 동일한 사고방식으로 이해하려는 획일적 경향 속에 점점 더 빠져들고 있음을 우리는 경계해야 한다. 이러한 경향은 우리가 존재본질과 사회적 연관 관계에 대하여 깊은 망각 속에 잠드는 것을 의미하며 동시에 보이지 않는 배후의 지식-권력체계에 완전히 예속됨을 말해준다. 우리는 의미와 문화에 대하여 존재본질의 관점에서 다시 한 번 새로운 이해를 구해야 하며 진정한 인간성의 재발견과 재통합을 시도해야 할 것이다.

의미는 삶과 세계와의 상호작용 과정이며 또한 삶의 자기 성찰 과정이다. 이러한 의미가 변화, 발전한다는 것은 자연스러운 일이며 또한 다양한 의미 세계들이 서로에게 침투하여 상호작용한다는 것은 우리의 사유와 행동이 우리 인격의 종합적 표현인 것과 같다. 다양한 의미 세계들은 서로 구분이 되는 것은 분명하지만 이러한 구분이 단절이나 고립의 상태를 뜻하는 것으로 생각한다면 그것은 큰 오류이다. 서로 다름으로써 구분이 되지만 내면적으로는 보이지 않는 불가분한 연관 관계를 맺고 있는 실재 세계의 이러한 다양성을 이해하기 위해서 우리는 타성적이고 습관적인 공간적 사고방식을 넘어서야 하며 진행 과정 자체로서의 세계가 가지고 있는 보이지 않는 내적 질서를 읽어낼 수 있는 새로운 차원의 사유를 열어가야 할 것이다. 우리가 시간의 형이상학에 주목해야 할 이유는 여기에 있는 것이다.

철학사는 두 부류의 철학이 존재하여왔음을 말해주고 있다. 그 시대의 타성에 젖어 기계적 분석을 일삼은 철학과 부단히 존재본질과 자기 인식에 다가서고자 기존틀의 극복을 향해간 철학들이 존재하여 왔음을. 오늘날 우리는 과거의 철학들이 빠져 있던 오류들을 밝히고 그 근원으로부터의 발생 과정을 설명할 수 있는 새로운 시야를 찾아가야 할 것이다.

과거 형이상학의 대부분은 영원의 차원에서 존재를 논하고자 하였기 때문에 그 체계성이 완성될수록 진정한 실재의 세계로부터 더욱 멀어질 수밖에 없었다. 또한 거의 모든 인식론이 사유과정의 어느 한 부분에서의 경향에만 의거하여 사유와 진리 전체를 규정하려한 그러한 망각과 착각의 오류를 증폭시켜 왔다.

오늘날 우리가 확인할 수 있는 것은 서양 철학사에서 존재를 밝히는 진리의 빛으로 상징하였던 이성이 사실은 그 실체가 기능적 지능에 불과했던 경우가 많았다는 점이다. 바로 이러한 근원적 착각 때문에 철학이 존재본질에 도달할 수 없었고 사유를 논함에 있어서도 그 전체 연관 구조의 역동성에 다가서지 못하고 결국 화석화된 획일적 사고의 함정에 빠지고 만 것이다. 오늘날 과학과 기술은 엄청나게 발전하지만 삶의 존재 세계, 즉 인류 공동체로의 길은 아직도 요원한 채, 지식 문화가 존재 망각과 착각에서 맴돌고 있는 것은 이러한 사실과 불가분의 관계에 있다.

우리는 원초점으로 되돌아가 이러한 오류의 발생 과정을 읽어내야 할 것이다. 우리의 이러한 작업은 단순한 해체여서는 결코 안 될 것이며, 실재 세계는 그 살아있는 본질과 얽혀 움직이는 전체장에서, 그 구조 연관의 현장에서 복잡한 다원성의 상호작용으로서 드러나야 할 것이다. 이러한 작업은 과거의 형이상학을 근본적으로 극복한 시간의 형이상학의 연장선상에서 이루어질 것이며 이러한 새로운 시야에서 존재와 사유의 불가분성은 그 토대가 되고 있음을 우리는 확인할 수 있다.

참고문헌

『구사론』대정 29.

『관자』

『금강경』대정 8.

『논어』

『대반열반경』대정 12.

『대승기신론』, 대정 32.

『디까니까야』(2006), 각묵 역(초기불전연구원).

『마하반야바라밀다경』대정 8.

『맛지마 니까야』(2003), 전재성 역주(한국빠알리성전협회).

『맹자』

『법구경』(1994), 거해 편역(고려원).

『쌍윳따 니까야』(2003), 전재성 역주(한국빠알리성전협회).

『섭대승론』, 대정 31.

『성경전서』

『승만경』

『앙굿따라 니까야』(2006), 대림 역(초기불전연구원).

『오디세이아』

『유식이십론』, 대정 31.
『일리아스』
『잡아함경』 대정 2.
『주자어류(朱子語類)』
『증일아함경』 대정 1.
『해심밀경』 대정 16.
『화엄경(80권본)』 대정 10.
『회남자』
가자니가, 박인균 옮김(2009), 『왜 인간인가?』, 추수밭.
강영안(2002), 『우리에게 철학은 무엇인가』, 궁리.
거스리, 박종현 옮김(2000), 『희랍철학 입문』, 서광사.
김경진 외 옮김(2007). 『신경과학(제3판)』, 월드사이언스.
김광수(2006), 『마음의 철학』, 철학과 현실사.
김선희(1996), 『자아와 행위』, 철학과 현실사.
김열규(2005), 『한국인의 신화 - 저 너머, 저 속, 저 심연으로』, 일조각.
김용규(2010), 『서양문명을 읽는 코드 신 (2000년 동안 서양문명을 이어온 가장 위대한 이야기)』, 휴머니스트.
김인곤 외 편역(2005), 『소크라테스 이전 철학자들의 단편 선집』, 아카넷.
김재권(1995), 『수반과 심리철학』, 철학과현실사.
김재권(1998), 『물리계 안에서의 마음』. 하종호 옮김, 철학과 현실사.
스넬, 김재홍 옮김(1994),『정신의 발견 - 서구적 사유의 그리스적 기원』, 까치.
김희정(2008), 『몸 · 국가 · 우주 하나를 꿈꾸다』, 궁리.
금장태(1984), 『유학근백년』, 박영사.
다마지오, 김린 옮김(1999), 『데카르트의 오류』, 중앙문화사.

데카르트, 원석영 옮김(2002), 『철학의 원리』, 아카넷.
도용태, 김일곤(2009), 『인공지능 개념 및 응용』, 사이텍미디어.
뒤낭, 유평근 옮김(1998), 『신화와 비평과 신화 분석』, 살림.
디킨스, 박만준·이준호 옮김(1989), 『그리스인의 이상과 현실』, 서광사.
리처슨 외, 김준홍 옮김(2009), 『유전자만이 아니다』, 이음.
마이어, 최재천 외 옮김(2002), 『이것이 생물학이다』, 몸과마음).
모리스, 박만준 옮김(1993), 『의식과 신체』, 서광사.
박문호(2008). 『뇌, 생각의 출현』, 휴머니스트.
박종현1982), 『그리스사상의 이해』, 종로서적.
박지향(2005), 『영웅만들기 - 신화와 역사의 갈림길』, 휴머니스트.
베르그송, 이광래 옮김(1993), 『사유와 운동』, 문예출판사.
베르그송, 송영진 옮김(1998), 『도덕과 종교의 두 원천』, 서광사.
베르그송, 최화 옮김(2001), 『의식에 직접 주어진 것들에 관한 시론』, 아카넷.
베르그송, 박종원 옮김(2005), 『물질과 기억』, 아카넷.
베르그송, 황수영 옮김(2005), 『창조적 진화』, 아카넷.
복잡계 네트워크(2006), 『복잡계 워크샵』, 삼성경제연구소.
벌핀치, 이윤기 편역(2001), 『그리스 로마 신화』, 창해.
비트겐슈타인, 이영철 옮김(2006), 『철학적 탐구』, 책세상.
설, 정승현 옮김(2007), 『마인드』, 까치.
설, 심철호 옮김(2007), 『지향성: 심리철학 소론』, 나남.
슈뢰딩거, 서인석 옮김(2000), 『생명이란 무엇인가?』, 한울.
신상규(2008), 『푸른 요정을 찾아서, 인공지능과 미래인간의 조건』, 프로네시스.
신이치, 김옥희 옮김(2003), 『곰에서 왕으로 - 국가, 그리고 야만의 탄생』,

동아시아.
신이치, 김소연 옮김(2008), 『생물과 무생물 사이』, 은행나무.
아리스토텔레스, 최명관 옮김(1984), 『니코마코스 윤리학』, 서광사.
아리스토텔레스, 유원기 옮김(2001), 『영혼에 대하여』, 궁리.
아리스토텔레스, 김진성 옮김(2007), 『형이상학』, 이제이북스.
안호영 외(2010), 『마음학, 과학적 설명 + 철학적 반성』, 백산서당.
암스트롱, 하종호 옮김(2002), 『마음과 몸』, 철학과현실사.
에델만, 황희숙 옮김((2006)), 『신경과학과 마음의 세계』, 범양사.
엘리아데, 이재실 옮김(1999), 『대장장이와 연금술사』, 문학동네.
왓슨, 최돈찬 옮김(2006), 『이중나선』, 궁리.
왓슨, 남경태 옮김(2009), 『생각의 역사 I : 불에서 프로이트까지』, 들녘.
월드롭, 김기식 옮김(2006), 『카오스에서 인공생명으로』, 범양사.
윌리암스, 이명희 옮김 (2009), 『진화의 미스터리』, 사이언스북스.
윌슨, 최재천·장대익 옮김(2006), 『통섭: 지식의 대통합』, 사이언스북스.
유시주(1998), 『거꾸로 읽는 그리스 로마 신화』, 푸른나무.
이경덕(1999), 『신화로 보는 인류의 종말과 새로운 세계』, 동도원
이광형(2000), 『인공지능개론』, 홍릉과학출판사.
이상용(2008), 『인공지능의 세계』, 21세기사.
이슈투데이 편집국(2010), 『미래사회의 꽃 인공지능』, 이슈투데이.
이윤기(2003), 『그리스 로마 신화 1, 2, 3』, 웅진닷컴
이이(1977), 『국역율곡집』, I , II(민족문화추진회).
이정모(2001), 『인지심리학: 형성사, 개념적 기초, 조망』, 아카넷.
이정모(2009), 『인지과학: 학문 간 융합의 원리와 응용』, 성균관대학교 출판부.

이정우(2003),『영혼론 입문』, 살림.

이초식(1993),『인공지능의 철학』, 고려대학교 출판부.

이황(1968),『국역퇴계집』, Ⅰ, Ⅱ(민족문화추진회). 정재승 (2005),『정재승의 과학콘서트』, 동아시아.

정재서(2005),『이야기 동양신화 1, 2』, 황금부엉이.

조용현(1996),『정신은 어떻게 출현하는가?: 도구, 의식 그리고 언어의 진화』, 서광사.

조현설(2006),『우리 신화의 수수께끼』, 한겨레출판.

처칠랜드, 석봉래 옮김(1992),『물질과 의식: 현대 심리철학 입문』, 서광사.

캔델, 전대호 옮김(2009),『기억을 찾아서』, 랜덤하우스.

캠벨, 이은희 옮김(2004),『신화와 함께하는 삶』, 한숲.

캠벨, 박중석 옮김(2009),『신화와 인생』, 갈라파고스.

코흐, 김미선 옮김(2006),『의식의 탐구- 신경생물학적 접근』, 시그마프레스.

티한, 박희태 옮김(2011),『신의 이름으로 - 종교 폭력의 진화적 기원』, 이음.

파피뉴, 신상규 옮김(2007),『의식』, 김영사.

퍼슨, 손봉호・강영안 옮김(1985),『몸・영혼・정신 - 철학적 인간학 입문』, 서광사.

퍼트남, 김효명 옮김(2002),『이성, 진리, 역사』, 민음사.

페이겔스, 구현모 외 옮김(1991),『이성의 꿈』, 범양사출판사.

펜로즈, 박승수 옮김(1996),『황제의 새마음』, 이화여대 출판부.

표정옥(2008),『현대문화와 신화』, 연세대학교 출판부.

플라톤, 최민홍 옮김(1975a),『파이드로스』,《플라톤 전집》제4권, 상서각.

플라톤, 최민홍 옮김(1975a),『파이돈』,《플라톤 전집》제6권, 상서각.

핑크, 김한영 옮김(2007),『마음은 어떻게 작동하는가』, 동녘 사이언스.

프리고진 외, 유기풍 옮김(1990), 『혼돈속의 질서』, 민음사.

헤겔, 김종호 옮김(1989), 『역사철학 강의』, 삼성출판사.

헤로도토스, 박광순 옮김(1987), 『역사』, 서울: 범우사.

홀랜드, 김희봉 옮김(2001), 『숨겨진 질서』, 사이언스북스.

홍병선(2010), 『그리스 신화의 철학적 사유』, 연경문화사.

후베르트, 원석영 옮김(2007), 『의식의 재발견』, 프로네시스.

힐스베르그, 강성위 옮김(1998), 『서양철학사』 상·하, 이문출판사.

색인

ㄴ

ㄷ

ㅇ

ㅊ

ㅋ

ㅌ

ㅍ

ㅎ

부산대학교 교양 시리즈 9

문명・종교・인간의 이해

초판 인쇄 2011년 8월 19일
초판 발행 2011년 8월 26일

저 자 안호영・김윤령・최우원
발 행 인 김 인 세
펴 낸 곳 부산대학교 출판부
주소－부산광역시 금정구 장전동 부산대학로 98
전화－(051) 510－1932~3
전송－(051) 512－7812
등록－제카 11-2 1992. 9. 10.

* 잘못된 책은 구입한 서점에서 교환해 드립니다.

정가 12,000원

ISBN 978-89-7316-397-7 03100

이 책은 한국연구재단에서 시행하는 2010년도 대학 교육역량강화사업에서 지원받아 제작하였습니다.